n잡러시대 방구석에서 창업하기

특허·지식재산권으로 평생 돈 벌기

TM

n잡러시대
방구석에서
창업하기

남궁용훈 지음

특허·
지식재산권으로
평생 돈 벌기

RITEC CONTENTS

INDEX

제3장 지식산업설계도를 그리기 위해 꼭 알아야 할 특허제도

제4장 특허를 지키고 지식산업설계도를 완성하기 위한 다른 제도들

제5장 꿈과 목표를 이루어주는 특허·지식재산권 상품화 방법

프롤로그

청년들의 주식과 가상자산 투자 열풍에 관한 우려 방송이 연일 쏟아지던 때가 있었습니다. 비트코인은 김치 프리미엄이라고 해서 다른 나라보다 가격이 더 높게 형성되었습니다. 그런데 2022년에 들어와 주식과 가상자산이 30%가량 모두 하락했습니다.

인터넷 뉴스 및 SNS 댓글에는 '한강으로 가자' 하는 자조 섞인 문구가 많이 보입니다. 안타까운 모습입니다. 왜 청년들이 주식과 가상자산에 모든 것을 걸까요?

저는 그 이유를 세 가지로 구분해 봅니다.

첫째, 높아지는 부동산값으로 미래를 담보하는 주택을 구입할 희망이 없다는 현실입니다.

2022년 기준 서울의 평균 집값은 9억 원을 넘었습니다. 대기업 대졸 신입사원의 평균 연봉이 3,300만 원입니다. 꼬박 27년 동안 월급을 쓰지 않고 모아야만 주택을 구입할 수 있습니다. 꿈같은 이야기입니다. 연애, 취미, 결혼까지 모든 것을 포기해도 구입할 수 없습니다. 여기서부터 미래를 꿈꾸는 청년은 좌절합니다.

둘째, 불안한 고용 상황입니다.

IMF 시대 이전까지만 해도 대학만 졸업하면 취업이 가능했고, 정년까지 걱정 없었습니다. 그야말로 평생직장의 개념이 있었습니다.

지금은 어떻게 되었을까요? 미국 기업들의 평균 수명을 보면 알 수 있습니다. 1935년에는 90년, 1970년에는 30년, 2005년에는 15년으로 줄었습니다. 한 사람이 평생 일을 할 수 있는 기간이 30년이라고 하면 회사를 한 번은 꼭 퇴사해야 한다는 이야기입니다.

요즘은 더욱더 짧아졌다는 것은 말 안 해도 잘 알 것입니다.

사교육걱정없는세상에서 출간한 〈아깝다! 학원비〉라는 책에는 12년 전에 이미 이런 현상을 예언한 미국 에라노바 연구소 리처드 샘슨 소장의 말을 싣고 있습니다.

'15년 뒤에는 한 사람이 29~40개의 직종을 선택하며 살게 될 것이고 오래지 않아 정치인, 경찰 등은 사회복지사로 전환되고 대기업은 거의 사라질 것이며 프리랜서와 1인 기업이 대부분을 차지하게 될 것입니다.'

2025년을 향한 예언이지만 현재인 2022년의 출판 시장과 마케팅 시장에는 1인 기업에 대한 내용이 많습니다. 대기업이 거의 사라진다는 예언은 맞지 않았지만, 프리랜서와 1인 기업이 대부분을 차지할 것이라는 암울한 예언은 빗나가지 않고 이미 정확히 실현되고 있습니다.

이런 변화를 일으킨 것은 무엇일까요?

산업구조의 변경과 인공지능의 비약적인 발전에 있습니다. 산업구조 변화의 대표적인 것은 전기차를 들 수 있습니다. 2018년 영국 '케임브리지 이코노메트릭스'의 연구자는 내연기관차를 생산하는데 휘발유차는 9,450명, 디젤차는 1만 770명이지만, 전기차는 3,580명밖에 필요 없다고 발표했습니다. 무려 2/3의 인원이 퇴직해야 합니다. 이미 현대 자동차는 신규직원을 뽑지 않고 기존 직원이 퇴직하는 것으로 자연 감소를 계획하고 있습니다. 기존 자동차 업계 관계자는 전기차의 존재는 '재앙과 악마' 같다고 표현합니다.

다음으로 인공지능입니다. 인공지능의 목적은 양질의 자리를 없애는 것입니다. 실제로 대형로펌 베이커 앤드 호스테틀러에 채용된 로스라는 인공지능이 있습니다. 로스는 인간변호사가 300건을 처리하는 동안 60만 건을 처리합니다. 영국 법률회사 렉수의 CEO 대니얼 빈스베르겐은 인건비를 80%나 줄였고 이제는 인간변호사를 뽑지 않는다고 말했습니다. 이런 이유에서인지 공무원 6급 대우를 해 주는 곳도 변호사의 지원자가 많이 몰리고 있습니다.

과연 이같은 추세가 의사, 회계사, 변호사들에게만 해당할까요? 2018년 SK 하이닉스가 청주 공장의 추가 건설을 발표했습니다. 20조원을 투입하여 공장을 짓는데 약 2,000여 명이 직접 고용되고 간접인원 21만여 명의 자리가 생긴다고 발표했습니다. 이 소식을 들은 지인 몇몇은 기뻐했지만 이내 실망하고 말았습니다. 지금은 전부 자동화되어 사람을 발표만큼 많이 뽑지 않는다는 것이었습니다.

이렇게 생각해 보세요. 축구장만 한 공간에 커다란 기계가 있고 이 기계가 잘 작동하는지 4명이 시간을 나눠 순찰만 합니다. 대기업에 다니는 지인도 말합니다. 자동화로 이미 사람은 남아도는데 정부의 청년 실업 대책에 호응하려고 할 수 없이 사람을 뽑는 거라고요. 생기는 일자리는 양질의 자리가 아니라 고용이 불안전한 낮은 임금의 자리입니다. 고교 졸업생 70% 이상이 모두 대학에 진학하는 우리나라의 청년들이 불안해하는 이유입니다.

셋째, 늘어난 수명입니다.

2020년 국민의 평균 수명이 86.5세입니다. 사고사 및 영유아 등 저연령 층의 질병사를 제외하면 보통 90세까지 산다고 생각할 수 있습니다. 앞의 두 사례처럼 낮은 임금과 주거공간이 확보되지 않은 상태에서 노후를 맞이한다? 무척 암울한 미래입니다.

우리나라의 노인빈곤율은 43.8%입니다. 두 명 중 한 명으로 내가 아니라고 생각할 수 없습니다. 그래도 믿고 의지할 것은 국민연금밖에 없는데 국민연금은 어떨까요? 국민연금은 피라미드 형식으로 아랫돌에서 빼 윗돌에 지급하는 형식입니다. 먼저 나라를 위해 고생한 세대를 후세들이 부양하는 방식입니다. 지금은 저출산으로 20년 후에는 3명이 1명을 부양해야 합니다. 그러면 앞 세대를 부양을 한 지금의 세대는 누구에게 부양을 받을 수 있을까요? 답을 내리는 것이 무척 곤혹스럽습니다.

국민연금을 받는다고 해결될까요? 국민연금 지급률은 45% 정도입니다. 100만 원 소득이 있던 사람이 40년 가입을 하면 45만 원을 받는다는 이야기인데 이 기간을 채우는 분들이 없어 실질 대체율은 21% 정도밖에 안 된다고 합니다. 100만 원을 벌던 사람이 21만 원을 받는 것입니다. 다시 생각해도 미래는 암울합니다.

지금의 청년과 직장인은 처음으로 부모세대보다 가난하게 사는 세대가 될 것이라는 예측이 나옵니다. 무언가 하지 않으면 지금 말하는 세 가지 암울한 미래가 나에게 다가올 것입니다. 그 돌파구로 찾은 것이 주식과 가상자산입니다. 다른 방법은 없을까요?

방법은 여러 가지가 있으나 생각지를 못합니다. 아니 다른 것을 생각할 수도 없습니다. 그 이유는 무엇일까요?

우리가 받은 교육이 노동자와 군인을 만드는 교육이기 때문입니다.

18세기 들어 기술이 진전되면서 전쟁에서도 십만 명 단위의 대규모 전투를 벌이게 되었습니다. 이에 따라 많은 군인이 필요했습니다. 하지만, 농사를 짓던 이들을 군인으로 만들기에는 시간이 오래 걸리고 그 당시 최신기술인 화승총과 대포를 사용하게 가르치는 것은 더욱더 어려웠습니다. 그래서 프러시아에서는 군인과 노동자를 만들기 위해 학교를 세우고 교육했습니다.

믿지 못할 듯하여 설명을 추가합니다. 한국전쟁 수기에 나오는 내용입니다.

신임 소위로 전방에 가니 하사가 물었습니다. "중대장님 M1 소총 장전할 줄 아십니까?"하고요. 군인이 총을 장전 못 하다니 말이나 될까요? 하사가 이어서 말하기를 "절반이 M1 소총 장전을 못 합니다."하고 전투 중에 장전을 시켜 줘야 한다고 말해 주더랍니다.

1950년 한국전쟁 때도 이런데 1700년대는 어땠을까요? 이때의 화승총은 더 장전하기 어려웠습니다. 국가 차원에서는 군인과 노동자를 어렸을 때부터 교육하는 것이 좋은 방법이었습니다. 이렇게 교육한 프러시아는 독일이 되어 제1, 2차 세계대전을 일으키고 프러시아의 교육제도를 그대로 따른 일본은 근대화에 성공하여 제2차 세계대전을 일으킵니다.

문제는 일본이 이 교육을 그대로 우리나라에 옮겨 놓았다는 것입니다. 우리는 맹목적으로 따라 하고요. 그런데 일본은 이 교육이 인공지능의 시대에 안 맞는다고 2013년 6월에 150년 만에 교육 혁명을 단행합니다.

이제 아셨습니까? 그동안 우리가 받은 교육은 군인과 노동자가 되기 위한 교육이었다는 것을요? 이렇게 군인과 노동자가 되는 교육을 받았으니 생각의 범위를 확대하지 못하고 취직에만 목을 맵니다. 인생의 방향을 바꿀 수 없으니 접하기 쉬운 주식과 가상자산, 심지어 갭투자에만 관심을 두는 것입니다.

이 책은 그동안 교육이 만들어 낸 벽을 깨고 일어나게 하는 힘을 주기 위해 집필했습니다. 지금의 시대는 변혁의 시대로 정해진 길로 가지 않아도 자신의 성공을 이루는 사람들이 많습니다. 또한, 기술혁신이 나라의 미래를 담보하기에 도전하는 청년과 지원자들을 정부지원사업으로 돕고 있습니다. 이런 사실도 학교에서는 가르쳐 주지 않습니다.

대학에 다니면서 정부지원사업을 받아 사업체를 운영하고 20대에 서울에 아파트를 사고 벤츠를 타고 다니는 연봉 3~4억 원의 임원이 될 수 있습니다. 〈부의 추월차선〉의 저자 M.J. 드마코, FACE BOOK(현, META)의 마크 저커버그 같은 젊은 부자가 여러분도 될 수 있습니다.

이것이 나라의 발전에도 도움이 되기 때문에 정부에서는 더욱더 도전하라고 멍석까지 깔아 주고 있습니다. 당장 책을 따라 시장에 필요한 아이디어를 생각하고 이것을 구체화하고 정부지원사업의 지원을 받아 행동하세요.

간혹 이 책은 특허 설명 책이 아니냐고 묻는 분도 있습니다. 맞기도 하면서 틀리기도 합니다. 왜 맞기도 하면서 틀렸다고 할까요? 분명 특허, 지식재산권에 관해 설명하는 책입니다. 그러나 특허에 대한 설명은 목적이 아니라 수단입니다. 꿈, 목표를 구체화하는 방법을 가르쳐 주고 실행하는 구체적인 방법을 제시합니다. 이루어 가는 과정에서 나의 꿈,

목표를 보호하는 방법을 가르쳐 줍니다.

나의 사업 모델이 누구에게도 뺏기지 않는 강력한 모델이 되게 합니다. 또한, 지식재산권이 강조되는 시대에 지식재산권이 어떻게 운영되는지 모르면 시작조차 할 수 없고 심하면 뺏길 수도 있습니다. 이 책은 여러분의 꿈을 구체화하고 형상화해 주고 보호해 줄 것입니다. 직장에 다니더라도 아이템을 구상하고 비즈니스모델과 아이디어를 특허화하고 정부지원사업을 받아 꿈을 펼쳐 보세요.

오늘 당장 시작하세요. 연필로 내 목표를 적어 보는 것이 시작입니다. 적지 않고 생각만 하는 것은 망상임을 명심하세요.

제1장

특허·지식재산으로 인생역전을 이룬 사람들

1

무일푼의 사나이,
특허로 20억 벌다

편리한 형제, 특허로 일어서다

스무살, 아무것도 없이 서울로 상경한 한 청년이 있었습니다. 무엇을 해야 할지 몰랐습니다. 잘 곳이 없어 길거리에서 노숙했습니다. 어릴 적 아버지의 사업 부도로 할머니 밑에서 커왔기 때문에 부모에게 손 벌릴 여건도 되지 않았습니다.

길거리에서 주운 500원으로 어묵 하나를 먹고 국물을 20번 떠먹다가 아주머니께 쫓겨 난 적도 있었습니다. 새벽이면 남대문 인력시장에 가서 인간 경매를 받으며 하루, 하루 일을 했습니다.

그러다 우연히 오브리(정식명칭: 오블리가토, Obbligato) 밴드에서 사람 구한다는 구인광고를 봤습니다. 돈도 주고 숙식까지 해결해 준다는 것이었습니다. 찾아갔지만 구하는 사람은 기타 치는 사람이었고, 드럼밖에 못 치지만 기타를 배우기로 하고 일단 무대에 섰습니다.

연습은 했지만 다른 악기의 형들처럼 따라가지 못해 손님들에게 많은 핀잔을 들었습니다. 답답함에 공연이 끝나면 무대 뒤에서 숨죽여 울었습니다. 이런 동생을 위로하기 위해 밴드의 형들은 그와 함께 노래방에 갔습니다. 청년은 울분이 쌓인 답답함을 씻어내려고 되려 힘차게 춤을 추며 놀았습니다.

그의 행동을 모두 좋아했습니다. 청년은 이것이 자신의 강점이라는 것을 깨달았습니다. 기타는 못 치더라도 강점을 이용한 퍼포먼스로 공연을 재미있게 만들었습니다. 손님들은 그의 재미난 무대 퍼포먼스를 좋아했습니다. 이렇게 밴드의 일원으로 서울에 정착하고 20년을 음악과 함께 살아왔습니다.

마흔 살 무렵의 어느 날 집에 있을 때, 아내가 반려견을 목욕시키는 모습을 보았습니다. 아수라장이었습니다. 반려견은 목욕이 싫다고 몸을 비비 꼬고 있었고, 반려견을 잡기 위해 샤워기를 내려놓으면 물줄기는 사방으로 흩뿌려졌습니다. 무릎 사이에 샤워기를 끼워 고정하지만 잠깐뿐이었습니다. 반려견 목욕이 끝났을 때 아내의 옷은 흠뻑 젖어 있었습니다.

그 청년은 아내의 불편함을 해결해 줄 수 없을까? 고민했습니다. 그러던 중 아내가 술안주로 내놓은 문어 숙회를 보고 아이디어를 떠올렸습니다. 샤워기 손잡이에 문어 빨판을 붙여 필요한 곳에 붙일 수 있도록 했습니다.

그 청년은 이 아이디어를 특허로 등록하고 창업을 하기로 합니다. 미래가 불안한 것도 있었지만 아이들에게 떳떳한 아빠가 되고 싶은 것이 더 큰 이유였습니다. 동업자와 함께 1억 원이라는 투자금을 만들었습니다. 발품을 팔아 설계, 금형, 사출을 배우고, 익히며, 부탁하여 상품을 만들었습니다.

샤워프리 1초 홀더 문어 빨판 강아지
샤워기 거치대

직원들과 함께 직접 유튜브 광고를 촬영하는
김근형 대표

이 제품이 편리한 형제라는 상표로 출시한 '샤워프리 1초 홀더 문어 빨판 강아지 샤워기 거치대'입니다. 지금까지 청년이라고 호칭한 주인공은 편리한 형제의 김근형 대표입니다.

소비자의 불편을 정확히 파악하여 쉬운 방법으로 해결하고 열심히 영업과 마케팅을 한 보람으로 1년 만에 1평의 사무실에서 100평의 사무실로 옮겼습니다. 지금은 8개국에 수출까지 하고 연 매출 약 20억 원이 되었습니다. 생산, 영업, 마케팅으로 바쁜 와중에도 자신과 같이 특허로 창업을 꿈꾸는 이들을 돕고 있습니다.

특허로 성공한 사례의 교과서

필자가 편리한 형제 김근형 대표의 사례를 가장 처음으로 다룬 이유는 무엇일까요?

몇몇 분은 "특허 등록의 성공 사례를 알려주어 독자로부터 호기심을 끌려고 한다."고 답할 것입니다. 그것도 맞는 답입니다. 하지만, 이 대답은 제가 생각하고 있는 답의 30%밖에 안 됩니다.

정답은 김근형 대표가 걸어오고 걸어가는 길이 특허로 성공한 사례의 교과서적인 모습을 보여 주고 있기 때문입니다. 김 대표는 평소 생활 속의 불편함에서 고객의 필요성을 파악하여 아이디어를 떠올리고, 이 아이디어를 특허로 구체화하고, 특허 속의 발명품을 실체화, 상품화를 거쳐 마케팅과 유통을 했습니다.

일부 특허에 관한 책과 영상매체는 특허만 등록하면 성공할 것처럼 말합니다. 특허를 수단으로 하여 성공으로 가는 과정에 어려움과 극복하는 과정이 빠져 있습니다. 사람들에게 허황한 꿈을 꾸게 만듭니다.

〈부의 추월차선〉의 저자 M.J. 드마코는 바로 부자가 될 수 있는 은색 탄환*은 없다고 강조합니다. 그도 몇 년 동안 풍찬노숙하며 힘든 과정을 거쳐 세계적인 부자가 되었습니다. 김 대표도 모든 재산을 걸고 절박한 심정으로 사업을 시작했습니다.

자녀가 한참 성장하고 있을 때 전 재산을 투자해야 하는 그 초조함은 어땠을까요? 이 초조함을 이기고 물건을 상품화했습니다. 물건이 상품으로 나왔을 때 얼마나 기뻤을까요? 기쁨도 잠시 다음 단계인 유통과 마케팅이라는 더 높은 산이 기다리고 있었습니다.

김 대표는 이 산을 넘는 것이 더 어려웠다고 회고합니다. 이 어려움을 모두 이겨낸 김 대표는 소위 대박이 났습니다. 하지만, 김 대표는 지금도 생산과 영업, 물건 배송까지 직접 합니다. 시간이 날 때마다 계속

* 은색 탄환: 드라큘라와 늑대인간은 은으로 된 총알과 은으로 된 칼에 의해 한 번에 죽습니다. 〈부의 추월차선〉에서 M.J. 드마코가 이것을 빗대어 한 번에 부자가 되는 것이 없다고 설명합니다. 힘들고 어려워도 꾸준한 노력의 결과로 성공이 이뤄진다는 것을 강조합니다.

소비자와 소통도 합니다. 김 대표는 성공이라는 도착지로 열심히 가고 있습니다.

이불에서 빠져나오기 귀찮고, 남들에게 가서 물어보기 어렵고 창피해서 행동하기 싫고, 성공하여 부자는 되고 싶은데 몸 움직이는 것은 싫고, 머리 아픈 것은 더욱더 질색이고, 성공시켜준다는 단순한 호기심으로 이 책을 읽고 행동하지 않을 것이라면 당장 이 책을 덮고 어제와 같은 삶을 살기 바랍니다. 똑같은 날을 살면서 부자가 되고, 더욱 나은 삶을 살겠다는 몽상만 꾸세요.

아인슈타인이 말했습니다. "어제와 똑같이 살면서 다른 미래를 기대하는 것은 정신병 초기 증세다."라고요.

아직 책을 덮지 않고 계속 읽는다면 자신의 인생을 역동적으로 바꿔보고 싶고, 저와 같이 또 다른 꿈을 향해 도전하는 분들이라 생각하겠습니다.

이야기를 계속 이어 가겠습니다. 특허는 성공이라는 목표를 향해가는 하나의 수단입니다. 앞서 말했듯이 전부가 아닙니다. 아이디어에서 특허를 거쳐 사업화까지 김 대표와 필자가 생각하는 과정을 네 가지 단계로 나눠 봤습니다.

첫째 단계, 불편함의 발견으로 고객의 필요성을 파악하고 아이디어화합니다.
둘째 단계, 아이디어에 비즈니스적인 요소를 가미하고 특허화합니다.
셋째 단계, 발명을 실체화합니다(판매할 상품으로 만든다).
넷째 단계, 상품화한 발명품의 마케팅과 유통을 합니다.

특허화하는 과정은 사업의 단계에서 첫째와 둘째 단계입니다. 그리고 이 책은 셋째 단계의 중간까지 설명합니다. 이 책을 읽어나가면 단계별 특징을 알 수 있겠지만 간단히 먼저 설명하겠습니다.

첫째 단계, 불편함의 발견으로 고객의 필요성을 파악하고 아이디어화합니다.

일반인들은 대체로 이 단계에서 멈춰버리고 맙니다. "나 그때 이거 생각했었는데, 내가 만들었으면 대박이었을 텐데."라는 말뿐입니다. 두 번째 단계로 넘어갈 생각을 아예 하지 못합니다.

이 책을 읽는 분들은 이 단계를 벗어나 둘째 단계로 가는 행동하는 분들입니다. 이 첫째 단계에서 중요한 것은 고객의 진정한 불편함을 찾고 처음부터 아이디어에 비즈니스적인 관점으로 생각해야 합니다.

둘째 단계, 아이디어에 비즈니스적인 요소를 가미하고 특허화합니다.

특허로 막연한 아이디어를 구체화합니다. 사업화의 전 단계입니다. 나중에 설명하겠지만 출원하면서 상품을 출시하기도 합니다. 이때, 아이디어에 더욱더 비즈니스적인 관점을 더해 특허 출원을 합니다.

셋째 단계, 발명을 실체화합니다(판매할 상품으로 만든다).

이제 상품화 단계까지 왔습니다. 상품을 만들려면 비용이 듭니다. 설계와 금형 등의 제작비가 들어갑니다. 비즈니스 모델로 사업한다면 프로그램 및 플랫폼 구축비가 듭니다. 따라서, 비용을 구하는 단계입니다.

이런 필요성으로 제5장에 국가가 지원하는 창업지원금의 종류와 받는 방법에 관해 설명했습니다. 스타트업을 꿈꾸는 분들은 이 책을 끝까지 읽고 이 단계까지 성공했으면 합니다. 아니, 해야 합니다. 또한, 비용을 얻었다고 상품이 되지 않습니다. 발로 뛰면서 제조업체를 찾아다녀야 합니다.

넷째 단계, 상품화한 발명품의 마케팅과 유통을 합니다.

편리한 형제의 김 대표가 말했던 가장 어려운 단계입니다. 힘들게 상품을 만들었어도 팔지 못하면 소용없습니다. 발명가들은 보통 이공계적인 사고를 해서 물건을 잘 만들면 사람들이 알아서 사줄 거라는 믿음을 갖고 있습니다. 착각입니다.

김 대표는 3:7 법칙을 강조합니다. 상품을 판매하기 위한 총 노력을 10이라고 하면, 어떤 상품을 잘 만드는 것에 3의 노력을 투입하고 나머지 7은 상품을 팔기 위한 노력, 즉 마케팅과 영업을 하는 것입니다. 마케팅을 잘하지 못할 것 같으면 전문 업체에 위탁하고 교육받는 것도 좋은 방법입니다.

당신의 목표를 한 줄로 적어보세요. 한 줄로 적는 것부터가 시작입니다.

2

가난한 부산 소년,
벤처의 신화를 만들다

길 찾기의 어려움을 아이디어화하다

1980년대, 부산에 한 소년이 있었습니다. 아버지는 가난한 택시기사였습니다. 집이 너무 가난해서 소년이 가장 극복하고 싶었던 것이 가난이었습니다.

가난은 소년이 청년이 되어도 끈질기게 따라 왔습니다. 어렵게 부산에서 대학을 졸업했지만, IMF로 직장을 구할 수 없었습니다. 청년은 단돈 10만 원을 들고 친구가 다니는 벤처 회사로 취업하기 위해 서울로 상경했습니다. 청년이 서울에서 처음 느낀 것은 '길 찾기가 너무 어렵다'라는 것이었습니다.

청년은 창신동 쪽방에 사는 친구와 함께 살기로 했습니다. 햇볕이 안 들오는 반지하 방이었습니다. 화장실도 공동으로 써야 했습니다. 힘들게 살던 둘은 '따뜻한 물로 씻을 수 있는 곳에서 한번 살아보자' 하며 방을 옮기기로 했습니다.

이삿날, 둘은 이삿짐을 트럭에 싣고 새로 얻은 집을 향해 떠났습니다. 하지만, 새로 계약한 집을 찾을 수 없었습니다. 며칠 전 낮에 이사갈 집을 계약하러 왔을 때는 길을 알 것 같았는데 밤이 되니 찾을 수 없었습니다. 청년은 운전하고 친구는 지도를 펴고 내비게이션 역할을 했습니다. 결국, 집을 못 찾아 둘은 여관방에서 하루를 보냈습니다.

아침에 일어나고 보니 계약한 오피스텔이 바로 여관 옆에 있었습니다. 서울지리가 익숙하지 않아 화곡동 번화가의 오피스텔을 계약하고 코앞의 집도 못 찾아 헤매고 다닌 것입니다. 청년은 '척척 길을 안내해 주는 기기가 있었으면 좋겠다'라고 생각합니다.

벤처의 성공신화를 만들다

지금까지 설명한 이 청년은 누굴까요?

제목으로 어느 정도 눈치채셨을 것입니다. 이 청년은 2015년 당시 626억 원을 받고 다음카카오에 자사를 매각하여 한국 벤처계에 신화로 불리는 박종환 대표입니다. 그리고 친구는 김원태 대표입니다.

둘은 어떻게 벤처 신화를 썼을까요?

두 사람이 창업을 결심하게 된 것은 함께 다니던 회사 '포인트아이'가 2009년에 내비게이션 사업을 정리할 때였습니다. 그동안 힘들게 쌓아온 기술과 노하우를 버리기 아까웠습니다. 둘은 후배와 함께 창업을 결심하고 퇴직금 5,000만 원씩 모아 1억 5,000만 원을 만들었습니다. 삼국지의 도원결의처럼 뜻을 모았습니다.

사업의 아이템은 그들이 가장 잘할 수 있는 내비게이션 사업으로 정했습니다. 하지만 사업을 하려고 하자 주위의 반대가 심했습니다. 이때의 내비게이션 시장은 SK텔레콤(티맵), KT(올레내비), LG유플러스(유플러스내비) 등과 팅크웨어, 아이나비 등이 선점한 상황으로 스타트업이 뛰어들 시장이 아니었습니다.

하지만, 이들은 당당히 록앤올이라는 회사를 차렸습니다. 회사명 록앤올은 위치정보(LOCATION)와 관련된 모든 것(ALL)을 로큰롤(ROCK'N ROLL) 음악처럼 행복하고 즐겁게 만든다는 뜻이었습니다.

힘찬 시작과 달리 창업한 지 7개월이 되자 퇴직금은 모두 바닥났습니다. 기술보증기금 4억 원, 중소벤처기업진흥공단 3억 원, 총 7억 원의 대출금도 1년이 지나기 전에 모두 사라져 버렸습니다. 결국 회사 운용비용이 부족해 관공서의 소프트웨어 개발 용역 사업을 병행했습니다.

힘든 과정에서도 록앤올은 김기사 앱을 내놓았습니다. 당시에는 내비게이션을 구매하려면 수십만 원가량을 주어야 했기 때문에 큰 기업과 맞서려는 차별화 전략으로 무료로 사용하도록 했습니다. 또한, 당시의 스마트폰은 작은 화면이었기 때문에 조작이 편리하도록 사용자가 선택했던 목적지를 '벌집' 모양으로 기억하게 했습니다. 핸드폰이라는 특수성 때문에 거의 사용자 혼자만 이 김기사 내비게이션을 사용하고, 주로 반복적으로 다닌다는 것에서 착안한 것입니다.

사용자가 선택한 벌집 모양의 UI는 상대적인 거리와 방향에 따라 목적지를 2차원적으로 자동정렬합니다. 다음에 같은 곳을 찾아갈 때 UI만 선택하면 됩니다. 한 번에 선택할 수 있습니다. 이 '벌집 즐겨찾기'의 인터페이스는 '김기사' 서비스에 날개를 달아 주었습니다.

지금까지 설명한 장점들로 사용자가 폭발적으로 증가했습니다. 벌집 모양의 인터페이스는 특허로 인정받아 특허 등록이 되었습니다.

이런 노력과 아이디어 끝에 김기사는 다음카카오 내비에 매각되기 전까지 1,000만 다운로드를 기록했습니다. 명실공히 전 국민의 5분의 1이 사용하는 국민 내비로 등극합니다.

이 사례로 무엇을 알 수 있을까요?

전형적인 스타트업의 성공기를 보여 주고 있습니다. 불편함을 찾고 그것을 해결할 아이디어를 사업화하여 창업했습니다. 그리고, 다른 기업과 차별화할 수 있는 아이디어를 특허화하여 보호했습니다. 아이디어와 특허 그리고 노력이 성공신화를 만들어 냈습니다. 특허는 당신의 꿈을 보호해 주고, 끈질긴 노력은 당신의 꿈을 실현하게 합니다.

3

가난과 결핍, 좌절에서 희망의 불꽃을 쏘다

청년은 이제 죽어야겠다는 생각을 합니다. 세상에 되는 일이 하나도 없었습니다. 가족도 없고 집도 없는데 하는 일마다 다 망했습니다. 그동안 살아온 인생이 주마등처럼 스쳐 갑니다.

절망과 지독한 가난 속에서도 희망의 끈을 놓지 않다

청년은 아버지에 대한 기억이 전혀 없습니다. 아버지가 네 살 때 돌아가셨기 때문입니다. 어릴 때는 그저 사고로 돌아가신 줄로만 알았습니다. 어느 정도 컸을 무렵 고모가 이야기해 주셨습니다. 아버지는 농약으로 음독자살했다고요.

어머니는 청년이 여섯 살 때 재혼을 합니다. 할 수 없이 할머니와 같이 생활하였습니다. 초등학교 2학년 때부터 할머니와 작은아버지를 따라 고추 따기와 벼농사일 등을 도왔습니다. 학교 공부는 뒷전이었습니다. 학교에서 공부 못하는 아이, 부모 없는 아이, 불쌍한 아이로 치부되었습니다. 어린 나이에도 삶에 대한 원망이 쌓여 갔습니다.

반면, 어둠 속에서 희망의 불빛이 되어주는 이들도 있었습니다. 도시락 반찬으로 김치만 싸가자 별명이 '짠지'가 되었지만, 친구들은 같이 어울려 주며 위안을 주었습니다. 5학년 때는 지독한 선생님 덕분에 한글을 깨칠 수 있었습니다. 또한, 초등학교 6학년 때 오토바이를 타고 신문 배달을 하던 중 함께 신문 배달을 하는 중앙대 안성캠퍼스를 다니던 형이 무료로 과외를 해 줬습니다. 중학교 때는 성적이 올라가 공업고등학교에 입학하였습니다.

희망도 잠깐, 다시 차디찬 시련이 왔습니다. 중학교 1학년 겨울방학 때 할머니가 위암으로 돌아가셨습니다. 청년은 할머니 영정 앞에서 '왜 나는 항상 부족하고 어렵게 사는가?'라며 세상을 원망하며 울었습니다. 세상에 대한 미련이 없다며 극단적 상상을 하기도 했습니다.

그 이후로 소작농인 작은아버지와 함께 살았습니다. 지병으로 작은어머니가 일찍 돌아가셨기 때문에 집안일과 농사일을 함께 해야 했습니다. 이런 이유로 청년의 손은 항상 부르터 있었습니다.

생각하기조차 싫은 어린 시절을 보내고, 청년은 고등학교를 졸업하고 취업을 했습니다. 하지만, 고졸과 대졸 사원의 급여 차이를 알고 전문대학에 입학합니다. 가난은 언제나 끈질기게 따라오는 법, 그는 학비를 벌기 위해 주말마다 막노동을 나가고 방학 때는 외국인 노동자들과 함께 숙식하며 철근 공사장에서 일했습니다. 청년은 이때 계속되는 가난에서 벗어나지 않으면 안 되겠다는 것을 깨닫고 각오했습니다.

대학교를 졸업하고 1997년 11월에 입사합니다. 병역특례를 받으면서 돈을 악착같이 모읍니다. 월급 60만 원, 식비 10만 원 중 월급 60만 원은 모두 적금에 넣고 10만 원으로 생활하였습니다. 이것은 고모집에서 살게 해 준 고모의 배려가 있기에 가능했습니다.

병역특례가 끝나갈 무렵 4,000만 원의 거금을 모았습니다. 계속 고모집에 폐를 끼치면 안 된다는 생각으로 주식투자를 합니다. 결과는 3개월 만에 2,000만 원이 사라졌습니다. 병역특례가 끝나고 전업투자자로 부자가 되겠다는 신념으로 퇴사합니다. 주식학원에 다니며 공부하지만 6개월 만에 모든 돈이 사라졌습니다. 이 돈으로 술이라도 먹고, 옷이라도 사 입고 했으면 아깝지는 않았을 텐데, 한순간에 주식으로 탕진하니 정말 허무했습니다.

청년에게 남은 것은 없었습니다. 더이상 고모집에 있을 수도 없었습니다. 일하면서 숙식을 같이 해결하는 것이 최선이었습니다. 그런 일은 원양어선을 타거나, 도예촌 보조, 모텔 일을 하는 것이었습니다.

이중 선택한 것이 모텔 일이었습니다. 모텔 일은 녹록지 않았습니다. 24시간 일하고 24시간 쉬는 방식이었습니다. 오전 10시부터 70여 개의 객실을 돌며 침대보를 갈고 간단한 청소, 분리수거를 하였습니다. 일을 마치고 나면 자정을 넘어 새벽 1시가 되었습니다. 365일이 똑같이 돌아갔습니다. 이때 객실관리, 고객응대, 모텔이 어떻게 운영되는지 전체적으로 배웠습니다. 2년을 일해 6,000만 원을 모읍니다.

또다시 사업을 하고 싶었습니다. 인터넷으로 시장 조사를 합니다. 많은 여성이 다이어트 식단으로 샐러드를 찾을 것으로 생각합니다. 장밋빛 미래가 보이며 희망이 부풀었습니다. 대전의 샐러드 공장을 견학하고 이 종잣돈으로 샐러드 배달 사업을 하기로 합니다. 하지만 결과는,

6개월이라는 짧은 기간 동안 종잣돈 6,000만 원을 모두 날렸습니다.

준비 없는 창업은 쉽게 망한다는 교훈만이 남았습니다.

계속되는 시련과 좌절은 청년을 극단적인 생각을 하게 했습니다. 하지만, 불현듯 스스로 목숨을 끊은 아버지가 생각났습니다. '만약에 내가 여기서 죽는다면? 우리는 정말 부전자전이다. 나까지 이럴 순 없겠다.'라는 각오 아닌 각오를 합니다. 한 달의 칩거 끝에 청년은 다시 한 번 일어섭니다.

이렇게 다시 깨어나고 살아난 청년은 누구일까요?

2021년 일본 소프트뱅크그룹 손정의 회장이 이끄는 비전펀드로부터 17억 달러(한화 약 2조 원)를 투자받은 '흙수저 신화' 이수진 야놀자 대표입니다. 화려한 지금의 모습에 비해 과거는 가난과 결핍, 좌절로 점철되어 있습니다.

가장 잘할 수 있는 일,
모텔 일로 다시 일어서다

이수진 대표는 다시 모텔 일로 돌아오면서 재기를 꿈꿉니다. 이러던 중 다음 포털에 '모텔이야기'라는 카페를 운영합니다. 어느덧 회원이 1만 명으로 늘었습니다. 이곳에서 구인, 구직 활동이 활발히 이루어지는 것을 보고 사업의 가능성을 찾습니다.

2005년에 다섯 명이 의기투합하여 자본금 5,000만 원으로 사업을 시작합니다. 모텔종업원들의 구인, 구직과 모텔의 치약, 칫솔 등을 납품하는 회사와 연결해 주는 것이 사업 모델이었습니다. 회사명도 '호텔모텔펜션'이라고 지었습니다.

생각처럼 사업은 순탄하지 않았습니다. 물건 견적을 받은 모텔업주들은 기존의 거래처에 '신생회사도 이보다 덜 받는데 왜 이렇게 비싸게 받느냐고' 가격을 낮추는 방법으로만 사용했습니다. 매출은 안 나오고 납품업체에서 질타만 들었습니다. 5,000만 원의 자본금은 눈 녹듯 사라지고 월급을 받는 대신 투자 지분율만큼 돈을 집어넣어야 했습니다. 부사장은 자기 차까지 팔았습니다. 사업 실패로 '다시 모텔청소부로 돌아가는 것인가?' 하고 고민할 때였습니다.

당시 '모텔투어' 카페 운영자로부터 연락이 왔습니다. 운영자는 카페 운영 중 모텔에 부정적인 부모님의 반대로 더는 카페를 운영할 수 없다며, 500만 원에 카페를 인수하라는 제안을 해왔습니다. 이 대표는 가지고 있던 600만 원 중 500만 원을 털어 '모텔투어' 카페를 인수합니다.

그 카페는 모텔광고를 받는 것이 수익 구조였는데 회원이 20만 명이 되어도 광고는 들어오지 않았습니다. 광고를 수주하기 위해 뛰어다니다가 한 사장님과 100만 원짜리 광고를 계약합니다. 반신반의하는 사장님 때문에 광고효과가 없으면 다시 환급해 준다는 조건도 걸었습니다.

다행히도 모텔매출은 3개월 만에 40% 가까이 올랐습니다. 이익을 본 사장님은 동종의 사장님들에게 추천합니다. 입소문이 돌자 광고가 물밀 듯이 들어왔습니다. 심지어 컨설팅과 모텔 위탁 운영도 하게 됩니다. 이렇게 된 것이 2006년이었습니다.

다시 시련이 왔지만 굴하지 않았다

시기와 질투는 언제나 따라오는 법, 성공이라는 과실이 익지도 않았는데 이 대표에게 또 다시 시련이 왔습니다. '모텔투어'라는 상표권을 다른 사람이 등록해 버렸습니다. 지식재산권 관리에 대해 무지한 것이 문제였습니다.

상표권을 빼앗은 사람은 3억 원에 매달 200만 원을 주면 사용하게 해준다고 조건을 겁니다. 또한, 사람이 많아지니 사내 정치로 직원 13명 중 10명이 경쟁사로 이직합니다. 함께 많은 정보도 넘어갔습니다. 간판과 기둥까지 모조리 뽑힌 상황입니다.

이 대표는 더는 물러설 곳이 없었습니다. 임진왜란의 신립 장군이 죽을 각오를 하고 탄금대에서 배수진을 쳤듯 앞으로만 갔습니다.

'모텔투어'라는 이름을 포기하고 카페 이름을 '야놀자'로 바꿨습니다. 어릴 적 친구 이름을 부르며 '누구누구야 놀자' 할 때 그 행복하며 설레는 친근함으로 다가가는 것이 목적이었습니다. 2007년의 일입니다.

2011년에는 스마트폰 태동기와 맞물리면서 야놀자 어플리케이션을 런칭합니다. 함께 기존의 모텔이 가지고 있는 러브호텔이라는 인식을 탈피하고 밝은 이미지로 바꾸기 위해 노력합니다. 숙박 연계만이 아닌 데이트 코스를 추천하는 놀이, 여가 콘텐츠까지 종합 서비스하는 회사로 거듭납니다.

야놀자 앱은 2018년 6월 23일 누적 다운로드 1,000만 건을 넘어섭니다. 같은 계열인 야놀자 펜션, 호텔나우 등 계열사 앱 다운로드 수를 제외한 건수입니다. 구글 플레이스토어 '여행 및 지역 정보' 카테고리에서 다운로드 수 1,000만 건을 넘긴 국내 앱은 야놀자, 네이버 지도, 카카오

맵 3개뿐입니다. 야놀자 앱은 국민 5명 중 1명이 사용하는 '국민 앱' 반열에 올랐습니다.

야놀자는 기업가치 10조 원 이상의 '데카콘 기업'이 되었습니다. 가난과 결핍이 어쩌면 그에게 희망의 불을 쏘아 올릴 수 있는 밑불이 되었던 것입니다.

야놀자는 특허기업

이 글을 읽기까지 대다수 사람은 이 대표의 현재 모습만 부러워할 뿐 좌절과 결핍의 시간은 알지 못했습니다. 여기에 더해 야놀자는 서비스로만 승부하는 기업이 아닌 특허기업이라는 사실을 알지 못했을 것입니다.

이게 무슨 말이냐고요? 야놀자와 최근에 인수한 식당 웨이팅 서비스 '야놀자에프앤비솔루션'(전, 나우버스킹)의 특허 등록 건수를 보면 알 수 있습니다. 무려 19건이나 됩니다.

① 객실 정보 제공 시스템
② 위치정보를 이용한 여행 정보 제공 시스템
③ 가격 결정 시스템 및 방법
④ 카메라 설치 인증 시스템
⑤ 스마트 웨이팅 관리 시스템 및 방법(주식회사 야놀자에프앤비솔루션)
⑥ 자동예측 기반의 홍보 서비스 제공장치, 시스템 및 그 방법(주식회사 야놀자에프앤비솔루션)
⑦ 무선통신 시스템에서 데이터를 송수신하는 방법 및 장치(주식회사

야놀자에프앤비솔루션)

⑧ 무선통신시스템에서 데이터를 송수신하는 시스템 및 방법(주식회사 야놀자에프앤비솔루션)

⑨ 객실 예약정보를 포함하는 QR코드를 이용한 체크인 시스템 및 방법

⑩ 블록체인 신원 인증 기반의 QR코드를 이용한 체크인 시스템 및 방법

⑪ 비접촉 객실 제어 시스템 및 그 방법

⑫ 3차원 웹페이지 표출을 위한 웹페이지 제어 방법

⑬ 숙박 통합 관리 시스템 및 방법

⑭ 위치정보를 활용한 방문지 콘텐츠 저장 시스템

⑮ 숙박 쿠폰제공 시스템 및 방법

⑯ 숙박업소의 셋톱박스를 이용한 콘텐츠 제공 시스템 및 방법

⑰ 예약대행 서비스 제공 시스템, 방법 및 컴퓨터 프로그램

⑱ 숙박 서비스 제공 시스템 및 방법

⑲ 숙박 예약 시스템 및 방법

모두 숙박과 예약에 관련한 특허입니다. 이 대표는 2006년 지식재산권에 대한 무지로 자신이 애지중지 키워낸 '모텔투어'라는 상표권을 빼앗겼습니다. 이 일을 반면교사 삼아 이 대표는 야놀자 앱을 출시하면서 비즈니스 모델(Business Model, BM)에 관한 특허를 꾸준히 출원합니다. 만약, 이 대표가 이렇게 특허를 출원하지 않았다면 어떤 일이 벌어졌을까요?

힘들게 키워낸 모텔예약 시장을 대기업이나 경쟁사에 빼앗겼을 것입니다. 기업체에서 2조 원이라는 돈을 투자하느니 차라리 이 돈의 1/10

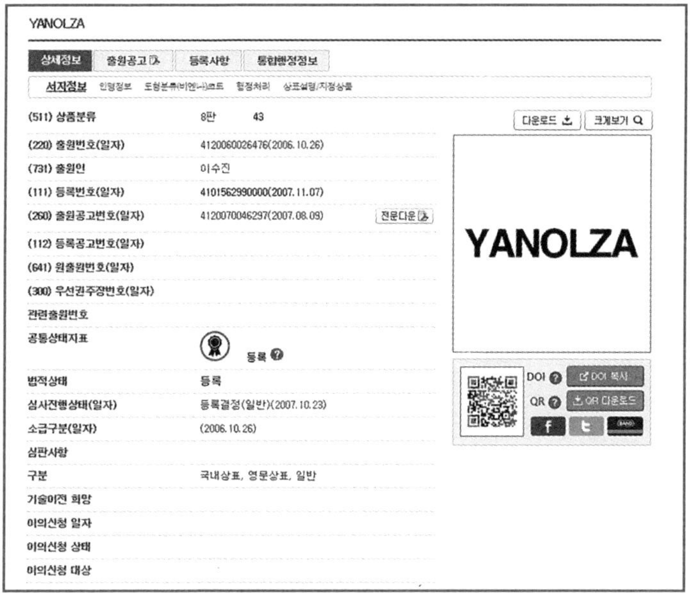

야놀자 상표의 등록 자료. 상표 출원일을 보면 2006년 10월 26일이다. '모텔투어'에 대한 상표권을 뺏기고 바로 야놀자로 카페명을 바꾸면서 상표등록을 한 것을 알 수 있다. 또한, 이수진 대표가 이때부터 지식재산권의 중요성을 알게 되었다는 것을 유추할 수 있다.

을 들여 시장을 뺏기가 더 쉬우니까요. '모텔투어'의 아픔이 오히려 약이 되었습니다.

지식재산권으로 무장하고 목표를 향해 나아가세요. 다른 이들의 시기와 질투할 정도로 성공해야 합니다. 지식재산권으로 똘똘 뭉쳐 있으면 그들이 당신을 넘어뜨리려고 해도 당신은 흔들리지 않습니다. 그리고 힘차게 앞으로 도약해야 합니다.

4

노숙 중에도 재기의 꿈을 키우다

사장님에서 노숙인으로

2000년 크리스마스가 얼마 남지 않은 어두운 밤, 크리스마스 캐럴이 조용히 퍼지고 있습니다. 남자는 지하철 출입구에 자리를 잡습니다. 노숙자들의 텃세에 밀려 추운 출입구로 밀렸습니다. 콘크리트 바닥의 차가운 기운이 종이박스를 뚫고 올라오고 매서운 바람이 온몸을 훑고 지나갑니다.

준비해온 신문지로 덮어 보지만 새어 들어오는 바람은 막을 수 없습니다. 온몸이 오그라들고 이빨은 덜덜덜 떨립니다. 이 추위만 피하면 될까? 뜨끈한 사우나가 간절합니다.

하지만, 나로 인해 고통받은 가족과 나 때문에 월급을 받지 못했을 협력 업체 직원들을 생각하면 사우나는 사치입니다. 노숙을 결심하고 처음 하는 날, 하루도 버티지 못하는 정신상태로 무엇을 할 수 있겠냐고 스스로 질책합니다.

그는 눈을 감습니다. 가족들의 모습이 떠오릅니다. 특히 아들 얼굴이 또렷하게 떠오릅니다.

충남 부여의 가난한 집에서 태어난 그는 25세에 아무것도 없이 상경하여 봉제 업무, 연탄배달, 막노동 등으로 돈을 벌어 돌침대 가구 대리점을 12곳이나 운영하였습니다. 하지만, 온 국민이 아파했던 1997년 IMF로 부도를 맞습니다.

이때 아들이 막 태어났습니다. 회사를 정리하고 집도 팔았습니다. 처가가 있는 충주에 11평짜리 주공 아파트를 얻었는데 그것도 경매에 넘어갑니다. 집주인에게 사정해서 월세를 얻습니다. 15년 동안 소식이 없던 아버지가 위암이 걸려 찾아 왔습니다.

이후 돈이 필요하면 그때만 일하고 나머지는 술을 먹으며 보냈습니다. 아버지의 죽음과 최악의 막장 생활, 몸은 만신창이가 되었습니다. 그는 결국 안 되겠다고 결심하고 혼자 서울에 올라옵니다. 등 붙일 곳이 필요했지만, 사우나, 고시원 등에 들어가는 것도 돈이 아까워 노숙하기로 합니다.

재기의 꿈을 놓지 않다

포기할 수도 있었지만, 사내는 삶의 끈을 놓지 않았습니다. 인력시장에 나가 일용직으로 돈을 벌어 한 달에 20~30만 원을 가족에게 보냅니다. 추운 겨울이 가고 따뜻한 봄이 오자 마음도 단단해졌습니다. 다시 일할 수 있는 자신감을 얻었습니다.

노숙 생활을 하는 중에도 거리에서 아이들이 타는 킥보드에 관심을 가졌습니다. '어른들이 탈 수 있게 만들면 어떨까?' 하는 데까지 생각이 미쳤습니다. 외환위기의 어둠이 걷히고 경기가 풀리면 레저 산업이 잘 될 것이라는 믿음이 있었기 때문이었습니다. 고물상에 들러 킥보드를 하나 얻어 손잡이를 잘라내고 타봤습니다. 문제는 보드를 탈 때 땅을 구르지 않고 추진력을 얻을 수 없는 것이었습니다.

친구의 사무실에 들렀을 때 그곳에서 우연히 문제의 해결방법을 발견합니다. 한 청년이 좌우로 흔들면서 타는 스케이트보드를 타고 돌아다니는 것을 본 것입니다. 그는 '이것이다!' 생각하고 청년을 잡습니다. 보드는 물리학도 청년이 직접 개발하고 특허로 등록한 제품이었습니다. 남자는 같이 동업을 하자고 했으나 청년은 거절합니다. 할 수 없이 그는 나중에 투자받으면 5,000만 원을 주겠다고 하고 특허를 양도받습니다.

보드에 관심을 두고 투자하려는 이 사내는 누굴까요?

에스보드(ESS BOARD)라고 하면 모두 알 것입니다. 바로 강신기 슬로비 대표입니다.

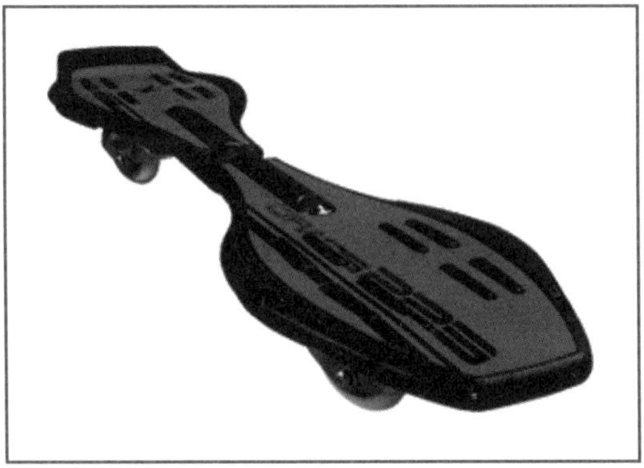

국산정품 에스보드 S-160 스케이트보드 (1300K에서 갈무리)

또 다른 시작

특허만 있다고 모두 성공하는 것이 아닙니다. 상품화하고 팔아야 합니다. 상품화할 제품을 설계하고 금형을 만들고 생산하려면 많은 과정과 자금이 필요합니다. 강신기 대표는 투자자와 개발자금을 확보하기 위해서 낡은 합판을 들고 뛰어다녔습니다. 성과는 없었습니다.

보다 못한 친구가 말합니다. “그런 합판 짝을 들고 다녀봤자 너에게 돈 내줄 사람은 없을 거야. 괜히 용쓰지 말고 일단 제품을 새로 완성해서 네 이름으로 특허를 내도록 해. 뭐라도 믿을 구석이 있어야 돈을 빌려줄 거 아니야?”라는 따끔한 충고를 합니다. 강 대표는 이 말을 듣고 기존의 고무줄을 내부 스프링으로 바꾸면서 수십 개의 부품을 정밀하게 재설계해 특허를 받았습니다.

특허를 내는 동안에도 투자를 받기 위해 계속 안동 공단과 시화 공단을 돌아다니며 4개월 동안 발품을 팔지만 아무도 관심을 가지지 않았습니다. 마지막으로 부자들이 모여 사는 동네에 가서 에스보드를 타면서 관심을 끌어 보기로 합니다.

특히, 고급 차가 지나갈 때는 묘기를 보이곤 했습니다. 간혹 고급 차가 멈춰서서 “그게 뭐냐?”고 물으면, “제가 개발한 스케이트보드인데 어른들도 탈 수 있는 건강 레저용품입니다. 여기에 투자하지 않겠습니까?” 하고 물었습니다. 완전히 미친 짓이었습니다.

하지만, 진인사 대천명(盡人事 待天命)이라고 했던가요. 하늘이 알 만큼 노력을 하면 하늘도 대답합니다. 한두 명의 투자자가 관심을 보였고 투자를 받을 수 있었습니다. 또한, 다시 등록한 특허는 2003년 대한민국 특허기술대전에서 '국무총리상'을 수상합니다. 이 특허를 담보로 한국기술신용보증기금으로부터 15억 원을 대출받아 사업자금을 확보합니다.

처음 에스보드 시판을 시작한 것은 2006년 5월 어린이날이었습니다. 시장의 반응은 폭발적이었습니다. 그해 10월까지 거둬들인 판매 수익이 90억 원 정도였습니다. 2004년에는 미국 피츠버그 국제 발명대회에서 5관왕을 수상하면서 상금도 2,000달러나 받았습니다.

상품으로 만드는 것이 더 어려워

발명만 한다고, 특허만 등록한다고 해서 모든 것이 끝나는 것이 아닙니다. 이것은 마치 "동화 속의 공주와 왕자가 행복하게 살았습니다." 하고 손쉽게 결론짓는 것과 같습니다.

영화의 은막이 걷힌 후에도 삶은 계속 이어지는데 우리는 마지막의 해피엔딩만 봅니다. 많은 발명과 특허 책들이 이 부분에서 마무리 짓고 있어 아쉬울 따름입니다.

슬로비 강신기 대표의 성공 이야기는 특허와 발명의 상품화가 얼마나 어려운지를 잘 설명해 줍니다. 강 대표는 험난한 길을 걸었지만 결국 투자금을 받아 상품화하고 판매까지 성공합니다. 노숙하면서 자신을 갈고 닦은 것이 없으면 어쩌면 불가능한 일이었을지도 모릅니다. 끝까지 포기하지 않고 노력해야 합니다. 결코, "영화처럼 행복하게 살았습니다."라는 마지막은 없습니다. 발명과 특허를 했다고 로즈가든이 펼쳐지지 않습니다.

움직여야 합니다. 끝까지 가야 합니다. 오늘이라도 당장 어금니를 깨물고 일어나야 합니다. 당장 일어나 집 앞의 공원이라도 산책하세요. 이것부터가 시작입니다.

5

죽음의 순간에 떠오른 아이디어, 죽을 각오로 현실화하다

사각형 부표에 의지해 해변까지 16시간을 헤엄치다

미국 플로리다 토박이인 트로이 팰트로는 금요일 오후 자신의 조그마한 배를 혼자 몰고 나갑니다. 휴식을 오래간만에 취하니 그동안의 스트레스가 풀리는 것 같습니다. 바람과 햇살이 그를 포근하게 감쌉니다. 그도 따뜻함에 몸을 녹이며 배 한편에 눕습니다.

포트 로더데일의 해변에서 10마일(16km) 떨어질 무렵 배가 무언가에 부딪치는 느낌이 났습니다. 배는 바로 안정을 찾았습니다. 팰트로는 별일 아니라고 생각하고 다시 누웠습니다. 얼마나 지났을까? 배의 속도가 줄어들고 가라앉기 시작했습니다. 순식간에 물이 무릎까지 찼습니다.

그는 재빨리 조난 신호를 보냈습니다. 개인 물품과 사각형 쿠션 부표만을 들고 바다로 뛰어들었습니다. 정신을 차리고 물 밖으로 나오자 반

쯤 가라앉는 배의 모습을 볼 수 있었습니다. 잠시 뒤 배는 사람처럼 마지막 숨을 부여잡듯 힘겹게 선수를 보이고는 거품을 내며 빠르게 가라앉았습니다.

팰트로는 조그마한 사각형 부표에 의지해 망망대해에 홀로 떠 있었습니다. 그는 가만히 수상구조대를 기다릴지 아니면 헤엄쳐 해변으로 갈지 결정해야 했습니다. 결국, 그는 헤엄쳐 해변으로 가기로 합니다. 서퍼로 활동하고 어부로 일했던 경험이 그를 결심하게 한 동력이었습니다.

스노클을 착용하고 조그마한 사각형 쿠션에 의지해 헤엄치고 또 헤엄쳤습니다. 얼마나 지났을까요? 멀리 모래 해변이 보였습니다. 잠시 뒤 모래가 발에 밟혔습니다. 보드라운 모래의 감촉을 느끼며 일어선 그는 걸어 나와 마른 모래에 누웠습니다. 그리고는 거친 숨을 몰아쉬었습니다. 시계를 보니 16시간이나 지났습니다. 그동안 밤과 낮이 오갔습니다.

헤엄쳐 오면서 사각형 부표가 필요 없이 크고 잘못된 형상으로 물길을 막아 속도가 느려진 것을 알았습니다. 짜증이 일었지만, 순간적으로 아이디어가 떠올랐습니다. 자체 팽창식 부표인 던지는 뗏목(Throw Raft)입니다. 팰트로는 이것을 직접 만들기로 합니다.

만드는 것보다 안전기준 통과가 더욱 어렵다

조건은 간단했습니다. 사각형 부표보다 작은 자체 팽창식 부표입니다. 가지고 다닐 수 있도록 크기는 작아야 했고 일단 팽창하면 구조팀이 올 때까지 몸을 맡기며 기다리거나 헤엄칠 수 있어야 했습니다.

악마에게 영혼을 바치고 싶을 정도로 노력하여 시제품을 만듭니다. 여기에 추가로 발견하기 좋게 가시성 높은 색상과 CO_2 용기를 이용한 자체 팽창기능을 완벽히 했습니다. 무게는 3파운드(1.3kg)로 사각형 쿠션보다 5배 작은 공간을 차지하는 시제품을 완성합니다.

하지만, 사용을 위해서는 미국 해안 경비대의 승인이 있어야 했습니다. 혹자는 타이타닉호가 침몰한 1912년 이후에 단 한 건도 새로운 해양구조장비로 승인이 되지 않았다고 말합니다. 팰트로의 발명품이 처음입니다. 그만큼 어려운 산을 넘어야 했습니다. 팰트로의 Throw Raft 홈페이지에서는 100년 동안 보지 못한 혁신이라고 광고하고 있습니다.

팰트로는 특허는 등록했지만 해안 경비대의 승인을 통과할지 자신이 없었습니다. 그동안 시도해 본 사람이 없었으니까요. 그러나 해안 경비대에 용감하게 자문을 구하고 워싱턴 D.C.에 있는 국토안보부 본부에서 발표까지 합니다.

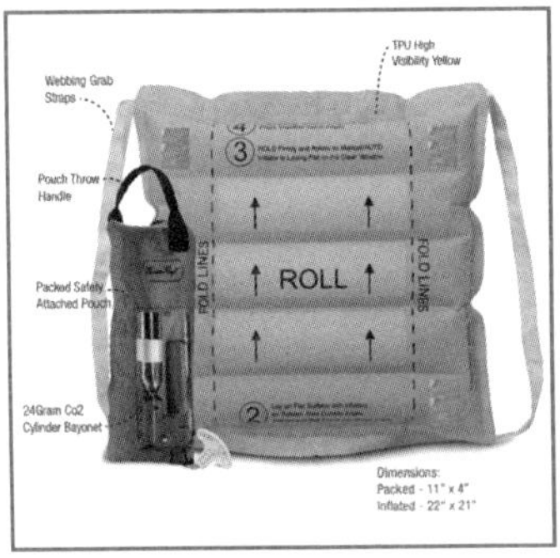

발명품 Throw Raft(TD2401)
(https://throwraft.com/pages/throwraftoriginal에서 갈무리)

발명품을 이용한 모습
(https://www.linkedin.com/pulse/life-death-momentsea-sparks-marine-invention-patent-my-john-rizvi에서 갈무리)

또한, 제품의 테스트를 플로리다 Rockledge에 있는 IMANNA 연구소에서 수행합니다. 이 연구소는 미국 해안 경비대 인명 구조 장비 테스트가 가능한 단 3개의 시설 중 하나입니다. 35개 이상의 테스트를 진행했습니다. 함께 41개국에 5개의 특허도 등록합니다. 여기까지 오는 중에 아버지의 죽음, 친한 친구의 죽음, 아내의 죽음을 몇 달 간격으로 겪습니다. 심지어 차에서 숙식을 해결할 때도 있었습니다. 포기할까도 생각하지만, 그는 다시 마음을 다잡고 앞으로 나갑니다.

그는 계속 움직였습니다. 포기하지 않았습니다. 그는 당시를 이렇게 회고합니다.

"나를 움직이게 한 것은 나의 발명품이었다. 나는 절대 그만두지 않는다. 그만두기는 너무 쉬우므로 나는 절대 그만둘 수 없다!"

이런 노력으로 결국 해안 경비대의 승인을 얻습니다. 2015년 11월에 제품을 출시합니다. 기존의 안전장비보다 부피를 훨씬 덜 차지하고 가벼워서 소방서, 해양구조기관, 항공기운영기관에서 많은 연락이 왔습니다. 지금은 56개국 146개 유통사와 협상하기 위해 세계를 뛰어다니고 있습니다.

당신의 꿈을 보고 움직여라. 그리고 절대 그만두지 마라

트로이 펠트로는 창업가를 꿈꾸는 이들에게 말합니다. "당신은 당신의 꿈을 보아야 합니다. 다른 사람을 위해 일하는데 행복하지 않다면 움직여야 할 때입니다. 실패를 두려워하지 말고 궁극적으로 성공하기 위해 일어나야 합니다. 당신이 믿고 있는 것이 있다면 그것에 대해 열정적으로 행해야 합니다. 그것을 실행하고 뒤돌아보지 마세요. 또한, 피드백을 줄 긍정적인 사람들이 당신 옆에 있는 것이 중요합니다. 다만, 너무 개인적인 비판은 받아들이지 마세요. 그들의 말을 듣고 행동을 취하세요. 무엇보다 그만두지 마세요. 그만두는 건 너무 쉽습니다."

여러분도 절대 포기하지 마세요.

6

꿈, 목표는 지식재산으로 이루어진다

지식재산으로 꿈에 가까이 가라

지식재산이란 것은 무엇일까요? 지식재산이 어떻게 당신을 꿈을 이루어준다는 걸까요?

지식재산(intellectual property, IP)은 인간의 생각에서 비롯된 창작, 표지 및 영업에 관한 무형적인 이익으로 형태를 갖추지 않은 재산이라는 의미에서 '무체재산권'이라고도 합니다. 쉽게 인간의 창조적 활동으로 만들어진 것 중, 재산적 가치를 가지고 있는 것으로 생각하면 됩니다.

형태도 없는 무체자산이 어떻게 꿈을 이루어 줄 수 있냐고 되묻습니다. 해답은 이 무체자산이 유체자산(형태가 있는 부동산, 동산)보다 더 많은 부가가치를 지니고 있기 때문입니다. 말로는 느낌이 다가오지 않을 것입니다. 지식재산으로 성공한 사례를 몇 가지 들어보겠습니다.

첫째, 〈해리포터〉 시리즈의 저자 조앤 K. 롤링입니다. 그녀는 이혼했을 때 생후 4개월 딸이 있었습니다. 무일푼으로 영국으로 돌아왔고 퇴사로 1년 동안 정부 생활보조금으로 살아야 했습니다. 어려운 생활고로 우울증까지 앓자 자살까지 생각할 정도였습니다. 그러던 중 예전부터 상상만 해 오던 이야기를 〈해리포터〉 소설로 집필하였고, 지금은 세계 10억 달러 이상 세계 최고 부호클럽의 회원이 되었습니다. 그녀를 이렇게 만들어 준 것은 한 권의 소설 〈해리포터〉였습니다.

둘째, 아기 상어 체조(Baby Shark Dance) 노래와 영상입니다. "아기 상어~ 뚜루루 뚜루" 하면 모두 '아하'하고 떠올리는 영상입니다. 이 영상은 2016년 1월 유튜브에 업로드되었습니다. 가수의 귀여운 목소리, 중독성 높은 후렴구로 전 세계 아이들이 따라 불렀습니다. '상어 가족'은 2019년 1월에는 빌보드 차트 32위에 진입합니다. 한국 노래 중 싸이와 방탄소년단(BTS) 이후로 가장 높은 순위입니다. 2020년 11월에는 전 세계 유튜브 조회수 1위에 등극하고, 2022년 1월 13일에는 유튜브 역사상 최초로 누적 조회 수 100억 뷰를 달성했습니다. 이 노래와 영상을 올린 회사는 어느 회사이며, 지금 어떻게 되었을까요?

영상을 올린 회사는 스마트스터디(현, 더핑크퐁컴퍼니)입니다. 2010년, 유아동 교육, 게임, 애니메이션 등의 온오프라인 콘텐츠를 제작, 유통, 서비스하는 글로벌 콘텐츠 기업을 목표로 창업을 한 작은 회사였습니다. 하지만, 아기 상어 체조 노래와 영상으로 2021년 6월 300억 원의 투자를 받으면서 1조 원 가치를 인정받은 유니콘 기업이 되었습니다.

셋째, 마지막은 BTS입니다. 2021년 광고 수입만 650억 원이라는 뉴스가 나올 정도입니다. 그리고 전 세계의 어디를 가더라도 콘서트는 대성공입니다. 문화체육관광부와 한국문화관광 연구원이 BTS의 빌보드

'핫 100 차트 1위'로 인한 경제적 파급 효과를 분석한 결과 생산 유발 효과가 1조 2,324억 원이라고 발표했습니다.

이처럼 지식재산은 수십 배, 수백 배의 가치를 지니고 있습니다. 앞서 설명했던 김기사 앱을 개발한 김기사랩은 626억 원에 다음카카오에 인수되었습니다. 스타트업계의 신화를 만들었습니다.

과거에는 토지, 금, 석유와 같은 자원이 재산이었다면 지금은 지식이 고부가가치 재산권이 되었습니다. 미국 MIT대학의 레스터 써로우 교수는 세계 경제 시대의 개인, 기업, 국가의 가장 중요한 생존 전략은 지식장악에 있다고 강조합니다.

이런 변화의 흐름으로 미국 S&P 500 기업의 자산 비중도 바뀌었습니다. 1985년까지는 거의 7(유형자산)대 3(무형자산)의 비율로 유형자산의 비중이 높았는데, 2010년은 2(유형자산)대 8(무형자산)로 무형자산의 비중이 압도적으로 높습니다. 이제 특허와 상표권, 디자인을 많이 보유한 기업을 높게 평가합니다.

산업의 판이 바뀌고 있다 이때를 이용하라

4차 산업혁명시대, NFT, 메타버스. 이들은 시대의 변화를 말하는 단어입니다. 그동안의 변화는 걸어서 우리가 따라갈 정도였으나 코로나로 인한 사회의 변혁은 숨 가쁘게 쫓아야만 따라갈 수 있을 정도로 빨라졌습니다.

일부 박사들은 코로나19가 변화의 시기를 10년을 앞당겼다고 합니다. 이런 변화로 보수적이던 산업의 패러다임이 바뀌었습니다. 공장과 생산설비, 매장을 가져야 하는 산업의 시대에서 이제는 초연결이 산업의 중심이 되는 시대가 왔습니다.

이때는 변화에 능동적으로 빠르게 적응을 할 수 있는 작은 기업들이 강점을 갖습니다. 이런 이유로 변혁의 시기에 새로운 강자들이 떠오릅니다.

이런 변혁에 잘 적응하여 성공한 사례를 예로 든다면 네이버와 옥션이 있습니다. 이 두 기업은 1990년대 후반 컴퓨터의 보급으로 정보화 시대가 되자 창업을 했습니다. 현재는 한국의 대표 포털사이트와 대표 온라인 쇼핑몰이 되었습니다.

네이버는 1997년 2월 26일 삼성 SDS 사내 벤처에서 '웹글라이더'라는 서비스로 시작하였습니다. 옥션은 1998년 대한민국 전자상거래 시장에서 최초로 인터넷 경매 서비스를 제공하였습니다.

이 둘의 공통점은 시대의 변화에 맞춰 새로운 아이디어를 만들고 이를 특허로 보호하고 블루오션의 시장을 만들었습니다. 톡톡 튀는 아이디어로 시장에서 소비자의 관심을 끌자 시장에서 신흥 강자로 떠오를 기회가 생겼습니다.

최근 한 젊은 프리랜서 디자이너가 메타버스의 하나인 제페토에서 커스텀 의상을 만들어 팔아 월 1,500만 원을 벌면서 화제가 되었습니다. 그 사람만이 특출난 것일까요? 단지 변화에 능동적으로 적응했을 뿐입니다. 여러분도 가능합니다.

지식재산을 보호해 주는 지식재산권

비즈니스를 할 때 가장 쉬운 방법은 선발기업이 만들어 놓은 시장을 빨리 따라가는 것입니다. 이런 것을 패스트 팔로우(fast follow) 전략이라고 합니다. 선발기업에서 새로 내놓은 기술이나 제품을 분석해 비슷하지만 저렴하게 시장에 내놓습니다. 우리나라가 발전기 동안 채택해 왔던 전략도 패스트 팔로우 전략이었습니다. 대상은 보통 일본산 제품이었습니다. 대표적인 예로 전기밥솥을 들 수 있습니다.

1937년 중일전쟁 때 일본군이 밥을 짓기 위해 나무통에 전기선을 연결하여 물을 끓여 밥을 지은 것을 아이디어로 하여 제품으로 만든 것이 전기밥솥입니다. 같은 식생활을 하는 일본의 영향으로 국내에도 전기밥솥이라는 시장이 생겼습니다.

하지만, 우리나라 제품은 밥에 찰기가 없고 밥맛이 없다는 이유로 외면당했습니다. 일본으로 여행을 갔다 오면 코끼리가 그려진 조지루시 전기밥솥을 사 오는 것이 관례였습니다. 오죽했으면 1983년 1월 10일 주부 17명이 일본 전자제품과 화장품을 무더기로 사 오다 통관에서 걸린 사건을 '코끼리 밥솥 사건'이라고 했을까요?

우리나라 기업들은 패스트 팔로우 전략으로 열심히 기술을 따라갔습니다. 결국, 쿠쿠의 전신인 성광전자는 1998년 일본을 넘어서 인덕션 히터 방식과 압력솥을 더한 새 제품을 만들어 냅니다. 전기밥솥의 패스트 팔로우에서 전기압력밥솥의 시장을 새로 개척한 선발기업이 되었습니다.

여기서 우리는 두 가지 가정을 생각해 볼 수 있습니다.

첫째, 만일 성광전자가 일본제품의 신기술과 디자인을 쫓는 전략만 사용했다면 어떻게 되었을까요?

혁신을 이루지 못하고 작은 기업으로만 남았을 것입니다.

둘째, 전기압력밥솥의 후발 주자들이 성광전자의 새로운 신기술들과 디자인, 심지어 브랜드까지 베껴 비슷한 제품을 출시했다면 어떻게 되었을까요?

후발 주자의 시장 잠식으로 성광전자는 더 새로운 기술이나 디자인을 만들 의욕을 느끼지 못합니다. 신기술에 투자하느니 원가 절감을 위해 대량 생산설비를 늘립니다. 혁신이 이루어지지 않습니다. 이때도 그냥 그런 회사로 이름만 남습니다. 세계적인 브랜드 '쿠쿠'는 탄생하지 않았을 것입니다.

성광전자가 이런 혁신과 세계적인 브랜드 '쿠쿠'를 만들어 낼 수 있었던 이유는 지식재산을 지식재산권이라는 제도로 보호해 주었기 때문입니다. 이처럼 지식재산권은 과도한 모방을 방지하여 선발기업이 만든 신기술과 디자인, 브랜드, 즉 시장을 보호해 줍니다.

또한, 일정 기간 독점판매를 할 수 있게 하여 후발 기업과 공정한 경쟁을 하게 만듭니다. 결과적으로 기업들은 자신의 노력이 보호됨으로써 계속적인 연구와 투자를 합니다.

당신의 아이디어는 지식재산이고 이 지식재산은 지식재산권이 보호해 줍니다. 따라서 당신의 꿈을 보호해 주는 것은 지식재산권입니다.

제 2 장

꿈의 나침판 아이디어부터 발명까지, 비즈니스로 set-up 시키는 방법

7

아이디어를 발명으로 구체화하라

기술적 요인이 있어야 발명이다

흙수저 나역전 대표는 샤워하다가 샤워기 꼭지를 옮겨 고정했으면 하는 생각이 문득 들었습니다. 너무 낮게 고정되어 있어 샤워할 때마다 키를 낮춰야 했기 때문입니다.

생활 속에서 문제를 발견했습니다. 해결할 방법을 고민합니다. 고정대에 샤워기를 뽑아 위로 얼기설기 꽂아 봅니다. 흔들리는 것이 불안합니다. 마음에 안 듭니다. 흡착판을 이용해 샤워기 꼭지에 붙여 벽면에 붙입니다(편리한 형제들 발명품입니다).

두 가지 방법 중 어느 것이 발명일까요? 그리고, 특허를 받을 수 있을까요?

이 질문에 답하기 전, 우리는 먼저 발명과 발견의 차이를 알아야 합니다. 그 뜻을 찾아보면,

- **발명:** 아직까지 없던 기술이나 물건을 새롭게 생각하여 만들어 내는 것
- **발견:** 미처 찾아내지 못했거나 아직 알려지지 아니한 사물이나 현상, 사실 따위를 찾아내는 것

비슷한 뜻입니다. 어떤 차이가 있는 걸까요? 결론부터 말하면 둘 사이에 기술적 사상이 들어 있느냐 없느냐입니다. 기술적 사상이 들어 있으면 발명, 기술적 사상이 들어 있지 않으면 발명이라 할 수 없습니다.

예상하듯이 두 번째 아이디어가 발명입니다. 흡착판을 이용해 샤워기 꼭지에 붙이는 기술적 요인이 들어갔기 때문입니다. 첫 번째 아이디어는 그냥 아이디어일 뿐입니다.

이 사례처럼 발명과 발견의 차이는 아이디어 속에 기술적 요소를 내포하고 있는지로 결정합니다.

생활 속의 작은 부분의 문제만 해결해도 발명이 된다

발명이라고 하면 하나부터 열까지 모든 것을 만들어 내야 발명이고 특허를 등록할 수 있다고 생각하는 분도 있습니다. 당연히 아닙니다.

발명은 어떤 물건을 구성하고 있는 각 부분에 각자 독립된 발명으로 존재합니다. 이해가 잘 안 될 것입니다.

2011년 삼성과 애플의 특허 전쟁을 예로 들어 설명하겠습니다. 삼성과 애플은 각각 혁신적인 스마트폰을 독립적으로 만든 회사입니다. 이 특허 전쟁 때 삼성과 애플, 이 둘은 서로의 스마트폰 속에 자신들의 특허가 얼마나 어떻게 들어가 있는지를 놓고 특허 침해라고 따졌습니다.

둘의 전쟁은 합의로 끝났지만, 이때 하나의 스마트폰 속에 수십, 수백 개의 특허가 들어가 있다는 것을 알 수 있었습니다. 특허 하나하나가 독립된 권리를 가지고 있습니다.

발명이라고 하면 막연히 광범위하게 생각합니다. 이런 사고가 발명을 어렵게 느껴지게 하는 요인입니다. 완전체 중에 특정한 부분의 개선, 개량도 발명이고 특허가 됩니다. 쉽게 생각해야 합니다. 학생이나 주부들이 생활 속 불편함을 수정하는 발명을 하고 특허로 등록하는 경우가 많습니다. 심지어 대박을 터트리기까지 합니다.

작은 불편을 조금만 바꿨을 뿐입니다. 이처럼 일부, 조금만 바꿔도 발명이 되고 특허로 등록할 수 있습니다. 이렇게 보잘것없어 보이는 특허도 사업으로 연결할 수 있고 심지어 대박까지 칠 수 있다는 것을 명심해야 합니다.

발명의 종류는 많지만, 우리가 하는 것은 개량 발명이다

발명이라는 것은 큰 것을 만들어 내는 것이 아니라 작은 것을 개량해도 발명이 된다는 것을 알았습니다. 이런 발명도 여러 종류가 있어 종류에 따라 분류할 수 있습니다.

발명은 우선 물건 발명과 방법 발명으로 나눌 수 있습니다.

- **물건 발명:** 기구, 기계장치, 재료, 음식물, 의약 등을 말하며, 대상을 특정할 수 있는 것을 통틀어 말한다.
- **방법 발명:** 물건의 제조방법, 통신방법, 측정방법, 음식제조방법 등 일정한 목적을 달성하기 위해 시간의 순서로 구체화된 방법을 말한다.

짬짜면을 예로 들어 보겠습니다.

짬짜면을 담는 그릇, 즉 중간이 반으로 나눠진 그릇을 만들었다면 이것은 물건 발명입니다. 대신 짜장면이나 짬뽕을 남들과 다르게 만드는 제조법은 방법 발명이 됩니다.

한 단계 더 들어가면 발명을 원천 발명과 개량 발명으로 나눌 수 있습니다.

- **원천 발명:** 해당 기술 분야에 최초로 개발된 기술, 개척 발명이라고도 한다.
- **개량 발명:** 원천 발명에 새로운 기능을 추가하거나 한정한 것으로서 이용 발명이라고 한다.

다른 예를 들어 보겠습니다.

탁상 독서등을 처음 만들었습니다. 이것은 원천 발명입니다. 이를 이용해 목이 꺾어지는 독서등을 만들면 이것은 개량 발명입니다.

여기서 알아둬야 할 것은 원천 발명은 크게 돈을 벌 수 있습니다. 하지만, 어렵다는 것입니다. 여러분도 기억할 것입니다. 삼성전자가 이동 전화를 만들 때마다 CDMA 기술을 가진 퀄컴사에 4~5%의 로열티를 지불하고, 노바티스의 백혈병 치료 약 글리벡의 특허 무효소송 분쟁으로 문제가 되었던 일을요.

개량 발명을 하기 위해서는 해당 원천기술을 거쳐야 가능하고, 같은 효과를 보는 새로운 물질을 만들어 내는 것은 많은 시간과 금액이 들어가기 때문입니다.

이처럼 원천기술 발명은 경제적 가치가 높아 많은 부를 가져오지만, 일반인들이 하기에는 어렵습니다. 꿈같은 이야기입니다.

하지만, 뉴스에서 발명으로 성공하였다고 하는 것은 대체로 원천 발명을 말합니다. 재미있는 사실은 국어사전이나 「특허법」에도 발명을 설명할 때 원천 발명을 설명합니다. 국어사전에서 발명은 "전혀 없던 것을 새로 생각하거나 만들어 내는 것"이라고 합니다. 이렇게 설명되어 있으니 사람들이 발명이라고 하면 어렵게 생각합니다.

우리가 하는 발명은 개량 발명입니다. 개량 발명은 누구나 할 수 있습니다. 생활 속에서 불편을 찾아내는 것입니다. 공통된 불편을 수정하여 개선하는 것부터 시작입니다. 이것을 특허로 만들고 지원사업으로 꿈을 펼쳐 나가는 것입니다.

생활 속에 불편이 아이디어가 된 사연

생활 속에서 불편을 발견하고 아이디어를 생각해 내는 것, 이것이 발명입니다. 생활 속에서의 불편함을 발명으로 만든 두 가지 예를 소개하겠습니다.

첫 번째 예는 2012년 대한민국 우수특허대상과 한국여성발명대상 대통령상을 받은 구혜진 씨입니다. 하나의 잠금장치로 간편하게 개폐할 수 있는 밀폐 용기를 개발했습니다. 설거지 도중에 아이디어를 얻었습니다. 다른 반찬통은 4방향에 잠금장치가 있는 방식이라 설거지할 때 불편함을 느꼈습니다. 잠금장치가 하나만 있는 밀폐 용기가 있으면 좋겠다는 생각으로 2년 동안 개발했습니다. 결국, 슬라이드 락 원리를 이용한 신기술 밀폐 용기를 개발했습니다.

두 번째 예는 2015년 생활 발명 코리아에서 대통령상을 받은 나예선 씨입니다. 재활용 쓰레기를 버릴 때마다 봉지를 나눠 들기도 어렵고, 여러 번 왔다 갔다 해야 하고, 부탁하면 가족 간 갈등의 원인 되기도 해서 아예 사진 속 핸드캐리어를 발명합니다. 여러 바구니를 하나의 핸드카에 순서대로 넣을 수 있도록 하고 핸드카처럼 끌고 갈 수 있게 했습니다.

출처: 미디어대전 "분리수거 핸드캐리어 '오늘은 니가 해'" 대통령상 수상 2015. 12. 14.

결국은 실행력, 생각만으로는 부족하다

〈장자〉에 나오는 이야기로 마무리하겠습니다. 춘추전국시대 한 과객이 송나라의 어느 강가를 지나가고 있었습니다. 강가의 주변에는 남들의 빨래를 대신 해 주면서 생계를 이어가는 가족들이 부지런히 빨래하고 있었습니다. 추운 날씨에도 찬물에 손을 넣어야 생계를 이어갈 수 있는 그들을 애처롭게 바라보던 과객은 깜짝 놀랐습니다. 차가운 물에 손을 넣으면 손이 터야 하는데 손이 깨끗한 것이었습니다. 과객이 어떻게 손이 트지 않을 수 있냐고 물어보았습니다. 그중에 가장 나이 많은 노인이 답했습니다.

"저희 가문 대대로 내려오는 비약이 있습니다. 손에 바르면 손이 트지 않게 보호해 줍니다. 이것이 있어 추운 겨울에도 빨래할 수 있어 먹고 사는 데 지장이 없습니다."

과객은 그들에게 백금을 주면서 비약의 제조법을 샀습니다. 빨래하는 집안은 이 백금으로 농토를 사서 농사꾼이 되었습니다.

때마침 월나라가 오나라를 공격했습니다. 과객은 오나라 왕을 찾아가 특수한 비책이 있으니 자신을 장수로 써주면 전쟁에서 반드시 이길 수 있다고 말했습니다.

왕은 이 과객을 장수로 파견했습니다. 어떻게 되었을까요? 이 장수는 찬 바람이 쌩쌩 부는 겨울날 전투를 벌였습니다. 춘추전국시대는 겨울철에 전투를 삼갔습니다. 병사들 먹이는 문제보다 방한 장구가 없어 창과 검을 쥐기 어렵고 활을 쏘기는 더욱더 어려웠기 때문입니다. 겨울이 되면 약속한 것처럼 전쟁을 하지 않고 쉽니다.

이 과객은 비약을 대량으로 만들어 병사들에게 바르게 했습니다. 손이 자유로워지자 병사들 전투력이 높아졌습니다. 월나라는 오나라의 예상치 못한 공격에 손쉽게 무너졌습니다. 갑자기 공격을 당한 것도 문제지만 손이 자유로워 전투력이 상승한 오나라 병사들의 공격에 월나라 병사들은 상대가 되지 않았습니다. 대승이었습니다. 크게 기뻐한 왕은 과객에게 어마어마한 땅을 주고 오나라 제후로 봉했습니다.

이 이야기가 주는 교훈은 무엇일까요? 노인은 비약을 단순히 빨래를 잘할 방법으로만 사용했습니다. 과객은 나라를 얻는 데 사용했습니다. 아이디어와 해결방법이 있을 때 이것을 단순히 나의 생활 속에만 묵혀둔다면 빨래를 하는 노인에 불과합니다.

하지만 이 아이디어를 발명으로 구체화하고 특허로 연결하여 창업으로 간다면 당신도 한 나라의 제후가 될 수 있습니다.

8

아이디어를 변형하고 뒤틀어서 가공하라

하늘 아래 새로운 것은 없다는 것을 명심하라!

불편함에서 문제를 발굴하고, 그 문제는 아이디어로 해결하고, 아이디어는 발명이 되고, 발명은 특허가 되고 상품화할 수 있다는 것을 알았습니다. 발명이 무언지 알게 되었습니다.

하지만, 막상 발명을 해 보려 해도 불편함을 해결할 방법이 떠오르지 않습니다. 어떻게 하면 해결할 수 있을까? 독창적이고 새로운 것을 찾아야 하는데? 하고 생각하지만, 더 미궁으로 빠집니다. 머리까지 아파집니다. 독창적, 시장, 독점 이런 단어만 머릿속에 빙빙 돕니다.

결국, "난 안 돼."하며 자책까지 합니다. 나만 이럴까요? 아닙니다. 발명한다고 하면 다들 이런 과정을 거칩니다.

발명으로 문제를 해결하는 방법을 억지로 찾기 전에 다음 세 가지를 명심해야 합니다.

첫째, 문제의 해결방법은 의외로 간단합니다.

소련의 위성, 스푸트니크호 발사에 충격을 받은 미국은 인간을 우주로 보내려 합니다. 이때 문제가 되었던 것이 볼펜이었습니다. 우주 공간에 가면 중력이 작용하지 않아 볼펜을 사용할 수 없었기 때문입니다. 미국은 큰 노력을 들여 우주 펜이라는 것을 만들었습니다.

그러면, 같은 우주인이 있는 소련은 이 문제를 어떻게 풀었을까요? 답은 "그냥 연필로 쓴다."입니다. 볼펜을 사용하지 않고 연필로 썼습니다. 문제를 단순하게 풀어 갔습니다. 미국은 모든 문서를 볼펜으로 써야 한다는 고정관념을 가지고 있지만, 소련의 기술자들은 문제를 단순하게 바라봤습니다.

이 이야기가 진짜냐 가짜냐 하는 이야기도 있지만, 러시아의 우주인이 나오는 영화를 보면 우주 공간에서 연필로 기록하는 장면을 보실 수 있습니다. 의외로 해결방법은 사물을 단순하게 보는 것에 있습니다. 문제를 비틀어 보면 문제가 아닐 수도 있습니다.

둘째, 하늘 아래 새로운 것은 없다는 것을 알아야 합니다.

근대 조각의 시조이며, 근대 조각사에서 가장 위대한 조각가 오귀스트 로댕이 있습니다. '생각하는 사람', '지옥의 문' 하면 떠오를 것입니다.

로댕의 영감은 어디에서 왔을까요? 그의 답변은 간단합니다. 그가 말했습니다. "내가 발명(창작)한 것이란 없다. 나는 재발견했을 뿐이다." 이 말의 뜻은 무엇일까요? 기존에 있던 것에서부터 시작하여 새로운 것을 만들었다는 것입니다.

먼 곳으로 갈 필요도 없습니다. 우리에게 스마트폰이라는 일대 혁신을 가져온 아이폰을 보세요. 새로운 것이 아니라 기존에 있던 것의 조합입니다. '무선전화기', 'MP3 플레이어', '디지털카메라' 이 세 개를 단순히 사용하기 편하게 모아 놓은 집합체입니다. 새로운 것은 없었습니다.

TRIZ라는 발명기법이 있습니다. 이 기법으로 발명을 조사해 본 결과 새롭게 느껴지는 발명은 2% 정도에 불과하였고, 98%가 개량 발명이었다고 합니다. 결국, 발명이라는 것은 무에서 유를 창조하는 것이 아니라, 기존에 있던 것, 무심코 지나칠 수 있었던 것에서 다양하게 생각하여 찾아내는 것을 말합니다.

셋째, 소비자의 관점에서 생각해야 합니다.

어렵게 하는 것은 발명이 아닙니다. 발명했는데 상품은 멋져 보입니다. 하지만, 사용해 보니 기존에 있던 절차보다 하나를 더 추가해야 합니다. 효과는 좋지만, 방법이 어렵습니다. 소비자가 새로운 것을 선택할까요? 아니면 기존 것을 그대로 쓸까요? 이러면 발명이 아닙니다. 단순히 자기가 좋은 것을 만든 것에 불과합니다. 기존 제품보다 단순하고 사용하기 편해야 합니다. 소비자의 관점에서 생각해야 합니다. 사용자가 불편함을 느끼지 않게 해야 합니다.

이제 문제를 해결할 아이디어 발상만 하면 됩니다. 아이디어 발상법은 많습니다. 브레인스토밍, TRIZ, 만드라, ASIT 등 다양합니다. 여기서는 발명의 8계명, 만드라, TRIZ, 브레인스토밍을 소개하겠습니다.

발명의 기본, 발명의 8계명

먼저 발명의 8계명을 소개토록 하겠습니다. 기존의 발명가들이 가장 많이 사용하는 방법입니다.

첫째, 더하기 기법

가장 많이 사용하는 기법입니다. 두 가지 물건의 큰 특징을 합칩니다. 지우개와 연필을 합쳐 지우개가 달린 연필, 신발에 바퀴를 달아서 만든 롤러 블레이드, 무선전화기, MP3 플레이어와 디지털카메라를 합친 스마트폰 등이 있습니다.

둘째, 빼기 기법

기존의 물건에서 한 부분을 과감히 없애 버립니다. 대표적인 것이 다이슨의 날개 없는 선풍기, 선을 없앤 무선 커피포트와 무선 다리미, 산업용 모터 공구들이 대표적입니다.

셋째, 크기 바꾸기 기법

기존의 물건의 크기를 바꿉니다. 큰 물건을 작게 만들고 작은 물건을 크게 만들어 봅니다. 시계에 달린 작은 나침판, 손목시계(회중시계에서) 등이 있습니다.

넷째, 아이디어 빌리기

자연과 동물들에게서 아이디어를 빌려 옵니다. 아니면 기존의 발명이 되어 있는 것 중에서 아이디어를 빌려 오는 것입니다. 자연에서 빌려 온 것 중 대표적인 것이 철조망입니다. 장미의 가시를 빌려 왔습니다. 도마뱀이 벽에 붙어 있는 것을 보고 흡착판을 만들었습니다. 주변의 자연과 사물에시 빌려 옵니다.

다섯째, 모양 바꾸기

사용하고 있는 물건에서 모양, 크기, 색깔을 달리하여 변형해 봅니다. 편의점 플라스틱 의자를 볼 수 있습니다. 기존의 의자에서 서로 겹쳐 편리하게 보관하게 했습니다. 휘어지는 빨대는 일자인 빨대를 주름지게 하여 휘어지게만 했습니다. 기존에 있던 물건에서 조금만 변형을 가하면 새로운 물건이 창조됩니다.

여섯째, 용도 바꾸기

지금 사용하고 있는 물건의 용도를 바꿔봅니다. 칫솔을 신발의 안쪽까지 씻을 수 있게 한 신발솔로, 식당의 식기 소독기를 군인들 습진과 무좀을 방지하도록 신발 소독기로, 주전자를 이동용 물뿌리개로, 장갑을 발가락 양말로 사용합니다.

일곱째, 반대로 생각하기

모양, 크기, 수, 성질, 방향 등 생각할 수 있으면 반대로 생각하여 발명합니다. 발에 신는 양말을 손에 끼게 만든 벙어리장갑(손모아장갑), 로션이나 화장품을 마지막까지 쓸 수 있게 만든 뚜껑을 밑으로 하게 보관하는 로션 통 등이 있습니다.

여덟째, 재료 바꾸기

기존에 있던 물건에서 재료만 바꿔보는 것입니다. 나무로 된 이쑤시개에서 환경보호를 위해 딱딱한 녹말로 만든 이쑤시개가 가장 대표적인 사례입니다.

TRIZ 기법은 모순을 찾고 해결하는 것부터

다음으로 TRIZ 기법을 소개하겠습니다. 러시아의 겐리히 알츠슐러 박사가 개발한 발명 이론입니다. 그는 해군에서 특허 관련 일에 종사했습니다. 1946년부터 수백만 건의 특허를 조사하다 문제해결에 공통적인 패턴과 원칙이 있다는 것을 깨닫습니다. 이것을 정리한 것이 TRIZ입니다.

뜻은 '창의적으로 문제를 해결하는 방법론'이라고 영어로 Theory of Invention Problem Solving입니다. 약자로 TIPS가 되어야 하나 개발자가 러시아인인 관계로 러시아어의 앞글자를 따서 TRIZ가 되었습니다. 개발자 알츠슐러는 평범한 사람도 이 공통원칙을 따라 하면 대부분 기술 문제를 해결할 수 있을 것이라는 믿음을 가졌습니다. 여러분도 할 수 있습니다.

TRIZ에서 가장 중요한 개념은 모순 찾기입니다.

사전에서 모순을 찾으면 '사물의 앞뒤가 서로 맞지 않음. 두 가지의 판단 · 사태 등이 양립(兩立)하지 않는 것'이라고 나옵니다. 즉, 모순이 나온 고사성어처럼 무엇이든 뚫을 수 있는 창과 무엇이든 막을 수 있는 방패를 예로 들을 수 있습니다.

발명에 적용해 보면 높은 곳에 도달하기 위해서는 기다란 사다리가 필요합니다. 하지만 보관과 이동이 편리해야 합니다. 이 모순을 해결하기 위해서 만들어진 사다리가 접는 사다리와 슬라이딩 사다리입니다. TRIZ에서는 이 모순으로 문제를 해결합니다. 이런 모순은 기술적 모순과 물리적 모순 두 가지로 나눕니다.

기술적 모순

시스템 하나의 특성을 개선하면 다른 특성이 악화하는 것을 말합니다. 전차를 예로 들겠습니다. 상대의 공격으로부터 방어하려면 장갑이 두꺼워야 합니다. 장갑이 두꺼우면 무거워져 움직이기가 불편해 적의 공격을 피하기 어렵습니다.

이 기술적 모순을 해결하려고 나온 것이 40가지 발명원리입니다.

물리적 모순

시스템 어느 하나의 특성이 상반되는 특징을 동시에 가져야 하는 것을 말합니다. 예를 들면, 부엌칼을 들 수 있습니다. 빠르고 쉽게 재료를 다듬으려면 칼의 날이 잘 벼려져 있어야 합니다. 하지만 요리사의 손을 베게 할 수 있어 안전을 위해 어느 정도 무뎌야 합니다. 잘 들면서 안전해야 합니다. 이 물리적 모순을 해결하려고 나온 것이 분리의 원칙입니다.

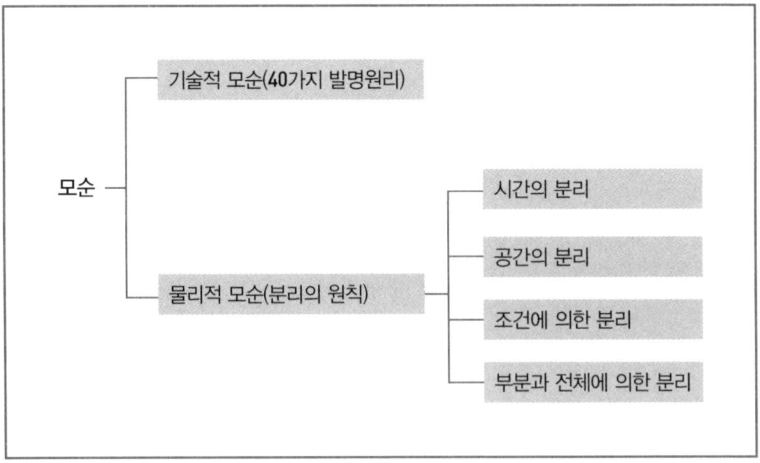

분리의 원리

분리의 원칙이 간단하여 먼저 설명하겠습니다. 분리의 원칙은 시간에 의한 분리, 공간에 의한 분리, 조건에 의한 분리, 부분과 전체에 의한 분리 네 가지로 나뉩니다.

첫째, 시간의 분리는 시간의 흐름에 변화를 주어 문제를 해결하는 것입니다. 벽에 물건을 고정하는 앵커볼트로 설명할 수 있습니다. 홈에 들어갈 때 잘 들어가기 위해서 매끄럽거나 원통형의 모양이어야 합니다. 그러나 들어가고 나서는 빠지지 않게 끝이 뭉툭하거나 거칠어야 합니다.

위키피디아에서 © 작가 드라크럽(앵커볼트)

두 가지 특성을 동시에 가져야 하는 물리적 모순에 빠집니다. 시간의 분리 원칙을 적용하면, 일단 들어갈 때는 매끄럽거나 원통형의 모양으로 잘 들어갑니다. 하지만 장착을 하고 나서 볼트를 조이면 끝이 벌어지며 고정됩니다.

초록색 등과 빨간색 등이 시간에 맞춰 번갈아 들어오고 나가게 하는 신호등도 좋은 사례입니다.

둘째, 공간의 분리는 공간을 분리하여 모순을 해결합니다. 중화요리를 예로 들을 수 있습니다. 짜장면을 먹으면서 짬뽕도 먹고 싶습니다. 이를 해결한 것이 한 그릇을 반으로 나눠 담은 짬짜면입니다. 공간을 분리해 위는 냉동실, 아래는 냉장실을 사용하는 냉장고를 예로 들 수 있습니다.

셋째, 조건에 의한 분리가 있습니다. 조건에 따라 구성요소에 변화를 주어 다른 물리적 특성을 갖게 합니다. 평소에는 투명 렌즈였다가 햇볕에 나가면 검게 변하는 안경을 예로 들 수 있습니다.

넷째, 부분과 전체에 의한 분리가 있습니다. 자전거 체인을 예로 들 수 있습니다. 자전거 체인은 강하면서 부드러워야 합니다. 잘못하면 끊어질 수도 있습니다. 하나하나의 부분으로 나눠 전체적으로는 부드러우나 하나하나의 구성은 튼튼합니다.

40가지 발명원리

우선 TRIZ 매트릭스에 적용하려면 문제에 대한 모순을 파악해야 합니다. 사다리의 특성은 높게 올라가야 하므로 좋아지는 특성은 길이가 길어져야 합니다. 나빠지는 특성은 부피 증가입니다. 39가지 파라미터 표에서 문제를 찾습니다. 정지한 물체의 길이 4번이 됩니다. 나빠지는 특성은 물체의 부피 8번입니다. 좋아지는 특성 4번 나빠지는 특성 8번을 찾았습니다. TRIZ 매트릭스에 이 숫자를 넣습니다. 세로는 좋아지는 특성, 가로는 나빠지는 특성입니다. 세로에 4번 가로에 8번을 찾아갑니다. 이것이 겹치는 부분의 해결책이 2, 8, 14, 35입니다. 각각 추출, 공중부양/균형추, 곡선화/구형화, 속성변환입니다. 우리는 곡선화, 구형화 해서 접는 사다리와 속성을 변화해서 슬라이딩 사다리가 있다는 것을 알고 있습니다. 인터넷에서 'TRIZ 매트릭스' 혹은 '모순행렬'로 찾아서 사용하기 바랍니다.

TRIZ 39가지 파라미터

번호	39파라미터 (일반화 특성)	번호	39파라미터 (일반화 특성)
1	Weight of moving object 움직이는 물체의 무게	21	Power 동력
2	Weight of stationary object 정지상태인 물체의 무게	22	Loss of energy 에너지 손실
3	Length of moving object 움직이는 물체의 길이	23	Loss of substance 물질의 손실
4	Length of stationary object 정지상태인 물체의 길이	24	Loss of information 정보의 손실
5	Area of moving object 움직이는 물체의 면적	25	Loss of time 시간의 손실
6	Area of stationary object 정지상태인 물체의 면적	26	Quantity of substance 물질의 양
7	Volume of moving object 움직이는 물체의 부피	27	Reliability 신뢰성
8	Volume of stationary object 정지상태인 물체의 부피	28	Measurement accuracy 측정의 정밀도
9	Speed 속도	29	Manufacturing precision 제조의 정확도
10	Force(or intensity) 힘(또는 강도)	30	Object–affected harmful factors 물체가 영향받는 유해인자
11	Stress(or pressure) 응력(또는 압력)	31	Object–generated harmful factors 물체가 생성한 유해인자
12	Shape 형상	32	Easy of manufacture 제조의 편이성
13	Stationary of object's composition 물체의 구성요소의 안정성	33	Easy of operation 작동의 편이성
14	Strength 내구성	34	Easy of repair 유지보수의 편이성
15	Duration of action of moving object 움직이는 물체의 작용 지속 시간	35	Adaptability or versatility 적용성 또는 다양성
16	Duration of action of stationary 정지 물체의 작용 지속 시간	36	Device complexity 장치의 복잡성
17	Temperature 온도	37	Difficulty of detecting and measuring 감지 및 측정의 난이성
18	Illumination intensity(or Brightness) 조도	38	Extent of automation 자동화의 확장
19	Use of energy by moving object 움직이는 물체에 의한 에너지 이용	39	Productivity 생산성
20	Use of energy by stationary object 정지 물체에 의한 에너지 이용		

40가지 발명원리

1	Segmentation	분할	21	Hurrying	신속한 통과
2	Extraction	추출	22	Convert Harmful to Useful	이이제이
3	Local Quality	국부적 품질	23	Feed back	피드백
4	Asymmetry	비대칭	24	Intermediate	중간매개물
5	Consolidation	통합	25	Self–service	자동서비스
6	Multifunction	다용도	26	Copy	복사
7	Nesting	포개기	27	Cheap Short Life	값싸고 짧은 수명
8	Counter Weight	공중부양	28	Replacing Mechanical System	기계시스템으로 대체
9	Preliminary Counter Action	사전반대조치	29	Pneumatics and Hydraulics	공기나 유압사용
10	Preliminary Action	사전조치	30	Flexible Shell and Thin film	박막
11	Preliminary Compensation	사전예방조치	31	Porous Material	다공성 물질
12	Equipotential	굴리기	32	Optical Prosperity Change	색상변화
13	Do It Reverse	역발상	33	Homogeneity	동질성
14	Curvature Increase	곡선화	34	Discarding and Recovering	폐기 및 재생
15	Dynamicity	자유도 증가	35	Parameter Change	속성변화
16	Partial or Excessive	초과나 부족	36	Phase Transition	상태전이
17	Dimension Change	차원변화	37	Thermal Expansion	열팽창
18	Vibration	진동	38	Strong Oxidants	산화제
19	Periodic Action	주기적 조치	39	Inert Atmosphere	불활성 환경
20	Continuity of Useful Action	유용한 작용 지속	40	Composite Material	복합재료

나빠지는 특성

좋아지는 특성

	01 weight	02 weight	03 length	04 length	05 surface	06 surface	07 volume	08 volume	09 velocity	10 force	11 stress/ pre– ssure	12 shape
01 weight	## 01 ##	— — –	15 08 29 34	— — –	29 17 38 34	— — –	29 02 40 28	— — –	02 08 15 38	08 10 18 37	10 36 37 40	10 14 35 40
02 weight	— — –	## 02 ##	— — –	10 01 29 35	— — –	35 30 13 02	— — –	05 35 14 02	— —	08 10 19 35	13 29 10 18	13 10 29 14
03 length	15 08 29 34	— — –	## 03 ##	— — –	15 17 04	— — –	07 17 043 5	— — –	13 04 08	17 10 04	01 08 35	01 08 10 29
04 length	— — –	35 28 40 29	— — –	## 04 ##	— — –	17 07 10 40	— — –	35 08 02 14	— —	28 01	01 14 35	13 14 15 07
05 surface	02 17 29 04	— — –	14 15 18 04	— — –	## 05 ##	— — –	07 14 17 04	— — –	29 30 04 34	19 30 35 02	10 15 36 28	05, 34, 29, 04
06 surface	— — –	30 02 14 188	— — –	26 07 09 39	— — –	## 06 ##	— — –	— — –	— — –	01 18 37	10 15 36 37	— — –
07 volume	022 6 29 40	— — –	01 07 35 04	— —	01 07 04 17	— — –	## 07 ##	— — –	29 04 38 34	15 35 36 37	06 35 36 37	01 15 29 04
08 volume	— — –	351 0 19 14	19 14	35 08 02 14	— — –	— — –	— — –	## 08 ##	— —	02 18 37	24 35	07 02 35

TRIZ 매트릭스에 적용하기(위키피디아에서 © 작가 FotoSceptyk)

만드라로 아이디어를 폭발적으로 늘려라

다음은 만드라 기법입니다. 글쓰기나 말하기 연습에서 소재를 찾을 때 사용하기도 합니다. 일부 글쓰기 책에서는 연꽃 기법이라고도 소개됩니다. 일본 디자이너 이마이즈미 히로아키가 발명한 발상 기법입니다.

방법은 종이와 펜만 있으면 됩니다. 우선, 3×3 총 9개의 칸을 그립니다. 그 가운데에 문제를 간략하게 적습니다. 그리고 주변 8개의 칸에 문제에 따른 떠오르는 것을 마음껏 적습니다. 그리고, 이 8개의 문제를 각각의 9개의 칸의 중앙에 적고 문제를 더 펼쳐 나갑니다.

먼저 9개의 칸을 그립니다.

9개 칸의 중앙에 문제를 적습니다.

	사다리가 크다	

문제의 주변에 관련한 떠오르는 생각을 적습니다.

재료를 바꿔볼까?	사다리를 나눠 볼까?	이동하는 차를 크게
모양을 바꿔 볼까?	사다리가 크다	다른 것을 이용
위치를 바꿔 볼까?	분해와 조립을 하게 할까?	다른 것과 합쳐 볼까?

이 생각을 다시 분화시킵니다.

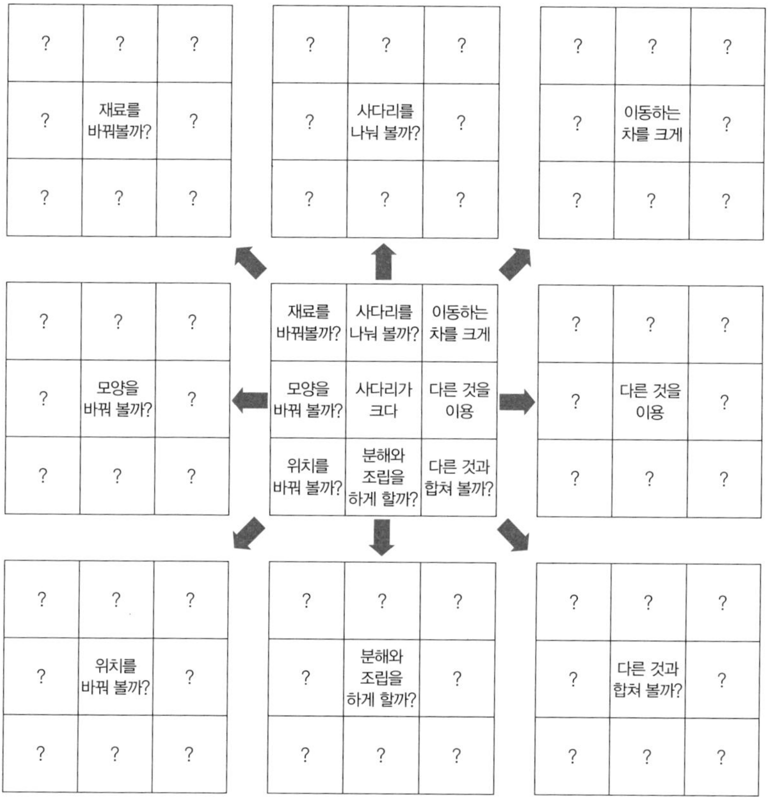

총 64가지의 아이디어를 얻을 수 있습니다. 아이들 글쓰기를 가르쳐야 하는데 소재를 찾지 못할 때 응용해도 좋습니다.

브레인스토밍으로 뇌에 폭풍을 일으켜라

마지막으로는 브레인스토밍이 있습니다. 브레인스토밍은 말 그대로 두뇌(brain)에서 폭풍(storming)이 일어나듯 아이디어가 나온다는 뜻입니다.

집단의 효과를 최대한 살릴 수 있는 가장 효과적인 방법입니다. 미국의 광고 기획자 알렉스 패시킨 오스본이 직원들의 아이디어를 끌어내기 위해 만들었습니다. 개인적으로 가장 중요하다고 생각합니다.

앞의 예제들은 혼자서 자신의 아이디어를 생각하고 구현해 내는 과정이었습니다. 혼자서 생각하면 자신도 모르게 자기 아이디어가 최고라고 생각하는 자가당착에 빠지는 경우가 많습니다. 이것을 해결하는 것이 브레인스토밍입니다.

브레인스토밍은 기본적으로 상대와 대화하는 것입니다. 대화하다 보면 내 생각이 정리되고 다시 확인하게 되며 새로운 생각을 떠올립니다.

브레인스토밍은 네 가지 중요 규칙을 중심으로 진행합니다.

첫째, 회의에서 나온 의견에 대해 비판하는 발언은 하지 않습니다.

누군가 반론하게 되면 심리적인 자유를 스스로 억압하게 되어 완고하게 변해 버립니다. 이런 분위기에서는 자유로운 발언 자체가 안 됩니다.

둘째, 자유분방한 분위기를 유도합니다.

사고의 틀을 벗어나게 해야 합니다. 상식에 벗어난 허무맹랑한 이야기라도 들어주고 웃어줘야 합니다.

셋째, 아이디어의 양을 중시합니다.

많은 아이디어가 나오도록 해야 합니다. 이 많은 아이디어 중에 발명 기법을 활용하면 더 나은 아이디어가 창출됩니다. 무조건 아이디어가 많아야 합니다.

넷째, 다른 사람의 아이디어에 새로운 아이디어를 접목합니다.

의견의 비판은 엄격히 제한합니다. 하지만, 서로의 아이디어를 접목 합니다. 합치고 변형하고 뒤틀고 함께 발전시켜 나갑니다.

브레인스토밍을 통해 내 아이디어가 다듬어지고 발전되는 것을 느낄 것입니다. 나아가 새로운 아이디어가 샘솟을 것입니다.

찰리 채플린이 영화를 찍었을 때였습니다. 원숭이가 버린 바나나 껍질을 한 여자가 지나가다가 밟고 넘어지는 장면을 촬영하는데 뭔가 밋밋했습니다. 이미 많이 사용한 장면이라 관객들이 바나나 껍질만 나오면 예상하는 내용입니다. 더 재미있게 할 수 없을까요? 여자가 바나나 껍질에 미끄러지는 장면을 어떻게 연출해야 관객들이 질려 하지 않을까요?

회의를 통해 찍은 장면은 다음과 같습니다.

화려하게 치장한 중년의 부인이 지나갑니다. 부인이 바나나 껍질을 발견합니다. 부인은 바나나 껍질에 온통 신경을 씁니다. 카메라는 바나나 껍질을 비춥니다. 긴장감이 흐릅니다. 부인은 바나나 껍질을 보며 조심스럽게 비켜가다가 열린 맨홀에 빠집니다. 관객들은 빗나간 예상에 환호합니다. 이처럼 브레인스토밍을 통해 여러 아이디어를 듣고 아이디어를 합치고 빼고 변형하면 생각지 못한 아이디어로 재탄생합니다. 아이디어 창출과 정리법으로 당시의 아이디어를 정리해 보세요.

9

선행기술조사는 모든 것의 시작

선행기술조사만 했었어도 문제가 없었을 텐데……

흙수저 나역전 대표는 오늘도 싱글벙글입니다. 지원사원의 채택으로 받은 사업자금으로 전자 부품을 개발한 것이 성공하였습니다. 거래처 사장님들에게 보여 주니 구매하겠다는 의사를 밝혔습니다. 이제, 생산하고 납품만 하면 됩니다. 일 년이었습니다. 일 년 동안 정말 부지런히 노력하였습니다.

그러던, 어느 날 대기업으로부터 내용증명을 받았습니다. 나역전 대표 연구물이 자기 △△회사의 특허권을 침해하고 있다는 것이었습니다. 만일, 판매한다면 손해 배상까지 요구하겠다는 내용이었습니다. 소송까지 가길 원치 않은 나역전 대표는 결국 사업을 접기로 합니다.

이 사례에서 우리가 배워야 할 것은 무엇일까요?

특허정보 조사 없이 연구개발, 즉 R&D를 진행하는 것은 어두운 동굴에 횃불 없이 들어가는 것과 같다는 것입니다. 전셋집을 구하는 데 등기부 등본도 확인하지 않고 덜컥 계약하는 것과 같은 행위입니다.

이 사례처럼 일 년이라는 시간과 비용을 투자한 끝에 개발했는데 개발한 것이 이미 다른 회사에서 개발한 것이라면? 중복 투자가 됩니다.

또한, 회사가 특허로 보호하고 있는 것이라면? 특허 침해가 됩니다.

시간과 돈이 아까워 포기를 못 해 사업을 강행하면? 소송에 휘말리게 됩니다.

수년에 걸친 소송에 이긴다 해도 거액의 변호사비와 기울어진 사업체만 남습니다.

이 모든 것을 막을 수 있었던 것은 선행기술조사였습니다. 연구개발, 사업을 기획하던 때에 나와 같은 아이디어가 있는지 앞선 기술은 없는지 조사만 했더라면 이런 안타까운 일은 막을 수 있었을 것입니다.

이 사례처럼 특허의 선행기술조사 없이 사업과 연구개발을 진행하면 시간과 투자 비용을 날릴 가능성이 커집니다. 또한, 소송에 휘말릴 가능성도 있습니다. 영국 더웬트(Derwent)사의 조사에 따르면 유럽기업의 71%가 연구개발 투자 후 해당 기술이 특허로 보호되고 있다는 사실을 뒤늦게 알게 된다는 것입니다. 거액의 자본과 시간을 투자하는데 사전 기술조사도 하지 않다니 웃지 못할 사례입니다.

이것이 영국 기업만 해당할까요? 우리 국내 기업체들은 안 그렇다는 보장이 있을까요?

선행기술조사는 말 그대로 선행기술을 조사하는 것이다

선행기술조사는 무엇일까요? 말 그대로 내가 구체화한 아이디어에 대해 앞선 기술이 없는가 찾아보는 것을 말합니다. 그러면 선행기술의 목적은 무엇일까요?

선행기술조사의 목적을 네 가지로 나누어 설명할 수 있습니다.

첫째, 아이디어의 신규성 검사입니다.

아이디어를 구체화하고 특허를 출원하려고 합니다. 특허 등록 조건에는 신규성이라는 것이 있습니다. 만일 나의 아이디어보다 앞선 자료가 있다면 특허가 취소됩니다. 출원 후 거절로 특허 비용만 소모되면 다행이지만 그동안 들인 시간과 노력, 모두 물거품이 됩니다.

만일 덜컥 양산을 위해 개발까지 들어갔다면? 더욱더 큰 비용을 소모합니다. 신규성 검사는 간단히 조사하는 것으로 의지만 있으면 충분히 검토할 수 있습니다.

둘째, 아이디어의 기술을 더욱 높여 특허 등록 가능성을 높입니다.

선행기술조사를 하면서 나의 문제해결방법을 다른 사람들은 어떻게 해결하고 고민했는지 간접적으로 알 수 있습니다. 나의 아이디어를 보충하고 보강할 수 있으며 특허명세서를 더욱 충실하고 특허권리를 더욱 넓고 강력하게 할 수 있습니다. 심지어 권리가 소멸한 아이디어를 나의 아이디어로 가져와 다른 특허로 만들 수도 있습니다.

셋째, 나의 특허가 다른 특허권리를 침해하는 가능성을 제거합니다.

내 특허가 등록되었다고 다른 특허를 침해하는 것은 아닙니다. 경쟁 관계와 잠재 위협을 미리 제거하는 것입니다.

넷째, 문제 발생 여지가 있는 잠재 침해자와 경쟁자를 알 수 있습니다.

특허를 출원하고 내 특허와 관련된 특허를 검토하다 보면 나와 유사한 특허가 내 특허 출원일보다 늦게 출원한 것을 발견할 수도 있습니다. 비록 등록은 되지 않았으나 경쟁업체가 내가 만들어 놓은 시장에 들어오려 한다는 것을 알 수 있습니다. 또한, 나의 권리를 침범당했을 때를 대비해 미리 대처할 수도 있습니다.

어, 나와 같은 기술이 있네? 이때는 회피하라!

선행기술을 조사하다 보면 이미 내가 생각했던 아이디어가 등록된 것을 발견할 수도 있습니다. 많은 준비를 해 놨는데 모든 것을 포기해야 할까요?

이때 내가 취할 방안은 네 가지입니다. 회피 설계, 무효조사, 라이센싱, 포기입니다. 회피 설계는 스타트업이나 사업을 시작하는 분들에게는 적용할 수 있지만, 무효조사와 라이센싱, 포기는 적용하기 어렵습니다. 가장 많이 사용하고 사업의 성패를 좌우할 수 있는 회피 설계부터 설명하겠습니다.

회피 설계는 말 그대로 목적은 같으나 다른 방법으로 목적을 추구하는 것입니다.

대표적인 예가 두 가지가 있습니다.

첫 번째, 우리나라 대표 오락기 '펌프'입니다. '펌프'가 나오기 전에 일본 코나미 댄스 시뮬레이션 게임기인 '댄스댄스 레볼루션' DDR이 있었습니다. 세계적인 선풍을 일으킨 게임기입니다. 이 제품의 특징은 발로 누르는 버튼이 '+' 형태로 배열되어 있었습니다. 한국의 안다미로는 이 약점을 파고들었습니다. 특허 청구항에 '+' 형상인 것만 기재되어 있는 것을 확인하고 안다미로는 버튼을 '×' 형으로 배치하여 특허의 침해를 회피했습니다. 안다미로는 '펌프'로 대박을 터트렸습니다.

두 번째, 애플의 스마트폰 '밀어서 잠금해제' 기능입니다. 애플은 스마트폰 잠금을 해제할 때 아이콘을 옆으로 밀지만, 삼성의 스마트폰은 아이콘을 원 밖으로 밉니다. 비슷한 움직임으로 애플의 특허권에 침해가 될 것도 같았지만 삼성은 이를 회피했습니다. 애플 스마트폰의 잠금해제 기능은 '잠금해제 이미지를 미리 정해진 표시된 경로를 따라 움직인다.'라고 청구항에 명시되어 있었기 때문입니다. 삼성은 미리 정해진 경로를 피해 '해제하려면 화면을 움직이세요.'라는 문구를 넣고 어떤 경로라도 움직이면 잠금 기능이 해제하게 되었습니다.

이렇게 회피 설계는 기존의 것을 개량하여 더 나은 기술을 만들기도 합니다. 스타트업이나 사업을 계획하고 있는 분들은 이 예를 음미하고 곱씹어 봐야 합니다.

무효조사는 말 그대로 상대의 특허를 무효화하는 전략입니다. 특허는 신기하게 특허무효소송이라는 것이 있습니다. 특허가 무효화되면 상대의 권리가 사라집니다. 하지만 이것은 소송이 필요하고 큰 비용이 들기 때문에 피하는 것이 상책입니다.

라이센싱 매입과 협상을 통해 상대의 기술을 사용합니다. 소자본 창업자가 활용하기는 어렵습니다.

포기는 발견한 비슷한 선행기술을 회피 설계할 방법이 없으면 과감히 개발 포기를 하는 것입니다. 초기에 발견하고 연구비용과 시간이 투입되지 않았으니 다행이라고 생각해야 합니다. 이것이 선행기술조사가 필요한 이유입니다.

선행기술조사는 습관적으로 하라!

선행기술조사는 언제 해야 할까요?

결론부터 말하자면 습관적으로 해야 합니다. 하지만 설명을 위해 조사 시기를 시기별로 나누고 유의할 점을 간단히 짚어보겠습니다.

첫째, 아이디어가 처음 떠올랐을 때입니다.

이때는 아이디어가 명확하게 구체화되지 않은 시점입니다. 나의 아이디어가 굳지 않아 변형을 가할 수 있습니다. 남들의 아이디어를 보면서 또 다른 아이디어를 창조해 냅니다. 아니면 남의 아이디어를 가져오기도 합니다. 이때는 선행기술의 검토보다는 아이디어의 수집에 중점을 두어야 합니다.

다이슨의 날개 없는 선풍기가 가장 좋은 예입니다. 날개 없는 선풍기의 개념은 이미 일본에서 있었던 개념이라는 것을 아는 분들은 드물 것입니다. 그렇습니다. 다이슨은 이 일본의 공개특허공보에서 날개 없는 선풍기 개념을 가져왔습니다. 한국의 MP3를 보고 iPod(아이팟)을 만든 스티브 잡스처럼 다이슨도 이 일본의 특허공보에서 아이디어를 가져옵니다. 더욱 행복한 사실은 일본의 특허는 이미 20년이 지나 소멸한 상태였습니다. 다이슨은 일본의 날개 없는 선풍기 아이디어에 공기역학 노즐을 장착하고 특허를 취득하고 더욱 세련된 디자인으로 고급화하여 성공합니다. 특허공보의 검색으로 새로운 아이디어를 얻게 된 사례입니다.

둘째, 아이디어 구체화 단계입니다.

아이디어에 대한 확신이 들고 사업성에 대한 확신도 생겼습니다. 내가 발명하고자 하는 아이디어가 등록되어 있는지 세밀히 검사해야 합니다. 유사한 것은 없는지, 유사한 발명은 어떤 것이 있는지, 유사성으로 나의 아이디어를 수정해야 하는지 자세히 검토해야 합니다. 만일, 연관성이 높은 선행기술들을 발견했다면 시간과 열정을 들여 꼼꼼히 검토해야 합니다. 100건의 선행기술 중에 1건을 놓쳤는데 그 1건으로 모든 노력이 물거품이 될 수 있기 때문입니다.

셋째, 특허 출원 전 단계입니다.

완전히 아이디어가 구체화되었습니다. 주요 권리를 중점에 두고 집중적으로 선행기술조사를 시행해야 합니다. 특허권리의 모든 것은 청구항을 기준으로 조사해야 합니다. 나의 모든 시간과 열정을 투자하여 인생을 거는 모험의 진입 단계입니다. 조금이라도 실수하면 안 됩니다.

넷째, 특허 적용 제품 양산 전 단계입니다.

특허는 출원 후 1년 6개월 후에 공개됩니다. 아무리 검색을 하더라도 나의 특허 출원일 기준으로 1년 6개월 앞선 기간에 출원된 특허에 대해서는 조사가 안 됩니다. 특허 제품의 양산 단계라면 특허 출원일로부터 상당한 시간이 경과하였을 것입니다. 만일 제품을 양산했다가 나의 특허와 유사한 특허가 먼저 출원되어 이 공백 기간에 있었다면, 모든 것이 물거품이 돼버립니다. 내가 노력하고 회피하려 했지만 남의 특허권리를 침해하게 됩니다. 반드시 1년 6개월의 공백 기간을 다시 검토해야 합니다. 잠시의 방심이 큰 화를 부를 수 있습니다. 다시 강조합니다. 반드시 해야 합니다.

다섯째, 특허분쟁을 예상할 때입니다.

상대방에게 특허권리를 침해했다는 내용증명을 받을 수 있습니다. 무효소송과 방어용으로 찾아봐야 합니다. 이때는 외부 선행기술조사 전문기관에 의뢰하고 반드시 전문가를 찾아 상담해야 합니다.

스타트업의 영업전략은 특허로 자신의 제품을 특별화시키고 후발 기업이 모방으로 시장에 들어오지 못하게 해야 합니다. 만일, 내가 가진 기술과 비즈니스 모델(BM)이 유사선행기술로 특허로 보호받지 못한다면 마치 섶을 지고 불구덩이에 들어가는 것과 같습니다. 모래 위에 성을 쌓는 것과 같습니다. 파도 같은 후발 업체들에 의해 언제 무너질지 모릅니다.

스타트업과 소자본 창업에서는 사업 아이디어가 특허로 보호될 수 없는 것이라면 과감히 포기하고 다른 아이디어로 가는 것이 바람직합니다.

10

키프리스 검색은 선행기술조사의 기본

내 아이디어가 처음이라는 착각은 버려라, 선구자들이 있다는 것을 명심하라

흙수저 나역전 대표는 어느 날 갑자기 새로운 아이디어가 떠올랐습니다. 남들은 절대 생각지 못할 아이디어였습니다. '사업을 하면 대박 터트릴 것이다.'라는 믿음이 들었습니다. 시장에 비슷한 물품도 없었습니다. 이것은 분명 특허가 등록될 것이라는 믿음도 생겼습니다.

마음이 조급해졌습니다. 시장에 들어갈 기회는 지금뿐입니다. 당장이라도 사업을 시작해야 한다는 생각으로 이리저리 뛰어다니며 함께할 사람들을 모으고 자본금도 빌려준다는 사람을 만났습니다. 마지막으로 아이디어를 정리하고 특허 출원을 했습니다.

빨리 심사를 통과하기 위해 우선심사청구까지 했습니다. 하루, 일주일, 한 달. 하루하루가 어떻게 지났는지도 몰랐습니다. 드디어, 특허청에서 연락이 왔습니다. 내용은 등록 거절이었습니다. 사유는 십 년 전에 이미 유사선행기술로 특허를 받은 사실이 있다는 것이었습니다.

십 년 전에 이미 나역전 대표와 같은 생각을 한 사람이 있었습니다. 그것도 이미 특허로 받았습니다. 나역전 대표는 망연자실합니다. 결국, 모두 없었던 일이 되었습니다.

사람들의 큰 착각 중 하나가 자신의 아이디어는 새로운 것이고, 특허 등록이 가능하다고 생각하는 것입니다. 단순히 시장 조사만 하고 이와 관련한 상품을 본 적이 없기 때문입니다.

반드시 알아 두고 명심해야 할 것은 1년에 특허 출원 건수가 20만 건에 달한다는 것입니다. 이중 상품화되는 것은 30% 정도이고, 70%는 특허 문헌으로 사장됩니다. 등록은 했지만, 상품화의 어려움으로 아이디어가 특허 문헌으로만 잠들어 있는 것입니다. 특허 문헌 속에 빛을 보지 않은 아이디어들이 잠들어 있습니다.

그리고 특허는 시대를 앞서가는 아이디어도 많다는 것도 명심해야 합니다. 지금의 시장에 맞는다고 해도 위 사례처럼 십 년 전에 이미 특허로 등록되어 있을 수도 있다는 것을 기억하세요.

〈스타트업 특허 멘토링〉이란 책에 이와 비슷한 사례가 나옵니다. 저자가 특허를 조사하던 중 1990년대 후반에 음악을 듣고 노래의 제목이나 가수를 안내해 주는 선행기술을 발견했습니다. 그런데, 이것이 네이버 뮤직 어플과 너무 유사하여 놀랐다는 내용이었습니다. 무려 20년 전에 스마트폰이 쓰이지 않았던 시기에 아이디어를 만들고 등록한 것입니다. 아인슈타인, 레오나르도 다 빈치처럼 잘 알려진 선구자들도 있지만, 알려지지 않은 선구자들도 있다는 것을 명심해야 합니다.

이런 사례와 설명처럼 인터넷 포털과 시장에서 단순검색을 하고 관련 기술이 없다고 단정하는 것은 극히 위험한 결정입니다. 나와 같은 생각을 한 사람과 행동을 한 사람들이 먼저 있을 수 있다는 개념을 염두에 두고 선행기술조사에 임해야 한다는 것을 다시 한번 강조합니다.

이렇게 하면 선행기술조사를 할 수 있다

선행기술조사를 하기 전에 성공적으로 선행조사를 하려면 먼저 조사 기준을 세워야 합니다. 조사 기준은 검색 소스와 검색 키워드를 바르게 선정해야 합니다. 이 두 가지만 잘 지키면 선행조사는 문제없습니다. 나눠서 설명하겠습니다.

첫째, 바른 검색 소스의 선택입니다.

선행기술을 검색할 때 처음부터 어렵게 시작하면 지쳐 버립니다. 일단 쉽게 시작합니다. 처음은 인터넷 포털사이트를 검색합니다. 이베이와 아마존, 네이버에서 상품을 검색합니다. 스마트 스토어 같은 경우는 아이디어 상품이 많아 쉽게 검색할 수 있습니다.

없다고 안심하지 말고 다음으로 유튜브를 검색합니다. 유튜브에는 개발되지 않은 신제품의 설명과 시제품의 동영상이 많이 올라와 있습니다. 유튜브가 유익한 것은 동영상으로 기술적인 것을 쉽게 이해할 수 있다는 것입니다. 만일 비슷하더라도 영감을 얻을 수 있습니다.

마지막으로 문헌 검색입니다. 전문가들은 STN과 FIZ Karlsruhe 등과 같은 전용 플랫폼을 씁니다. 1백만 달러만 있으면 등록된 특허의 70% 정도를 무효화시킬 수 있다는 우스갯소리도 있습니다. 하지만, 이것은 말 그대로 전문가입니다. 우리는 특허청에서 만든 빅데이터 저장고 키프리스만 사용해도 무방합니다.

둘째, 검색 키워드의 바른 선정입니다.

앞서 말했듯이 일 년에 등록 특허 건수는 20만 건입니다. 시간이 지날수록 빅데이터는 점점 쌓입니다. 예로 키프리스에서 '콘센트'에 대한 것만을 검색해도 28,400개가 검색됩니다. 하나하나 검색하기에는 무리입니다. 검색의 범위를 좁혀 나가는 방법과 키워드가 필요합니다. 키워드 선정은 키프리스 검색 방법에서 소개하겠습니다.

전문 선행기술조사는 키프리스부터 시작

우선 키프리스 사이트를 간단하게 소개하겠습니다. 키프리스는 특허청에서 만든 우리나라 공식 특허 데이터베이스입니다. 공개된 특허 문헌 외에도 실용신안, 디자인, 상표, 심판 사항 등을 검색할 수 있습니다.

특허정보는 등록된 특허 외에도 거절된 특허, 존속기간 만료로 소멸한 특허, 등록 결정은 되었으나 등록을 포기한 특허 등도 함께 확인할 수 있습니다. 추가로 해외 특허, 상표, 디자인까지 검색할 수 있습니다. 말 그대로 산업재산권 검색의 빅데이터입니다. 특허청에서 열심히 특허를 내고 산업발전에 이바지하라는 뜻으로 토대를 만들어 주었습니다.

이제 실제로 키프리스 사이트에 들어가 검색해 보겠습니다. 검색 창에서 키프리스라고 치면 KIPRIS 특허 정보넷 특허 무료검색서비스가 나옵니다. 클릭하면 키프리스 사이트에 연결됩니다. 상위 메뉴 중에 지식재산권이 선택되어 있으며, 하위 메뉴는 특허 · 실용신안, 디자인, 상표, 심판 등이 표시되어 있습니다.

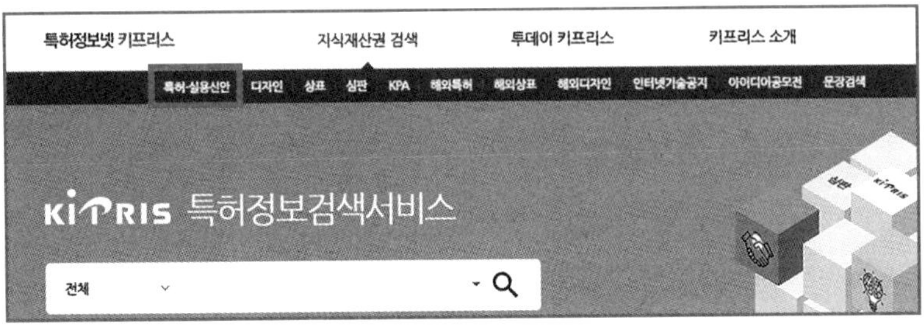

지금 여러분이 책을 읽는 이유는 '특허'로 일단 [특허 · 실용신안] 아이콘을 누릅니다. 그러면 다음과 같은 화면이 나옵니다.

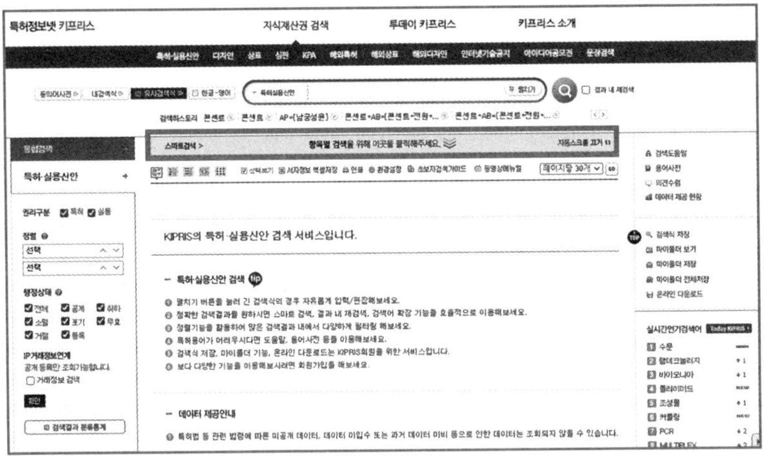

[스마트 검색] 메뉴를 눌러야 합니다. 이렇게 물어보는 분들도 있습니다. "검색 창에 키워드를 넣어서 검색해도 되지 않나요?" 이렇게 하면 매우 많은 문헌이 검색됩니다. 우리가 검색 키워드를 좁혀 나가려고

하는 목적에 맞지 않습니다.

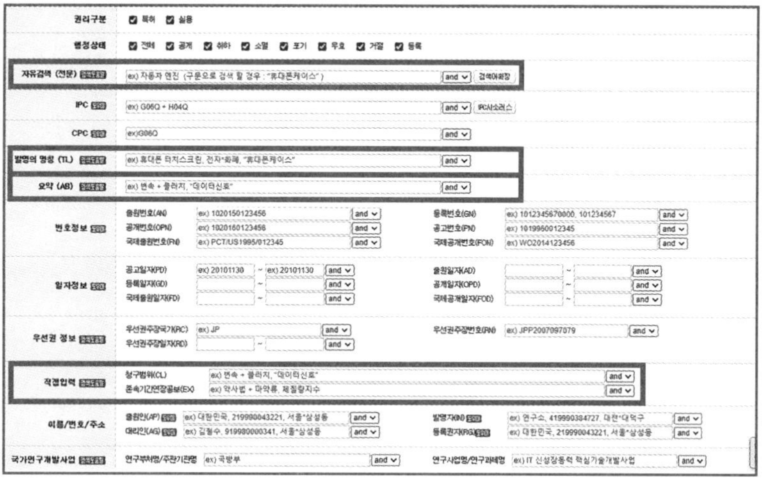

[스마트 검색] 메뉴를 선택하면 이렇게 스마트 검색 화면이 나옵니다. 우리가 키워드를 조합하여 입력하고 검색하는 것이 자유 검색, 발명의 명칭, 요약, 직접입력의 청구범위입니다. 테두리로 표시되어 있습니다. 이곳에 키워드를 조합하여 입력합니다.

한 번에 키워드 찾기부터 조합까지

키워드를 선택할 때 알아 두어야 할 것이 있습니다. 흔히 말하는 특허는 「특허법」에 따라 보호받고 법에서 사용하는 단어로 문헌이 기록되어 있다는 것입니다. 따라서 우리가 평소 사용하지 않는 생소한 어휘를 사용합니다. 이는 포괄적 단어를 사용하여 특허의 권리 범위를 넓게 하려는 의도도 있습니다. 이렇게 특허명세서에 사용하는 어휘를 잘 파악하는 것이 중요합니다.

키워드를 설정하고 검색하는 방법은 다섯 단계로 구분할 수 있습니다.

첫째, 내가 하려는 발명의 명칭을 적습니다.
둘째, 핵심키워드를 뽑습니다.
셋째, 키워드의 대체 유사어를 찾습니다.
넷째, 검색식을 만듭니다.
다섯째, 검색식을 입력하고 수정하며 문서의 양을 줄여나갑니다.

순서대로 설명하겠습니다.

첫째, 발명의 명칭을 적습니다.
캠핑장에서 스마트폰으로 음악을 듣고 있었습니다. 그런데 스마트폰 스피커라서 음악의 음질이 안 좋습니다. 갑자기 생각이 들었습니다. 이동용 스피커가 있으면 좋다고요, 발명의 명칭을 적어봅니다.

'휴대용 스마트폰 음악 스피커'

둘째, 핵심키워드를 뽑습니다.
제목이 쉬워 4개의 키워드가 금방 나옵니다.

1) 휴대용 2) 스마트폰 3) 음악 4) 스피커

셋째, 키워드의 대체 유사어를 찾습니다.

1) 휴대용: 이동용, 휴지, 야전용

2) 스마트폰: 모바일, 컴퓨터, 노트북, 패드, 단말기

3) 음악: 소리, 사운드, 목소리, 효과

4) 스피커: 앰프, 증폭기, 확성기

넷째, 검색식을 만듭니다.

검색식을 만든다는 것은 우리가 말하는 사칙연산을 만든 것과 같습니다. 예로 식을 만들어 보겠습니다. 유사이들은 +로 연결하여 하나의 ( ) 안에 넣습니다. +는 OR의 뜻으로 유사어 중에 하나만 같아도 검색됩니다.

(휴대용+이동용+휴지+야전용), (스마트폰+모바일+컴퓨터+노트북+패드+단말기), (음악+소리+사운드+목소리+효과), (스피커+앰프+증폭기+확성기)

서로 다른 키워드들의 조합 사이에 * 기호를 사용하여 연결합니다. *는 AND의 뜻으로 두 키워드가 동시에 만족하는 것을 검색합니다.

(휴대용+이동용+휴지+야전용) * (스마트폰+모바일+컴퓨터+노트북+패드+단말기) * (음악+소리+사운드+목소리+효과) * (스피커+앰프+증폭기+확성기)

연산자를 정리하면 다음과 같습니다.

구분	연산자	사용방법		결과 설명
AND	*	휴대용*스피커	"휴대용 스피커"	휴대용과 스피커 두 단어가 들어간 정보만 검색
OR	+	휴대용+스피커	"휴대용", "스피커"	휴대용과 스피커 두 단어가 각자 있어도 검색
NOT	!	스피커!휴대용	"고정용 스피커" "설치용 스피커"	스피커 검색결과에서 휴대용이란 키워드가 없는 검색결과를 보여 준다.

다섯째, 검색식을 입력하고 수정하며 문서의 양을 줄여나갑니다.

검색식이 어떻게 이루어지는지 알았습니다. 수식을 바꾸고 키워드를 추가하거나 빼면서 검색 건수가 200~300건이 되도록 줄여나갑니다.

다시 강조하지만, 선행기술조사 때는 나와 같은 아이디어가 있을 수 있다는 생각을 하고 선행기술조사에 임해야 합니다.

다음의 빈칸에 '안전, 잠금, 콘센트'를 키워드로 연산식을 작성해 보세요.

11

산업적으로 실현 가능한 발명인지 다시 검토하라

적정기술을 활용한 발명이 제품화, 사업화가 쉽다

흙수저 나역전 대표는 소비자의 문제점을 파악하고 해결해 줄 방법을 도출했습니다. 아이디어를 구체화하고 소비자의 문제에 초점을 맞추게 했습니다. 사업의 방향까지 세워놨습니다. 이제 특허만 받으면 됩니다. 지금부터는 노력만 하면 성공할 것으로 생각합니다. 성공이라는 꿈이 더욱 가까워진 느낌이었습니다.

이것이 맞는 생각일까요?

맞을 수도 있지만, 아닐 수도 있습니다. 생각을 못 하고 있던 것이 있습니다. 판매 제품의 형상화 과정입니다. 형상화라는 단어를 쓰니 혼란스러울 것입니다. 형상화는 아이디어를 상품으로 만드는 과정을 말합니다. 이게 무슨 상관인지는 쉽게 예를 들어 설명하겠습니다.

첫 번째 예입니다.

흙수저 나역전 대표는 차를 타고 가다 문득 생각이 들었습니다. 전원 장치에 입력 전원 볼트를 높게 하는 부스트 장치를 장착하여 실린더에 불꽃을 튕겨주는 것입니다. 이 장치를 달면 연소효율이 높아져 자동차 연비가 더욱 높게 나옵니다.

나역전 대표는 특허까지 받았습니다. 특허 등록 후 자동차 생산공장에 찾아갔지만 다들 난감해합니다. 특허를 적용하려면 자동차 공정을 바꿔야 합니다. 또한, 엔진에 관련되어 수억 원을 들여 안전테스트를 해야 합니다. 아이디어는 좋았으나 개인이 적용하기에는 어려운 특허인 것입니다.

차라리 자동차 편의 액세서리에 관련된 문제를 해결하는 것이 사업화에 좋은 접근 방법이었습니다.

두 번째 예입니다.

〈나는 특허로 평생월급 받는다〉에 실린 저자 허주일의 실제 실패 사례입니다. 저자는 아이와 함께 자전거 타기를 즐겼습니다. 그러던 중 아이가 앉는 좌석을 앞으로 하는 역삼륜 형태의 자전거를 생각해 냈습니다. 실제로 만들어 태워 보니 아이도 만족스러워했고 주변의 부모들도 부러워했습니다.

저자는 이 유모차 자전거를 사업화하기로 하고 특허로 등록하고 신용대출로 1억 원, 사업장 구입 자금으로 1억 4,000만 원, 초기 운전자금으로 1억 5,000만 원을 융자받았습니다. 특허전시회에서 상도 받았습니다. 국내 및 대만, 상해, 두바이 등에서 열린 자전거 관련 전시회에서 좋은 평가도 받았습니다.

하지만, 막상 자전거 부품을 만들어 조립해 보니 조향장치에 큰 문제점이 있었습니다. 이를 본 유통업체들이 유통을 꺼렸습니다. 유통망이 없어도 힘들게 매출을 확보했지만 결국 사업 시작 2년 만에 수억 원의 손실만을 남기고 폐업하였습니다.

여기서 주는 교훈은 무엇일까요? 여러 정밀 부품이 모여 하나를 이루는 특허품은 부분품을 만드는 것도 문제지만 하나로 합쳤을 때 품질관리가 어렵다는 것입니다.

직접적인 생산공장을 가지고 있지 않은 이상 작은 소규모 회사가 제품을 만들기는 어렵습니다. 거꾸로 단품이거나 여러 공정을 거치지 않는 제품이 만들기도 쉽고 판매도 쉽습니다.

제품을 개발하고 생산하는 데 생각지 않게 많은 과정과 비용이 들어갑니다. 우선 외형의 디자인비, 설계비, 모형제작비, 금형 설계 및 제작비, 사출비 등이 소모됩니다. 복잡한 형상으로 부품을 조립하는 것은 더욱더 많은 돈이 지불됩니다.

특허로 사업화를 생각할 때는 자신의 현 상태를 냉철하게 보는 것이 필요합니다. 어디까지 지원이 될까도 생각해야 합니다. 자체 생산공장

국산 삼륜 자전거-트로이카
(허주일 대표)

2016년 학생발명품 경진대회에서 대통령상을 받은 작품
(필자의 아들)

이 있다거나 생산처를 확보했다면 복잡한 형상의 제품도 문제없으나, 없다면 다시 생각해 봐야 합니다.

필자도 아들과 함께 노력하여 2016년 대통령상을 받은 '안전 잠금 플러그'를 실제로 상품화하기 위해 뛰어 보았습니다. 그러나, OEM 제작 업체들이 한번 전화를 받고 연락도 없었습니다. 생산하는 데 많은 공정이 들어가 생산비용이 많이 들기 때문입니다.

하지만, 저는 계속 이 책의 마지막에 있는 무자본 창업, 지식창업, 예비창업을 활용하여 도전할 것입니다.

이와 달리 성공한 사례 두 가지를 예로 들겠습니다.

첫째, 소매 있는 담요입니다.

한겨울 난방비를 아끼기 위해 방 안의 온도를 낮춥니다. 그리고 소파에서 담요를 덮고 앉아 휴식합니다. 이때 작은 문제가 생깁니다. 스마트폰을 보거나 TV 채널을 바꿀 때 매번 담요를 내려 손을 꺼내야 합니다. 이때 찬 바람이 가슴을 지나 담요 안으로 들어옵니다. 따뜻하게 데운 열이 빠져나갑니다.

이런 불편함에 착안하여 담요에 소매를 달았습니다. 담요를 내리지 않고 스마트폰을 만질 수 있고 리모컨을 사용할 수 있습니다. 여기에 더해 급하게 잠시 문 밖으로 나갈 일이 있을 때는 두꺼운 코트처럼 두를 수도 있습니다. 미국에서 대박이 났고 국내에서도 잘 팔리고 있습니다.

둘째, 편리한 형제 샤워프리 1초 홀더입니다.

앞서 여러 번 이야기했기 때문에 간단히 설명하겠습니다. 샤워기를 아이들 키 높이에 맞게 하거나 다른 곳에 놓고 사용할 때 자꾸 떨어지

넛튜브 프리미엄 극세사 핸즈프리 입는 담요((주) 언택링크)

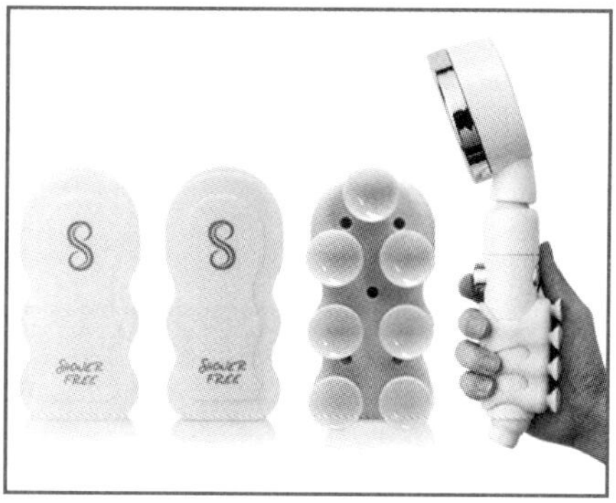

샤워프리 1초 홀더(편리한 형제)

고 불편했습니다. 이런 문제를 해결하기 위해 샤워기 손잡이에 실리콘으로 만든 흡착판을 끼웠습니다.

이 사례들을 보면 무엇을 알 수 있을까요?

두 가지를 알 수 있습니다.

첫째로 적정기술을 활용했습니다. 적정기술은 적당하고 딱 맞는 기술을 말합니다. 적정기술의 다른 뜻이 더 있으나 생략하겠습니다. 내가 생활하는 가정과 직장에서 겪는 고민을 해결하는 제품이 소위 대박을 터트릴 확률이 높습니다.

둘째는 생산 공정을 많이 거치지 않는 제품입니다. 소매 달린 담요는 디자인만 하고 바로 생산하면 되고, 샤워프리 1초 홀더는 디자인과 금형 제작만 하면 제품이 만들어집니다. 제품이 실제로 나오는 과정도 간단합니다. 조립공정도 필요 없습니다. 만들기 쉬워야 제품화하기도 쉽습니다.

결론은 적정기술로 이뤄진 단순한 제품이 당신의 꿈을 실현할 수 있다는 사실입니다.

신기술 설명서를 작성하여 아이디어를 객관화하자

"어? 좋은데?" 당신의 아이디어를 지인에게 설명하면 여러분이 듣는 말입니다. 과연 진심 어린 답변일까요?

지인들은 당신에게 안 좋은 말을 하는 것이 미안해서 그냥 좋다고만 대답하는 경우가 대부분입니다. 그리고, 자신의 문제가 아니기 때문에 관심도 없습니다. 관계를 위해 그냥 긍정적이고 희망적인 말만 합니다.

그런데, 이런 말을 믿고 사업을 추진한다고요? 고개가 저절로 흔들어 집니다. 위험한 발상입니다. 앞서 제품의 사업화가 얼마나 어려운지 설명했습니다. 잘못하면 시간과 비용 모두를 잃을 수 있습니다. 더 중요한 것은 자신감 상실입니다.

아이디어가 다듬어졌다면 이제는 객관적으로 바라보는 것이 필요합니다. 이때 신기술 설명서를 작성합니다. 신기술 설명서는 〈스타트업을 위한 특허비즈니스〉의 저자 이동기 변리사가 작성하였습니다. 여러 항목에 하나하나 자신의 아이디어를 정리해서 적기만 하면 됩니다.

이렇게 만든 신기술 설명서는 아이디어만 있는 초기에는 '발명 설명서'로, 사업을 계획했다면 '사업계획서'로, 제품을 만들었다면 '신제품 설명서'로 활용됩니다.

작성법을 설명하기 전에 신기술 설명서를 작성하면 좋은 점, 다섯 가지를 먼저 설명하겠습니다.

첫째, 아이디어를 객관적인 눈으로 다시 보게 만듭니다.

자신의 머릿속에 떠다니는 아이디어를 글로 적기 위해서는 생각을 정리해야 합니다. 이때 한 장으로 적어보면 생각이 정리됩니다. 정리하는 과정과 정리 후에 객관적인 시각으로 다시 한번 바라봅니다. 아이디어를 수정하고 사업까지 갈 수 있는지 글을 보며 생각합니다. 이것이 신기술 설명서의 최대 장점입니다.

둘째, 좋은 특허권으로 보호받을 수 있습니다.

글로써 생각을 옮겨주면 변리사가 쉽게 이해합니다. 아이디어의 중요 특성을 정확히 강조하게 됩니다. 따라서, 특허권의 모든 것을 정리하는 청구항을 정확하게 작성하게 됩니다. 내가 원하는, 권리가 넓고 강한 특허가 만들어집니다.

셋째, 사업 동료들을 구하기 쉽습니다.

말로서 사업 동료들을 이해시키는 것보다 신기술 설명서를 보여 주면 설득하기가 쉽습니다. 실력 있는 친구라면 당신의 비전을 금방 알아차리고 함께 할 것입니다.

넷째, 자금 유치가 쉽습니다.

창업지원금을 받을 수 있는 예비창업, 지식창업 등 국가지원자금을 받을 때 쉽게 읽히는 나의 아이디어 정리는 발표도 쉽게 하고, 상대를 쉽게 설득할 수 있습니다.

다섯째, 거래처를 이해시켜 마케팅 효과를 높입니다.

신기술이 제품으로 출시되었을 때 제품의 차별화된 기능과 장 · 단점을 마케팅팀과 거래처에 쉽게 전달하고 이해시키기 쉽습니다.

이제는 신기술 설명서를 작성하는 방법을 설명하겠습니다.

1 신기술의 해결과제: 신기술이 해결하는 것이 무엇인가를 명확히 한다.
2 배경이 되는 기술: 새로운 아이디어가 필요한 배경을 밝힌다. 기존의 유사 기술은 무엇이 있었으며 어떤 장단점을 가지고 있는가를 보여 준다. 데이터가 있으면 더욱 좋다.
3 신기술의 해결수단: 발명의 핵심 구성요소, 즉 어떻게 문제를 해결하는지를 간단명료하게 보여 준다. 특징을 정확하게 짧고 명료하게 써서 신기술의 핵심을 전달한다.
4 신기술의 효과: 신기술로 인해 얻을 수 있는 이점을 정확히 밝힌다. 신기술의 가치가 높다는 인상을 주도록 한다.

예문에 주어진 신기술 설명서를 워드프로세서로 만든 후 찬찬히 생각하면서 작성해 보세요. 작성하다 보면 아이디어의 장 · 단점을 깨달을 수 있습니다.

우연히 유튜브에서 부시 파일럿 오현호 씨와 개그맨 황현희 씨가 나오는 방송을 보았습니다. 자신들의 인생을 바꾸는 과정에 관해 이야기하는 내용이었습니다. 이야기 중에 글로서 생각을 정리하는 것이 얼마나 중요한 것인가를 알게 하는 내용이 있었습니다. 여기서 잠깐 소개하겠습니다.

먼저, 부시 파일럿 오현호 씨 이야기입니다. 그는 호주로 무작정 떠났습니다. 그곳에서 갑자기 스쿠버를 배우고 싶었습니다. 하지만, 무일푼인 그는 방법이 없었습니다. 그래서 스쿠버 교육 가게에서 자신이 일을 해 주고 월급 대신 스쿠버 강의를 배우는 아이디어를 냅니다. 그는 이걸 말로 한 것이 아니라 종이로 계약서를 만들어 가게 주인에게 보여주었습니다. 가게 주인은 흔쾌히 받아들였습니다.

다음은 황현희 씨입니다. 개그맨을 그만두고 '자신이 무엇을 잘할 수 있을까?' 하고 고민을 하다 자신의 장단점 50여 가지를 글로 씁니다. 자신의 장단점을 파악하고 지금은 투자자로 성공하였습니다.

둘의 공통점은 '자기 생각을 글로 정리했다.'는 것입니다. 부시 파일럿 오현호 씨가 만일 말로만 설명했다면 가게 주인들은 그를 사기꾼이라 생각했을 것입니다. 황현희 씨가 자신의 장단점을 적지 않고 생각만 했다면 자신을 정확히 파악하지 못했을 것입니다.

글은 적는 순간 생명력을 가집니다. 생각이 정리되고 객관적인 눈이 뜨입니다. 지금 바로 아이디어를 신기술 설명서에 하나하나 적어보세요. 당신의 아이디어를 새롭게 바라보는 눈을 만들어 줄 것입니다.

신기술 설명서

항목	설명	내용
신기술의 명칭	발명의 이름	스마트폰을 이용한 내비게이션
신기술의 해결과제	발명으로 무엇을 하기 위한 것인가?	본 발명의 해결과제는 화면이 작은 스마트폰을 내비게이션으로 사용하는 과정에서 사용자가 목적지를 더욱 쉽게 선택할 수 있도록 한 것이다.
배경이 되는 기술	이전 기술에는 어떤 문제가 있었는가?	 종래에는 스마트폰으로 단순히 지도 정도만 제공하였을 뿐이고 이 경우에 좁은 스마트폰 화면에서 조작하는 것이 힘들었다. 특히나 내비게이션은 운전이라는 특수한 상황에서 조작해야 하는 경우가 많다 보니 더욱 쉽게 조작할 필요가 있다. 그리고, 현재 존재하는 유사한 기술들은 자동차에 고정적으로 사용되는 내비게이션에서 사용되는 기술이어서 차이가 있을 뿐 아니라 '벌집 즐겨찾기'라는 내 아이디어의 핵심적인 특징과는 유사성이 낮다.
신기술의 핵심특징	발명을 이루는 핵심 구성은 무엇인가?	이러한 신기술의 기본적인 해결수단은 사용자가 검색한 곳을 상대적인 범위와 거리에 따라 벌집 모양으로 자동으로 만들어서 즐겨찾기 화면으로 보여 준다.
신기술의 효과	발명으로 얻는 독특한 효과는 무엇인가?	사용자는 벌집 모양의 즐겨찾기에서 원하는 곳을 직관적으로 선택할 수 있으며 내비게이션을 쉽게 시작하는 효과가 있다.

〈스타트업을 위한 특허비즈니스〉, 이동기, 라온북스, 2018. 80쪽 참고

신기술 설명서

항목	설명	내용
신기술의 명칭	발명의 이름	
신기술의 해결과제	발명으로 무엇을 하기 위한 것인가?	
배경이 되는 기술	이전 기술에는 어떤 문제가 있었는가?	
신기술의 핵심특징	발명을 이루는 핵심 구성은 무엇인가?	
신기술의 효과	발명으로 얻는 독특한 효과는 무엇인가?	

여러분의 아이디어를 해당 칸에 맞춰 하나하나 정리해 보세요. 쓸 때마다 당신의 꿈과 목표가 한 걸음씩 다가올 것입니다.

12

꿈의 나침판, 가치제안과 비즈니스 모델캔버스를 활용하여 만들어라

발명에 대한 가치제안을 확실하게 하라

당신은 지금까지 문제를 발굴하고 아이디어를 제안하고 이것을 사업화하기 쉬운 발명으로 형상화하는 것까지 살펴보았습니다. 이제, 당신은 발명을 비즈니스적인 관점으로 바라봐야 한다는 것을 알았습니다. 비즈니스적인 관점으로 발명을 바라보지 않는다면 당시의 발명품은 단순히 학예회에 발표하는 발표물에 불과합니다. 과연, 투자자들이 기꺼이 투자하고픈 발명은 어떤 것일까요? 네 가지로 정리해 볼 수 있습니다.

첫째, 발명품은 그 시대가 요구하는 시장과 일치해야 합니다.

아무리 좋은 발명을 하더라도 시장이 외면하면 그 기술은 사장되고 맙니다. 따라서, 소비자가 반드시 해결되기를 바라는 치명적인 문제를 해결하는 확실한 방법을 가지고 있는 발명이어야 합니다.

그리고, 이 문제를 해결하는 데 또 다른 문제를 발생시키지 않아야 합니다. 발명품을 적용하는 데 더 많은 돈과 시간, 과정이 들어간다면 이것은 필요 없는 발명입니다.

둘째, 발명품을 소비해 줄 소비자층이 두텁고 넓어야 합니다.

문제를 해결할 확실한 방법을 찾았지만, 이것을 적용할 사람들이 천 명, 만 명 정도밖에 되지 않는다면 이것 또한 가치가 없는 발명입니다.

자동차 생산공장에만 팔 수 있는 발명보다 자동차 운전자에게 팔 수 있는 발명이 더 값어치 있는 발명입니다. 소수보다는 다수에게 팔 수 있어야 합니다. 즉, 판매 대상을 넓고 두텁게 확보한 발명이 좋은 발명입니다.

셋째, 발명품이 소비자가 흔쾌히 살 수 있는 가격대가 형성돼야 합니다.

상품을 구매할 때는 소비자는 비용대비 효과를 따집니다. 내가 비용을 지급한 것 이상의 효과를 얻기 원합니다. 소비자의 치명적인 문제를 해결하는 데 생각 이상의 큰 비용을 지급해야 한다면, 소비자들은 그냥 불편을 감수하고 생활합니다. 상품구매 비용이 불편을 해결해 주는 것 이상의 값어치를 해야 합니다.

넷째, 발명 아이디어에 대한 독점권이 확실해야 합니다.

스타트업과 소규모 사업은 시장을 만들며 나가는 경우가 많습니다. 만일, 독점권이 확실하지 않으면 후발 업체가 시장에 따라 들어옵니다. 최악의 경우에는 대기업이 들어 옵니다.

이런 불상사를 막는 것이 독점권이고 독점권은 특허로 만들 수 있습니다. 투자자는 자신의 돈을 투입할 때 잃지 않는 확실한 투자처를 원합니다. 그것은 확실한 독점권을 가진 특허가 만듭니다.

이렇게 투자자가 원하는 발명과 특허의 조건을 살펴보면 마케팅에서 중요하게 생각하는 가치제안과 비슷하다는 것을 깨닫습니다.

가치제안은 무엇일까요?
가치제안은 마케팅 용어로 회사로서 당신이 누군지, 당신이 제공할 수 있는 이점과 당신을 독특하게 만드는 것을 설명하는 진술입니다. 누군가가 당신의 고객이 되어야 하는 이유에 관한 것입니다.

가치제안을 만드는 질문은 다음과 같습니다.

1 당신의 청중은 누구인가?
2 어떤 문제를 해결할 수 있는가?
3 문제를 해결하기 위해 당신은 무엇을 하는가?
4 경쟁자들이 제공할 수 없는 무엇을 제공할 수 있는가?

소비자를 향한 여러분만의 가치제안을 만들어 보세요. 이제 특허로 사업화를 생각해야 합니다. 당신의 발명에 대한 명확하고 간결한 가치제안은 당신의 꿈을 더욱 선명하게 합니다.

비즈니스 모델캔버스로 나침판을 만들자

신기술 설명서로 발명 아이디어를 정리했고, 사업화가 가능한지도 검토했습니다. 가치제안도 했습니다. 머릿속이 복잡해졌습니다. 이 책을 읽기 전에는 오로지, 특허만 내면 돈이 저절로 들어올 거로 생각했는데 아니라는 것을 알았습니다. 특허는 비즈니스에서 오로지 앞으로 나아가기 위해 한발을 뗀 것밖에 불과하다는 것을 깨달았습니다.

그러면 이 발을 어느 쪽에 내려놔야 할까요? 이것을 알기 위해 우리는 비즈니스 모델캔버스를 작성해야 합니다. 비즈니스 모델캔버스는 발을 놓는 위치를 가르쳐 주고 나아갈 방향을 가르쳐 주는 나침반 역할을 합니다.

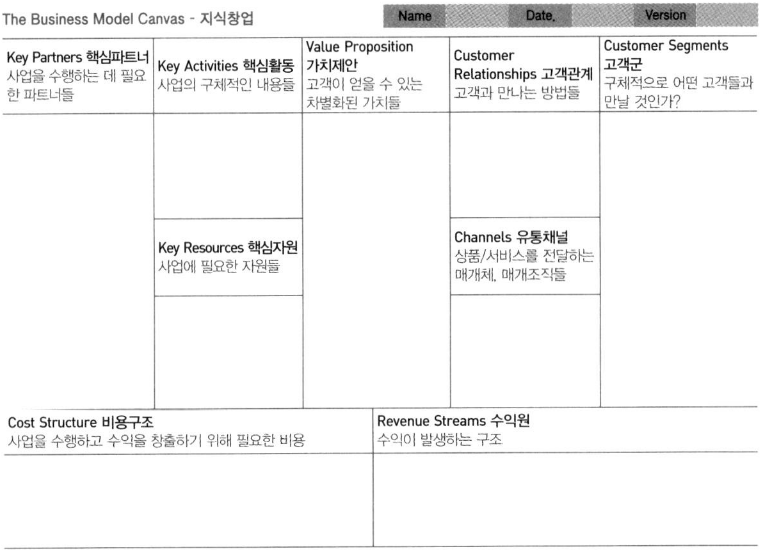

〈억대 연봉 노마드의 비밀무기, 비즈니스 모델캔버스〉, 신재환 저, 인용

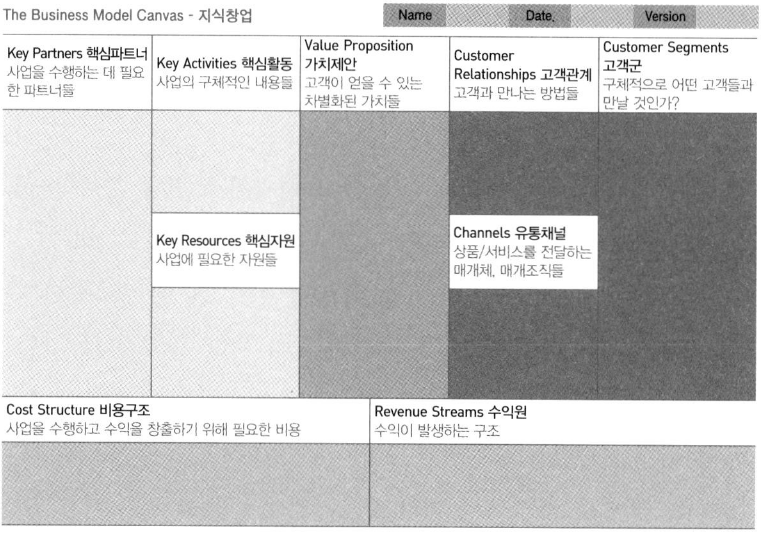

여행을 갈 때도 계획을 세우는데 인생을 바꿀 비즈니스에 계획을 세우지 않는다고요? 실패로 향하는 지름길로 가는 것입니다. 비즈니스 모델캔버스로 나의 목표로 가기 위한 전략을 세우세요.

비즈니스 모델캔버스는 이렇게 9가지 구성되어 있습니다. 비즈니스 모델캔버스의 영역을 설명하겠습니다. 가장 중요한 가치제안은 앞서 설명했기 때문에 생략하겠습니다.

가치제안을 중심으로 왼쪽 두 영역은 가치를 만들어 내는 영역입니다. 파트너의 도움으로 기업을 운영하며 브랜드 가치를 상향시킵니다. 기업에 부족한 것을 파트너의 도움으로 보완합니다.

오른쪽 두 영역은 가치를 고객에게 전달하는 영역입니다. 고객이 누구인지를 명확하게 하고 어떤 불만과 어떤 문제점을 가지고 있는 고객인지 기술하는 것이 포인트입니다.

The Business Model Canvas - 지식창업

Name	Date.	Version

<table>
<tr>
<td>Key Partners 핵심파트너
사업을 수행하는 데 필요한 파트너들</td>
<td>Key Activities 핵심활동
사업의 구체적인 내용들</td>
<td>Value Proposition 가치제안
고객이 얻을 수 있는 차별화된 가치들</td>
<td>Customer Relationships 고객관계
고객과 만나는 방법들</td>
<td>Customer Segments 고객군
구체적으로 어떤 고객들과 만날 것인가?</td>
</tr>
<tr>
<td rowspan="3">나의 사업과 제휴 또는 협력 등 시너지를 낼 수 있는 사업체를 적는 공간

ex) 챌린지노마드의 경우
1. 맹명관 교수님
2. 정글엠앤씨
3. 김형환 교수님
4. 황금부엉이 출판사
5. 웍앤코 공유 오피스</td>
<td>사업의 어떤 핵심적인 활동이 있는지 적어보는 칸

ex) 챌린지노마드는
1. 교육을 진행
2. 원고집필(책 마케팅)
3. 온라인마케팅
4. 상담/컨설팅 응대활동</td>
<td rowspan="3">우측의 "고객군" 칸과 맞물려 그들이 느끼고 있는 고통을 해결해 줄 수 있을 만한 가치제안하기

ex) 스펙과 돈이 없고 지식과 경험을 논으로 반들시 못한 직장인 타겟으로 한 억대 연봉 만드는 디지털 마케팅 실전강의

반드시 "고객군" 칸의 고객의 문제와 맞물려서 가치제안 할 것!</td>
<td>• 고객에게 어떤 이익을 주어 회사에 대해서 알게 만들 것인지
• 이벤트, 무료강의, 무료체험 등 이 회사가 어떤 회사인지 맛보고 알 수 있는 방법

ex) 챌린지노마드 이북증정 챌린지노마드 토요일 무료특강</td>
<td rowspan="3">전체고객: 자신의 제품을 사용할 수 있는 고객군

유효고객: 제품(서비스)이 접근할 수 있는 한 단계 세분화된 고객군

목표고객: 제품(서비스)을 고매할 가능성이 가장 높은 고객군, 향후 시장 점유율 1, 2위를 할 고객군

위와 더불어 어떤 불만, 문제점을 가지고 있는 고객인지 쓸 것!

ex) 스팩과 돈이 없고 지식과 경험을 돈으로 만들지 못한
–직장인
–취준생
–1인 기업
–프리랜서</td>
</tr>
<tr>
<td>Key Resources 핵심자원
사업에 필요한 자원들</td>
<td>Channels 유통채널
상품/서비스를 전달하는 매개체, 매개조직들</td>
</tr>
<tr>
<td>사업에 필요한 자원, 시스템, 직원들을 적는 공간

ex) 챌린지노마드의 경우
1. 교육을 마친 수강생들을 회사에 소개할 수 있을만한 넓은 인맥풀 필요(헤드헌팅)
2. 교육 사업화 가능한 마케팅 빅데이터</td>
<td>ex)
유튜브
잠재고객마케팅(DB)
책쓰기
블로그체험단
카페바이럴

고객에게 유통될 수 있는 통로 어떻게 고객에게 서비스를 전달 OR 홍보할지</td>
</tr>
<tr>
<td colspan="2">Cost Structure 비용구조
사업을 수행하고 수익을 창출하기 위해 필요한 비용</td>
<td colspan="3">Revenue Streams 수익원
수익이 발생하는 구조</td>
</tr>
<tr>
<td colspan="2">어떤 부분에서 돈이 나갈지
1. 인건비
2. 광고비
3. 세금
4. 등등</td>
<td colspan="3">수익이 어디에서 발생할지
ex)
1. 챌린지노마드 내부 교육매출
2. 외부 교육특강 또는 컨설팅 비용
3. 책인세</td>
</tr>
</table>

〈억대 연봉 노마드의 비밀무기, 비즈니스 모델캔버스〉, 신재환 저, 인용

가장 아래의 두 영역은 비용을 다룹니다. 왼쪽은 기업의 가치를 만드는데 사용되는 비용을 말합니다. 어떤 부분에 돈이 지출될지를 확인합니다. 오른쪽은 기업가치를 고객에게 전달 후 얻어지는 수익을 말합니다.

이해가 어렵다고요? 이 책을 쓰는데 비즈니스 쪽과 지식창업, 소자본창업, 예비창업 조언을 해 준 챌린지노마드의 비즈니스 모델캔버스의 작성예시와 설명을 보겠습니다. 천천히 읽어보면 어떻게 작성을 하는지 깨달을 것입니다.

이런 궁금증이 생길 것입니다. 지금 이야기하는 것은 특허인데 너무 비즈니스적인 것만 이야기하는 것 아니냐고요? 그래서 특허로 성공한 비즈니스 모델캔버스를 보여 드리겠습니다.

The Business Model Canvas - 지식창업 | Name 배달의 민족 Date. Version

Key Partners 핵심파트너 사업을 수행하는 데 필요한 파트너들	Key Activities 핵심활동 사업의 구체적인 내용들	Value Proposition 가치제안 고객이 얻을 수 있는 차별화된 가치들	Customer Relationships 고객관계 고객과 만나는 방법들	Customer Segments 고객군 구체적으로 어떤 고객들과 만날 것인가?
• 투자자 • 퍼포먼스 광고업체	• 고객공감 콘텐츠 / 이벤트 기획 제작 • 플랫폼 고도화 • 플랫폼 홍보 • 배달음식점 확보 / 서비스영역 확대	• 21세기 최첨단 찌라시 –앱 하나로 우리동네 모든 배달음식 편리하게 주문 가능 • 21세기 최첨단 찌라시 –거래수수료 무료 –신규 광고상품 –배달대행 제공 등	• 다양한 이벤트 • 체계적인 교육, 상담 등(배민아카데미)	• 배달음식을 주로 시켜먹는 1인 가구 • (배달)음식점을 운영하는 자영업자
	Key Resources 핵심자원 사업에 필요한 자원들		Channels 유통채널 상품/서비스를 전달하는 매개체, 매개조직들	
	• 배달음식점 Pool • (충성)이용자 수 • 리뷰 등 콘텐츠 • 브랜드 파워 • 배민라이더스 커버리지		• TV광고 / 눈 • 스마트폰 APP • 이메일 / 전화 • 사장님 전용 APP • POS 연동 SW	

Cost Structure 비용구조 사업을 수행하고 수익을 창출하기 위해 필요한 비용	Revenue Streams 수익원 수익이 발생하는 구조
• 고정비용(투자포함) –인건비, 사무실, 광고비(Mass Media), 서버비, 배달대행 인프라 운영 등 • 변동비용 –광고비(Performance), PG수수료, CS비용 등	~~• 배달음식 중개수수료~~ ~~–주문금액에 대한 7~15% 수준~~ • 배달 음식점 광고비 –우선 노출 등 정액제 광고 –키워드 입찰방식 최상단 노출 광고(슈퍼리스트)

〈억대 연봉 노마드의 비밀무기, 비즈니스 모델캔버스〉, 신재환 저, 인용

배달의 민족 비즈니스 모델캔버스입니다. 배달의 민족은 단순히 배달 플랫폼 서비스 회사라고만 아시겠지만 13개의 특허를 출원한 회사입니다. 아이디어로 소비자들에게 가치제안을 하고 특허로 시장을 보호한 좋은 예입니다. 출원한 특허로는 '배달주문 분배시스템 및 방법', '문자음성 자동변화 기술(TTS)을 이용한 배달주문 중계시스템 및 그 방법', '배달주문 중계시스템 및 그 제공 방법', '주문 콜 중계 과금 시스템 및 방법' 등 다양합니다.

The Business Model Canvas - 지식창업

Name	Date.	Version

Key Partners 핵심파트너 사업을 수행하는 데 필요한 파트너들	Key Activities 핵심활동 사업의 구체적인 내용들	Value Proposition 가치제안 고객이 얻을 수 있는 차별화된 가치들	Customer Relationships 고객관계 고객과 만나는 방법들	Customer Segments 고객군 구체적으로 어떤 고객들과 만날 것인가?
	Key Resources 핵심자원 사업에 필요한 자원들		Channels 유통채널 상품/서비스를 전달하는 매개체, 매개조직들	

Cost Structure 비용구조 사업을 수행하고 수익을 창출하기 위해 필요한 비용	Revenue Streams 수익원 수익이 발생하는 구조

〈억대 연봉 노마드의 비밀무기, 비즈니스 모델캔버스〉, 신재환 저, 인용

앞서 이야기했듯 글이라는 것은 묘한 힘을 가지고 있습니다. 글을 씀으로써 생각이 정리되고 내가 가야 할 방향도 모색하게 만듭니다. 신기술 설명서는 발명의 청사진을, 비즈니스 모델캔버스는 꿈의 청사진을 보여 줍니다. 주어지는 비즈니스 모델캔버스에 고민하여 한칸 한칸 채워 보세요. 그만큼 당신의 꿈은 가까이 옵니다.

TM

제 3 장

지식산업설계도를 그리기 위해 꼭 알아야 할 특허제도

13 특허는 산업재산권 중 하나

14 기술 공개를 통한 산업발전이 특허의 목적이다

15 특허등록요건 세 가지, 산업상 이용 가능성, 신규성, 진보성 반드시 알아 두자

16 특허 등록의 주체는 나, 특허등록절차를 알아야 흔들림이 없다

17 청구항 단어 하나, 토씨 하나가 당신의 사업을 지켜 준다

18 사업을 위해서는 변리사와 함께 가라

19 특허소송은 비즈니스적인 관점으로 접근하라

13

특허는 산업재산권 중 하나

「지식재산기본법」에서 말하는 지식재산과 지식재산권의 정의를 먼저 살펴보겠습니다.

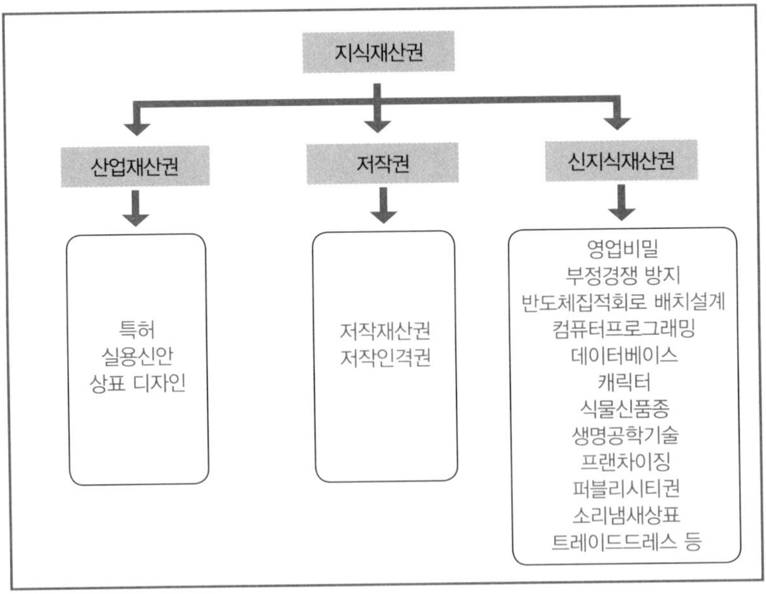

- **지식재산:** 인간의 창조적 활동 또는 경험 등에 의하여 창출되거나 발견된 지식, 정보, 기술, 사상이나 감정의 표현, 영업이나 물건의 표시, 생물의 품종이나 유전자원, 그 밖에 재산적 가치가 실현될 수 있는 것
- **지식재산권:** 법령, 조약 등에 따라 인정되거나 보호되는 지식재산에 관한 권리

이 둘을 합쳐 쉽게 풀이하면 '인간의 창조적 활동으로 만들어진 것 중 재산적 가치가 있는 것에 대하여 법이 부여하는 권리'라고 할 수 있습니다.

지식재산권은 유체재산권과 달리 두 가지 특징을 가지고 있습니다.

첫째, 유체재산과 달리 복제하거나 모방하기가 쉽습니다.

둘째, 창작하거나 발명하기에 어렵고 많은 시간을 소모해야 합니다.

이 두 가지 특징에서 하나의 결론을 낼 수 있습니다. 지식재산권을 보호해 주지 않는다면 누구도 새로운 창작과 발명을 하지 않고, 또한 공개하지 않을 것이라는 점을요.

따라서, 지식재산권의 근본 목적은 창작활동의 성과를 보호하여 새로운 창작을 장려하고 나아가 산업과 문화 발전을 이루는 데 있습니다. 이렇게 권리로 보호하고 있어 지식재산도 형태가 있는 유체자산과 같이 사고팔 수 있고, 빌려주고 빌려 받을 수 있습니다. 심지어 담보로 대출도 받을 수 있습니다.

지식재산권은 크게 산업재산권, 저작권, 신지식재산권으로 나눌 수

있습니다.

산업재산권은 산업경제와 관련이 있는 지식재산권으로 특허, 실용신안, 디자인 및 상표 등이 있습니다. 저작권은 도서, 음악, 미술, 연극, 전축, 영상, 사진, 컴퓨터 프로그램 등을 말합니다. 신지식재산권은 기술과 산업이 다양해지고 복잡해지면서 기존의 산업재산권과 저작권으로 보호할 수 없는 것을 보호하도록 대두된 지식재산권입니다. 종류는 영업비밀, 부정경쟁방지, 반도체집적회로배치설계, 컴퓨터 프로그램, 데이터베이스, 인터넷 도메인네임, 캐릭터, 식물 신품종, 생명공학기술, 프랜차이징, 퍼블리시티권, 소리 · 냄새 상표 등이 있습니다.

소관부서는 모두 다릅니다.

특허청은 산업재산권과 부정경쟁방지 및 영업 비밀 보호, 반도체집적회로 배치 설계 보호 등을 관리합니다. 문화체육관광부는 저작권을 농림축산부는 식물신품종을 관리합니다.

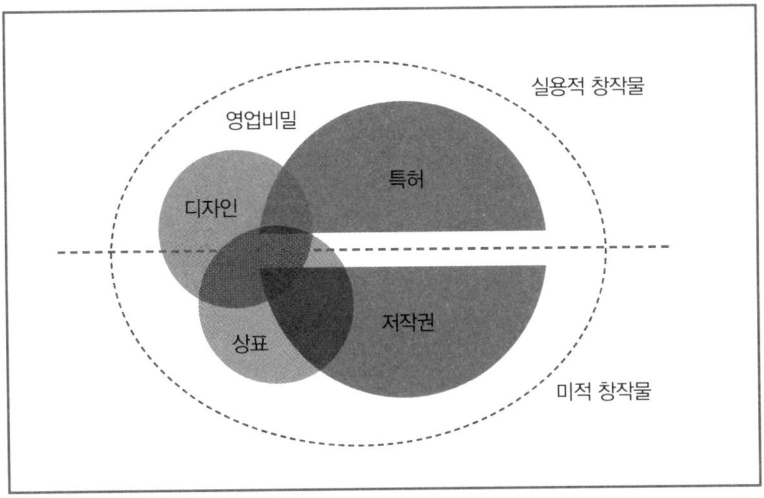

지식재산권의 보호 영역 Dylan O. Adams, Patents Demystified, ABA, 2015, p.2 참조

14

기술 공개를 통한 산업발전이 특허의 목적이다

특허의 목적은 공개

1474년 이탈리아 베니스 공화국에서 현대 특허의 모태가 되는 베니스 특허법을 제정했습니다. 베니스 특허법은 보호받는 발명이 이전 발명보다 새로워야 하고, 주어진 독점권은 기간과 지역이 제한되어야 하며, 침해에 관해 구제 방법이 제공되어야 한다는 현대 특허권리와 비슷한 3가지 핵심개념을 제시했습니다. 이 법에 따라 새로운 유리 가공 기술에 대해 10년간의 독점권을 부여하자 창의적이고 우수한 유리장인이 베니스로 몰려들었습니다.

영국은 다른 유럽국가들에 비해 상대적으로 낙후되어 있었습니다. 산업을 발전시키기 위해 베니스의 전례를 보고 이 제도를 받아들여, 1623년 전매조례를 통과시켰습니다. 역사적으로 현대적인 최초의 특허법이라고 평가합니다. 이 제도로 많은 유럽의 기술자들이 영국으로 왔습니다. 이는 산업혁명의 원동력이 되었습니다.

이처럼 특허는 산업기술의 발달을 촉진하는 역할을 했습니다. 특허법의 어떤 특성 때문일까요?

공개와 독점의 원칙이 있기 때문입니다. 우선 특허로 등록을 받으면 1년 6개월 이후에 무조건 공개됩니다. 그리고, 이에 따라 20년의 배타적이고 독점적인 사용 권리를 받습니다.

특허를 공개함으로써 중복적인 연구와 개발을 방지하기 때문에 비용과 시간 낭비를 방지할 수 있습니다. 이에 따른 독점권은 발명가들의 연구개발을 장려합니다.

만일, 독점권으로 보호해 주지 않는다면 누구도 기술을 개발하려 하지 않을 것입니다. 당장 남의 것을 베끼는 것이 연구개발비를 줄이는 방법이니까요. 국가적으로 큰 손해입니다.

공개와 독점이라는 특허 원칙은 발명가와 기술자, 연구자의 발명 의욕을 고취하고 공개라는 원칙은 기술개발의 속도를 가속화해 전체적으로 국가의 기술 수준을 빠르게 올려 줍니다.

모든 것이 특허가 된다

발명은 자연법칙을 이용한 기술적 사상의 창작으로 고도한 것을 말합니다.

아이디어가 발명으로 되려면 앞서 말했듯이 자연법칙에 위반되지 않으면서 기술적 사상이 목적, 구성, 효과가 논리적으로 입증돼야 합니다. 여기에 더해 '고도한'이라는 말처럼 창작의 난이도도 높아야 합니다. 이것이 기본조건입니다.

이 두 조건이 충족되면 발명의 기본조건이 충족되고 특허로 등록신청할 수 있습니다.

기술변혁의 시대에 맞춰 발명의 종류는 꾸준히 진화해왔습니다. 이와 함께 특허의 종류도 변화했습니다. 설명만 들으니 어떤 것이 특허가 되고 안 되는지 모호할 것입니다. 발명의 종류를 분류별로 구분하여 어떤 것들이 특허가 되는지 알아보겠습니다.

우선 특허 심사 시는 발명의 종류를 국제특허분류(International Patent Classification, IPC)에 맞춰 구분합니다. 인터넷에서 검색해서 표를 내려받을 수 있습니다. 이 국제특허분류는 처음 설명처럼 기술발전을 반영하여 꾸준히 개정합니다.

국제특허분류에서 기술 분야는 크게 기계 분야, 전자 분야, 화학/바이오 분야로 구분합니다. 변리사들도 이에 맞춰 전문분야를 구분합니다.

다른 분류 방법으로는 물질 발명, 장치 발명, 방법 발명 세 가지로 구분하는 것이 있습니다.

첫째, 물질 발명은 화학/바이오 분야에서 쓰입니다. 여러 성분을 혼합하여 물리적/화학적으로 새로운 물질을 만듭니다.

둘째, 장치 발명은 우리가 보통 생각하는 발명입니다. 물품의 형상, 구조, 기능에 대해 발명을 합니다.

셋째, 방법 발명은 무언가 제조하는 방법, 통신하는 방법, 제어하는 방법, 설계 공법을 발명하는 것을 말합니다.

특히, 장치 발명과 방법 발명은 동시에 특허로 등록하여 보호받을 수 있다는 것을 알아 두어야 합니다. 곱게 간 쌀을 제조하기 위해 여러 대의 기계를 만들고 시스템을 만들었다면 기계는 장치 발명으로, 쌀을 제조하는 방법은 제조방법으로 특허 등록이 가능합니다. 이런 분류에 따라 특허요건만 만족하면 물건, 장치, 방법, 화학물질, 식품, 약품, 인공 생명체, 컴퓨터 프로그램, 영업방법 등도 등록할 수 있습니다.

이렇게 설명하니 이해가 잘 안 될 것입니다. 특허가 되는 특별한 몇 가지 사례를 들어 설명하겠습니다.

첫째, 영업방법, 즉 비즈니스 모델(BM)의 특허

아마존(Amazon)의 I-CLICK을 예로 들겠습니다. 온라인 쇼핑몰에서 신용카드 결제를 할 때 매번 신용카드 번호와 주소를 입력하는 것은 번거로운 일입니다. 필자도 결제하다가 포기하고 다른 인터넷 상점에서 물건을 산 적이 있습니다. 아마존은 이런 고객들의 불편을 해소하기 위해 고객의 결제정보와 배송정보 등을 저장해 두었다가 다음 구매 시 마우스 클릭만으로 온라인 주문 및 결제를 완료하게 했습니다.

무효가 되었지만, 야놀자의 중소 숙박업소의 객실을 위탁받아 판매 후 50% 할인 쿠폰을 제공해 해당 업체의 재방문을 유도하는 '숙박 서비스 제공 시스템 및 방법' 특허도 비즈니스 모델 특허입니다.

이런 예처럼 영업방식이라도 기술적 구성이 결합하여 현저한 효과가 발생하면 특허로 등록받을 수 있습니다. 즉, 컴퓨터 네트워크와 소프트웨어를 사용한 비즈니스 모델은 특허 등록이 가능합니다.

다만, 다단계 마케팅이나 일일이 사람의 결정과 연락으로 이루어지는 영업 아이디어는 특허 등록이 안 됩니다. 반드시 기술구성을 결합한 것을 전제로 해야 한다는 것을 잊지 마세요.

둘째, 제조방법

여러 제조방법 중에 음식물 제조방법을 예로 들 수 있습니다. 떡볶이의 매콤함을 더하기 위한 소스, 간장게장을 만드는 비법 등입니다.

제조방법 특허에 대해 말하면 코카콜라를 빼놓을 수 없습니다. 150년 동안의 인기 비결이 특허 등록을 안 했기 때문이라는 사실이 역설적입니다. 특허의 목적은 공개에 있습니다. 공개하면 음식 조리법의 비밀이 알려집니다. 코카콜라는 이것을 알았기 때문에 특허 등록을 안 하고 영업비밀로 제조방법을 보호하고 있습니다.

이처럼 공개되는 것을 알면서 힘들게 발명한 음식제조발명을 왜 특허로 등록할까요? 이것은 노하우를 잃는 것보다 소비자로부터 신뢰와 차별성을 얻는 마케팅 효과가 더 크기 때문입니다.

남의 특허를 상업적으로만 쓰지 않으면 특허 침해가 되지 않습니다. 오늘 저녁 떡볶이로 가족에게 음식솜씨를 뽐낼 일이 있으면 키프리스에서 요리비법을 찾아 요리해 보세요.

셋째, 책

대표적인 예로 〈마법 천자문〉을 들 수 있습니다. 〈마법 천자문〉은 출판사 북이십일이 출간한 한자교재로 천자문과 만화를 적절히 배치하여 만화를 읽기만 해도 저절로 한자가 습득되게 하는 책입니다. 2,000만 부 이상 팔릴 정도의 베스트셀러였습니다.

통상 특허는 자연법칙을 이용한 기술적 사상이 들어간 것만을 허락한다고 알고 있는데 어찌된 일일까요? 저도 궁금했습니다. 답은 북이십일사와 경쟁사의 특허 무효소송으로 법원에서 판결한 내용에 있었습니다. 판결 전문은 다음과 같습니다.

> "한자학습교재를 읽는 학습자가 만화 이미지 등을 통한 효과적인 한자학습을 할 수 있도록 교재의 본문에 학습할 한자와 관련된 만화 이미지를 스토리와 연관되게 삽입하고 그 한자 만화 이미지 도시 면의 각 부분을 공간적·물리적으로 배치·형성하는 구성을 취하고 있으므로, 시각적 배치를 유기적으로 구성하여 학습효과를 높일 수 있다는 자연법칙을 이용한 발명에 해당한다."

이처럼 우리 특허법원과 대법원은 책의 구성과 내용을 배치하는 아이디어를 자연법칙을 이용한 발명이라고 보고 있습니다. 국제특허분류에도 책의 내용 구성과 관련한 기술분류를 별도로 두고 있습니다. 국제적으로 책의 발명도 특허가 된다고 어느 정도 합의되었다고 이해할 수 있습니다.

넷째, 학습법

출판 서적 중에 '특허받는 △△학습법'이라고 홍보하는 것을 간혹 보았을 것입니다. 특허를 받은 것은 학습법이 아니라 학습에 사용하는 단말장치나 교재를 말합니다.

예를 들어 '단어 초고속학습법'이라는 것으로 특허를 받았다면, 학습 수준에 맞춰 영어단어를 외우기 쉽도록 태블릿이나 스마트폰에 띄워주는 영어단어 학습기능을 보호하는 것이고 영어단어 학습법이 특허가 되는 것은 아닙니다. 교수법이나 학습법 자체가 특허가 되지 않습니다.

다섯째, 앱에서 간단한 기능구현

문자 메시지를 주고받을 때 오른쪽은 보내는 사람, 왼쪽은 받는 사람을 배치하여 주고받은 문자를 보여 줍니다. 이 방법이 애플의 미국 특허라는 것을 아는 분은 극히 드뭅니다. 아니, 거의 없습니다.

애플은 이 기능을 미국에서 2003년 5월 2일 출원하여 2010년 2월 23일에 특허를 취득했습니다. 특허번호는 US7669134호입니다. 그리고 이 특허는 애플이 삼성을 상대로 특허 전쟁을 선포했을 때 제시한 특허가 됩니다.

특허는 대단한 기술을 가져야만 할 수 있다고 오해하는 경향이 있는데, 이처럼 구현이 쉽고 간단한 기능의 특허도 등록이 가능합니다. 스마트폰 앱과 소프트웨어를 개발하는 업체가 참고하기 좋은 예입니다. 무심결에 지나쳐 보낼 수 있는 사소한 아이디어라도 관심 있게 보면 좋은 특허가 될 수 있습니다.

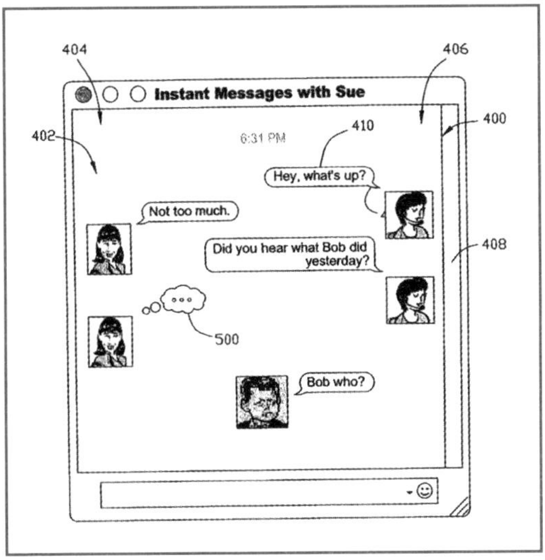

애플의 문자 메시지 특허 그림. US7669134호 참조

여섯째, 춤

우리가 아는 마이클 잭슨의 가장 대표적인 춤은 중력을 거스르는 것처럼 뒤로 걷는 문워크와 앞으로 45도로 기울어졌다 일어나는 린댄스를 들 수 있습니다.

어릴 때 이것을 흉내 낸다고 했는데 문워크까지는 흉내를 냈어도 린댄스는 흉내를 낼 수 없었습니다. 알고 보니 특수한 장치를 한 신발을 이용한 것이었습니다. 브이(V) 홈이 있는 신발 뒷굽에 미리 설치된 바닥의 못에 뒷굽을 끼우고 몸을 앞으로 기울였습니다.

춤 자체는 기술적 사상의 창작으로 볼 수 없어 특허로 등록되지 않지만 춤을 추기 위한 수단, 신발은 발명으로 인정받아 특허 등록되었습니다.

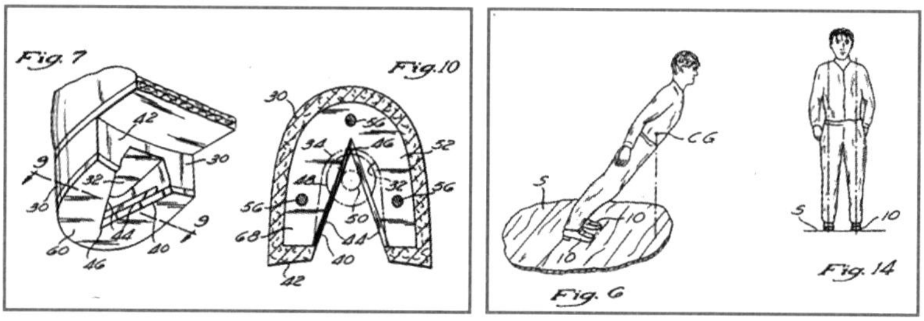

린댄스를 위한 특수신발 미국 등록 특허 제5255452호

지금까지 알아본 것처럼 발명은 자연법칙을 이용한 기술적 사상의·창작으로서 고도한 것이면 특허 등록이 가능합니다. 앞선 사례에서 보듯이 특허가 안 될 것 같은 것도 될 수 있습니다.

섣불리 판단하여 특허 등록을 포기하지 마세요. 생각지 못하게 특허가 가능할 수도 있습니다. 아니, 가능합니다. 특허로 여러분의 비즈니스를 보호하세요.

특허는 여러 힘이 있다

특허를 보유하고 있으면 어떤 장점이 있을까요? 가장 큰 장점은 제가 계속 말했듯이 내가 만들어 놓은 시장에 큰 성벽을 쳐 후발 주자들이 따라 들어오지 못하게 합니다.

다른 이점들은 없을까요?

에이콘 출판사에서 출간한 〈특허 전쟁〉이란 책에서 특허 활용의 이점에 대한 것을 인용하여 간략하게 정리하면 다음과 같습니다.

1 기술기업임을 알려 준다.
2 투자받기가 쉽다.
3 국가의 지원을 받는 데 좋다.
4 남들과 다른 차별성과 우수성을 알릴 수 있다.
5 특허권은 상대기업을 압박하는 수단이 된다.
6 특허 침해 소송에 큰 무기가 된다.
7 기술협상에 도움이 된다.
8 거래처를 안정시켜 준다.
9 주주의 이익에 도움이 된다.

이 책을 읽는 분들은 스타트업과 벤처처럼 작은 기업을 목표로 하는 분들이라 5번부터 8번까지는 별 느낌이 없을 것입니다. 1번부터 4번까지의 항목이 중요한데, 2번과 3번은 자금조달을 받기 쉽다는 항목으로 1번과 4번은 마케팅에 도움이 된다는 항목으로 묶을 수 있습니다.

우선 2번과 3번, 자금조달이 쉽다는 것을 먼저 설명하겠습니다.

특허는 은행에서 담보로 잡을 수 있습니다. 또한, 특허가 있으면 기술보증기금과 신용보증기금의 보증도 받을 수 있습니다. 이런 보증에 기초해 대출하면 은행은 5~10% 정도만 책임지면 되므로 은행이 더욱 쉽게 대출해 줍니다. 담보 대출은 중소기업진흥공단 특허담보대출, 산업은행과 기업은행의 IP 담보 대출, IP 보증 담보 대출, TCB 기술 금융 대출 등이 있습니다.

이렇게 직접적인 금융지원을 떠나 간접적으로 지원받는 예도 있습니다. 우수제품이나 인증을 받으면 제품을 구매해 주거나 세금감면과 계약 시 가점을 주는 제도도 있습니다. 여러분이 무자본 창업을 하게 도와주는 정부지원사업에서도 특허를 보유하고 있으면 합격률이 높아집니다.

다음으로 1번과 4번 항목 마케팅 부분을 설명하겠습니다.

거래처, 투자자를 만났을 때 우리 회사의 강점을 설명해야 합니다. 계약과 투자의 기회를 놓치면 안 된다는 생각으로 모든 열정을 쏟아 구구절절 설명합니다. 하지만, 상대방의 표정은 이해 못 했다는 표정입니다.

그러나, "이 기술은 특허받은 기술입니다."라는 한마디에 모든 것이 달라집니다. 특허는 기술에 대해 국가가 새로운 기술이라고 인정한 것입니다. 또한, 다른 기업들에 비해 강점을 가졌다는 것을 증명합니다. 특허를 보유하고 있으면 앞서 설명한 여러 장점이 있다는 것을 사람들도 알고 있기 때문입니다.

이렇게 특허는 호소력이 강합니다. 많은 기업이 사내 벽에 특허증을 걸어 놓고 있는 이유이기도 합니다.

이런 신뢰를 바탕으로 소비자를 향한 마케팅도 효과가 있습니다. 대표적인 예가 숙취해소 음료 '여명808'입니다. 제품 앞면에 '특허 181160호'라고 특허받은 음료라고 강조합니다.

특허를 받기 위해 어려운 과정을 겪었다는 것을 소비자도 알기에 마케팅 효과가 높습니다. 특허 ○○○호라고 쓰여 있는 문구는 소비자에게 신뢰를 주고 판매량을 늘리는 효과를 발휘합니다.

어떻게 사용하느냐에 따라 달라지지만, 특허는 설명처럼 많은 힘을 가지고 있습니다. 특허는 여러분에게 날갯짓하는 힘을 줍니다.

15

특허등록요건 세 가지, 산업상 이용 가능성, 신규성, 진보성 반드시 알아 두자

특허 등록요건 세 가지는 반드시 외워야 한다

발명을 특허로 등록하려 하지만 모든 발명이 특허로 등록되지 않습니다. 이유가 뭘까요? 발명이 특허로 등록받기 위해서는 세 가지 요건을 충족해야 하기 때문입니다. 세 가지 요건은 산업상 이용 가능성, 신규성, 진보성입니다. 하나하나 알아보겠습니다.

산업상 이용 가능성이 있어야 한다

특허 출원된 발명은 그 발명과 관련 있는 분야에 당장 사용이 가능해야 합니다. 당장은 아니라도 장래에 이용할 가능성이 있어야 합니다. 이는 특허의 목적이 산업발전을 도모하는 데 있기 때문입니다.

따라서, 산업적으로 이용될 수 없는 것은 당연히 특허받을 수 없습니다. 산업상 이용 가능성이 없는 발명으로 대표적인 것으로 의료행위가 있습니다. 손가락으로 인체 특정 부위를 눌러 치료를 하는 것은 효과가 있더라도 특허가 안 됩니다. 대신 의료행위를 할 때 사용하는 약품, 도구, 장치들은 산업상 이용 가능한 것으로 봅니다.

재미있는 것은 실현 불가능한 발명도 산업상 이용 가능성이 없는 발명으로 평가합니다. 대표적인 예가 무한동력장치, 다른 이름으로 영구동력장치입니다. 한번 돌리면 자체적으로 에너지를 생산하며 무한히 회전합니다. 가능할까요? 상상 속에서만 존재하는 장치입니다. 이 장치는 열역학 제1, 2법칙의 위반으로 만들어질 수 없는 장치입니다.

그런데도 이 영구동력장치의 특허 출원이 간간이 된다고 합니다. 과거 기록을 보면 1925년에 52건, 1926년에 51건, 1927년에 34건, 1928년에 39건, 1930년에는 50건이 출원되었습니다. 지금도 물론 간혹 출원되고 있답니다.

실현 가능한 것은 산업상 이용 가능하다는 것과 같습니다.

신규성이 있는 발명이어야 한다

「특허법」 제29조(특허요건)를 보면 다음처럼 나와 있습니다.

① 산업상 이용할 수 있는 발명으로서 다음 각호의 어느 하나에 해당하는 것을 제외하고는 그 발명에 대하여 특허를 받을 수 있다.

1. 특허 출원 전에 국내 또는 국외에서 공지(公知)되었거나 공연(公然)히 실시된 발명
2. 특허 출원 전에 국내 또는 국외에서 반포된 간행물에 게재되었거나 전기 통신회선을 통하여 공중(公衆)이 이용할 수 있는 발명

이것이 무슨 뜻일까요?

말 그대로 발명을 특허로 받고자 하려면 출원 전에 알려져서는 안 된다는 것입니다. 알려지는 매체들은 인터넷, 책, 간행물, 논문 등을 말합니다.

키프리스에 등록된 특허에만 나오는 것이 아니라 이런 매체에 나와 있는 모든 정보를 말합니다. 즉, 특허로 등록되려면 세상에 공개되지 않은 완전한 새로운 기술이어야 합니다. 이를 신규성이라고 합니다.

신규성 상실은 국내뿐만 아니라 국외에 공개되는 것과 타인이 아니라 스스로 공개한 것도 포함합니다. 스타트업과 창업을 하기 위해 부득이하게 아이디어를 출원 전에 카탈로그나 PPT 자료로 발표하거나 설명합니다. 이때도 신규성 상실이 되어, 특허 등록이 안 됩니다.

이처럼 신규성 제도는 출원인에게 냉혹한 제도입니다. 하지만, 공지된 기술의 등록을 방지하기 위해서는 어쩔 수 없이 운영되는 제도입니다.

이런 제도의 문제점을 방지하기 위해 특허 출원 1년 전까지 공개된 행위에 대해서는 공개되지 않은 것으로 인정하는 공지예외제도가 있습니다.

공지예외제도는 무효심판청구제도와 신규성이라는 등록요건과 서로 연관이 깊습니다. 신규성에 의해 발생되고, 발생되는 것을 방지하는 제도이기 때문입니다. 마지막 등록요건 진보성을 설명하기 전에 무효심판청구와 공지예외제도를 예를 들어 설명하겠습니다.

흙수저 나역전 대표는 입술을 질끈 깨물었습니다.

지금까지 추진해오던 사업의 밑바탕이 되는 특허가 무효가 되었습니다. 힘들게 개발한 비즈니스 모델까지 특허로 등록하고 지식창업으로 받은 투자금까지 투자한 상태인데 비보가 아닐 수 없습니다.

특허를 침해한 기업을 상대로 침해소송을 걸었더니 상대기업에서 도리어 무효소송을 걸어왔습니다. 힘든 법정 싸움에서 결국 신규성 위반으로 특허는 무효화되었습니다. 투자를 유치한다고 PPT 자료를 만들어 발표한 것이 화근이었습니다. 특허 신청 시 공지 예외를 신청했어야 했는데, 나역전 대표는 고개를 저었습니다.

무슨 일일까요?

먼저 무효심판청구가 무엇인지 알아야 합니다. 다른 법에는 없고 특허법에만 있는 제도입니다. 결론부터 말하자면 등록된 특허를 재판을 통해 무효화시키는 제도입니다.

특허의 등록요건은 산업상 이용 가능성, 신규성, 진보성이 있습니다. 심사관은 이 등록요건을 기준으로 심사하고 등록합니다. 하지만 심사관은 신이 아닙니다. 선행기술 검사를 한다고는 하지만 한정된 시간에 세계의 모든 기술 문헌을 확인할 수 없습니다.

이렇게 등록되었다가 만약 다른 나라에서 특허 출원일 전에 발표된 문헌이 발견되면 신규성 상실로 특허는 무효화됩니다. 특허 무효 사유에 이런 예처럼 신규성 상실이 많습니다.

우리나라의 특허 무효율은 50%에 가깝습니다. 무효심판청구를 하면 두 건 중 한 건은 무효화됩니다. 이렇게 가능성이 크니 경쟁업체에 침해 사실을 알리면 경쟁업체가 침해를 인정하는 것이 아니라 도리어 무효심판을 청구합니다. 자기들이 만든 제품과 생산설비를 파기하는 것보다 더 나은 투자이기 때문입니다.

따라서, 이런 낭패를 방지하기 위해서는 하나의 특허에 사업의 모든 것을 거는 것이 아니라 가능한 한 여러 개의 특허로 특허장벽을 만들어 보호해야 합니다. 하나의 특허가 무효가 되더라도 다른 특허로 대비를 하는 것입니다.

아예 이런 어처구니없는 일이 일어나지 않게 방지할 방법은 없었을까요? 신규성에서 배운 것처럼 출원 전에는 아이디어에 대해 아예 공개하지 않으면 됩니다. 하지만, 나역전 대표는 투자를 위해 어쩔 수 없이 발표해야 했습니다.

억울합니다. 내 발명을 내가 공개했는데도 특허를 못 받게 하는 이런 불합리한 법이 있을까요? 이런 점을 보완하기 위해 「특허법」에는 일정 기간 안에는 공지되지 않은 것으로 인정하는 공지 예외제도를 두고 있습니다. 그 기간이 우리나라에서는 1년입니다. 즉, 아이디어를 공개하고 1년 안에 출원하고 출원할 때 공지 예외제도를 신청합니다.

미국에서는 이 기간을 은혜의 기간이라고 합니다. 표현이 딱 맞습니다. 이런 공지 예외제도도 출원 전에 자신이 공개한 것만 적용될 뿐, 다른 사람이 공개한 것은 적용되지 않는다는 것을 명심하세요. 특허 출원 전 공개는 심사숙고해야 하고, 되도록 공개하지 않는 것을 원칙으로 해야 한다는 것을 명심 또 명심해야 합니다.

신규성 상실로 특허가 무효화 된 두 가지 사례를 들어보겠습니다.

첫째, 〈마법 천자문〉의 예입니다.

어떻게 등록되었는지 앞서 설명했기 때문에 자세한 내용은 생략하겠습니다. 2007년 한 방송사가 비슷한 애니메이션을 방영하면서 특허분쟁이 발생했습니다. 애니메이션 제작업체는 특허등록무효심판 청구로 맞섰습니다.

1심에서는 특허요건이 맞는다고 승소했지만 2심에서는 무효 판정을 내렸습니다. 특허 출원 전에 마법 천자문 교재를 먼저 판 사실이 소송에서 입증된 것입니다.

심판의 결과에 김 사장은 "자기 기술을 자기가 공지하는 게 문제된다는 것을 아는 기업인들이 얼마나 되겠냐?"며 억울해했지만 "판결에 불만이 없는 것은 아니지만, 기본적으로 본인의 불찰이라 생각한다."라고 하며 수긍했습니다.

특허 등록요건에 신규성이 있다는 사실을 알지 못해 발생한 일이었습니다.

둘째, 애플의 바운스 백 특허입니다.

애플의 특허 중 바운스 백이라는 것이 있습니다. 사진을 좌우로 넘기다가 마지막 사진에 도달하면 사진이 넘어가는 척하다가 용수철처럼 다시 원래 자리로 돌아가는 효과입니다.

이 특허가 독일에서는 무효판결이 났습니다. 왜 무효가 되었을까요? 2007년 1월 신제품 발표회에서 스티브 잡스가 이 기술을 선보였기 때문에 신규성 결여가 되었습니다.

계속 강조하지만, 창업을 계획하고 있는 분들은 지식재산권이 어떻게 보호되는지, 어떻게 등록되는지 알아야 자신의 사업을 보호할 수 있습니다.

마지막으로 등록요건 진보성에 관해 설명하겠습니다.

진보성이 있는 발명이어야 한다

「특허법」에서 진보성을 '특허 출원 전에 그 발명이 속하는 기술 분야에서 통상의 지식을 가진 사람이 제1항 각호의 어느 하나에 해당하는 발명에 따라 쉽게 발명할 수 있으면 그 발명에 대해서는 제1항에도 불구하고 특허를 받을 수 없다.'(제29조 제2항)라고 정의합니다.

법은 어렵지요. 쉽게 바꿔보면 다음과 같습니다.

> **'통상의 지식을 가진 사람이 쉽게 발명할 수 있으면 특허를 받을 수 없다.'**

왜 이런 조항을 넣었을까요? 이것은 특허 등록요건에 왜 진보성이란 항목을 넣느냐? 라는 질문과 맥을 같이 합니다.

이에 대한 답을 하기 전에 우선 특허라는 제도에 대해 다시 알아봐야 합니다. 특허는 일본에서 온 말로 '특별히 허가한다'는 뜻입니다. 발명특허는 특정 기술을 세계 최초로 개발하고 공개하여 기술적 자극으로 산업발전에 이바지했다고 주는 하나의 포상과 같습니다. 이에 따라 20년이라는 독점적 사용권을 줍니다.

이와 반대로 통상의 기술자가 쉽게 발명할 수 있는 것에 독점적 사용권을 준다면 특허제도의 취지에 어긋나기 때문입니다.

그러면 진보성을 어떻게 판단할까요?

객관적 자료가 있는 신규성과 달리 진보성 여부는 심사관이 결정합니다. 이렇게 객관적 수치가 없어 출원인과 심사관의 견해 차이가 가장 많이 충돌하는 영역입니다. 진보성 결여로 특허 출원에 대한 심사 거절이 70~80%나 되는 것을 보면 진보성의 판단이 어렵다는 것을 알 수 있습니다.

통상 진보성 유무는 선행기술과 비교하여 구성 및 효과의 차이를 같이 고려하여 결정합니다. 설명이 어렵지요? 예를 들어 쉽게 설명하겠습니다.

- 선행기술보다 구성의 차이가 크지만 이에 따른 효과가 작다.
- 선행기술보다 구성의 차이는 작지만 이에 따른 효과가 크다.
- 선행기술보다 구성의 차이가 크고 이에 따른 효과도 크다.

이 세 경우는 통상의 기술자가 선행기술로부터 쉽게 발명할 수 없다고 하여 진보성이 있는 것으로 판단합니다. 따라서, 공지기술, 즉 알려진 것들에 약간의 변형, 생략, 재료변경, 용도변경 등은 진보성을 인정받지 못합니다. 구성의 차이가 작고 효과가 작기 때문입니다.

이어서 심사관이 진보성 위반으로 등록 거절을 통지하는 내용을 알아보겠습니다.

A + B + C로 구성된 발명이 특허 출원되었습니다. 한국에 A라는 선행 특허가 있고, 미국에 B라는 선행 특허가 있고, 일본에 C라는 선행 특허가 있으면 심사관은 한국, 미국, 일본의 특허를 결합하면 쉽게 발명할 수 있다고 판단하여 진보성 위반으로 거절이유를 통지합니다.

출원인은 미국과 일본의 발명을 알지 못했기 때문에 억울합니다. 하지만, 어쩔 수 없습니다. 이렇게 진보성은 선행기술을 여러 개 묶어 진보성이 없다고 판단합니다. 진보성은 신규성보다 극복하기 어려운 거절이유입니다. 하지만, 여러분은 꿈을 위해 포기하지 마세요.

최근 진보성 위반으로 특허가 무효된 사례 하나를 예로 들겠습니다.

'야놀자'와 '여기어때'의 특허분쟁입니다. 야놀자는 숙박업체가 보유한 객실을 위탁판매한 뒤 고객에게 '반값' 할인 쿠폰을 제공해 재방문을 유도하는 '마이룸' 서비스를 2015년 11월에 시작하고 이듬해 10월 특허로 등록했습니다. 여기어때도 제휴 숙소를 이용하면 숙박비의 50%를 쿠폰으로 돌려주는 '페이백' 서비스를 2016년 9월에 도입했습니다. 이에 야놀자는 여기어때의 서비스가 자사의 특허권을 침해했다고 특허침해금지 및 10억 원 대의 손해 배상소송을 제기했습니다. 여기어때도 "마이룸 서비스는 쉽게 발명할 수 있는 기술"이라며 특허무효심판을 청구했습니다.

양측은 첨예한 공방을 이어 갔습니다. 재판부는 "마이룸 서비스는 기존 서비스를 결합해 쉽게 발명할 수 있는 기술"이다. "기술적인 진보성이 부정되므로 해당 특허의 등록은 무효화 되어야 한다."라고 판시했습니다.

결국에는 진보성 결여로 야놀자의 특허는 무효화되었습니다.

16

특허 등록의 주체는 나, 특허등록절차를 알아야 흔들림이 없다

발명의 주체는 나

발명의 주체는 누구일까요? 주체는 변리사가 아닌 본인입니다. 여러분은 지금 목표를 향해가는 길목에 서 있습니다. 따라서, 주체자로서 특허명세서 내용을 검토하고 작성된 내용으로 출원할 것인지, 변경할 것인지 또 심사청구를 할 것인지 등 중요한 결정은 출원인이 직접 결정해야 합니다.

현명한 결정을 하기 위해서는 최소한 작성된 명세서 초안을 보고 내 아이디어가 정확히 작성되었는지 또는 청구항 권리 범위는 적당한지 알 수 있는 지식과 역량을 갖춰야 합니다.

여기에 더해 전체적인 흐름을 보는 눈도 키워야 합니다. 또한, 변리사와 상의할 때 당신이 이런 기본적인 내용을 알고 있다면 당신의 특허를 더욱더 신중히 처리할 것입니다.

특허 출원 절차를 알아야 한다

이 절의 뒤에 있는 흐름도를 따라가면 이해하기 쉽습니다. 흐름을 따라가며 설명하겠습니다.

출원

출원이라는 말은 타 분야에는 사용하지 않는 특허 분야만의 고유한 단어입니다. 일본에서 온 용어로 '신청'이라는 의미로 이해하면 됩니다. 의미대로 특허를 신청하는 첫 단계를 출원이라 합니다. 일부에서는 출원의 기원이 '특허에 관해 제출하는 원서'라는 뜻에서 비롯되었다고 합니다.

특허는 일정한 서식을 특허청에 제출함으로써 시작합니다. 이때 제출하는 서류는 명세서와 출원서입니다. 출원서는 출원인 정보, 발명자 정보 등을 적습니다.

명세서는 발명의 실질적인 내용을 적는 것으로 발명의 기술적인 내용을 기재합니다. 따로 소개하겠지만 이때 청구범위의 작성은 특허의 모든 권리가 들어 있는 부분이기 때문에 특허로 사업을 할 분들은 더욱더 신경을 써야 합니다.

출원번호는 출원의 종류에 따라 구별됩니다.

- 특허 출원번호: 10–출원연도–일련번호
- 실용신안 출원번호: 20–출원연도–일련번호
- 디자인 출원번호: 30–출원연도–일련번호
- 상표 출원번호: 40–출원연도–일련번호

앞의 번호로 출원 종류를 구분할 수 있고 특허등록번호와 비교하면 제품에 표시되어 있는 특허번호가 출원번호인지 등록번호인지 구분할 수 있습니다.

방식심사

발명 내용을 심사하는 것이 아니라 단순히 출원서나 명세서의 필수 구성 항목 중 미비점을 확인합니다. 즉, 서류가 형식에 맞춰 정확히 꾸며져 있는지를 확인하는 절차입니다.

예를 들어, 도면이 첨부되지 않았거나 발명자의 이름이 기재되지 않으면 방식심사에서 거절합니다. 거절 사유가 발생되면 심사관이 출원인에게 보정을 요구하는 통지서를 발송합니다.

심사청구

출원했다고 가만히 있으면 안 됩니다. 심사청구라는 제도가 있기 때문입니다. 심사청구를 하고 심사청구료를 내야만 심사를 시작합니다.

따라서, 특허 출원으로 상대기업이나 타인이 특허를 등록받지 못하게 하는 방어적인 차원이나, 시장 및 사업 전개 상황을 보며 결정하는 경우가 아니면 출원과 동시에 신청합니다. 같이 신청하지 않았다면 출원일로부터 3년 이내에 신청해야 합니다.

한편으로 '쓸모없이 이 제도가 왜 있나.' 하고 생각할 수 있습니다. 이유는 모든 출원을 심사할 경우 심사 및 등록이 지연되고, 무가치한 출원에 대한 심사로 출원인의 출원 비용이 증가하는 것을 방지하려고 만든 제도입니다.

출원공개

특허를 출원하고 1년 6개월이 지나면 심사 여부와 상관없이 내용을 공개합니다. 이것은 기술을 공개함으로써 제3자의 중복연구, 중복투자 및 중복출원을 방지하고 기술이용의 기회를 주기 위해 도입된 제도입니다. 그런데, 왜 하필이면 1년 6개월이라는 기간을 두었을까요?

너무 빨리 공개하면 심사받을 때까지 오랜 시간 공개되어 출원인에게 불이익이 가고 너무 늦게 공개하면 출원공개제도의 의미가 퇴색되기 때문입니다. 적당한 기간을 정한 것이 1년 6개월입니다.

특허가 등록되기 전에 공개가 될 때는 키프리스에 '공개특허공보'만 등록됩니다. 만일 1년 6개월이 되기 전에 특허가 등록되면 '공개특허공보'는 없고 '등록특허공보' 만이 등록됩니다. 과거 1990년대는 출원 후 특허 등록까지 3년 이상이 걸렸습니다. 지금은 1년 정도로 단축되었습니다.

우리나라 특허청의 특허 심사 기간이 세계에서 가장 빠르다고 할 수 있습니다. 이렇게 빠르니 출원공개제도의 의미가 퇴색되었습니다.

참고로 특허 출원 시에 '조기 공개'를 선택할 수 있습니다. 하지만, 조기 공개를 하면 이익보다 불이익이 많습니다.

첫째로 3자에게 비밀을 일찍 공개하는 것이고,

둘째로 특허 출원 이후 발명이 개량되어 특허의 방향을 바꾸고 싶더라도 공개된 내용에 발목을 잡혀 추가로 특허를 받을 수 없습니다. 단순 방어목적으로 출원하지 않는 이상 조기 공개를 하지 않는 것이 원칙입니다.

우선청구

특허 등록, 즉 출원부터 등록까지 대략 18개월에서 23개월이 소요됩니다. 모르는 분들은 꼼꼼하게 검토한다고 하겠지만 대부분 줄을 서서 기다리는 시간입니다. 시장의 흐름을 관찰하여 변화에 빠르게 적응하는 것으로 승부를 보는 스타트업, 벤처, 중소기업들은 이 시간이 무척 긴 시간입니다. 현존하는 영업활동에 직결되는 것들이 많기 때문입니다.

이런 이유로 일정한 요건이 되면 다른 것들보다 우선심사를 해 주는 '우선심사청구' 제도를 두었습니다. 요건이 되고 돈만 있으면 급행열차를 타는 것입니다. 특허는 20만 원이고 실용신안은 10만 원입니다. 이 제도를 잘 이용하면 빠르면 3~4개월 이내에 심사결과를 알 수 있고 6개월 내로 특허를 받을 수 있습니다. 2010년 우선심사 이용률은 13%나 됩니다.

먼저 우선심사 요건을 보겠습니다.

1. 출원공개 후 특허 출원인이 아닌 자가 업으로서 특허 출원된 발명을 실시하고 있다고 인정되는 경우(「특허법」 제 61조)
2. 대통령령이 정하는 특허 출원으로서 긴급처리가 필요하다고 인정되는 경우(「특허법 시행령」 제9조)
   (1) 방위산업 분야의 특허 출원
   (2) 녹색기술과 직접 관련된 특허 출원
   (3) 수출촉진에 직접 관련된 특허 출원
   (4) 국가 또는 지방자치단체의 직무에 관한 특허 출원
   (5) 벤처기업의 확인을 받은 기업의 특허 출원
   (5-1) 기술혁신형 중소기업으로 선정된 기업의 특허 출원

(6) 국가의 신기술개발지원사업 또는 품질인증사업의 결과물에 관한 특허 출원
(7) 조약에 의한 우선권 주장의 기초가 되는 특허 출원
(8) 특허 출원인이 특허 출원된 발명을 실시하고 있거나 실시준비 중인 특허 출원
(9) 전자거래와 직접 관련된 특허 출원
(10) 특허청장이 외국 특허청장과 우선심사하기로 합의한 특허 출원
(11) 우선심사의 신청을 하려는 자가 특허 출원된 발명에 관하여 전문기관에 선행기술의 조사를 의뢰한 경우로 그 조사결과를 특허청장에게 통지하도록 해당 전문기관에 요청한 특허 출원

읽어보면 시장에 빠르게 적응해야 하는 기업들에 관한 내용입니다. 여러분이 하려는 업종이 포함되어 있을 것입니다. "벤처기업"이나 "기술혁신형 중소기업"으로 선정된 기업의 경우는 확인서만 제출하면 됩니다.

그리고, (11)번 항목을 보면 요건이 안 되더라도 선행기술조사를 의뢰하면 우선심사청구를 할 수 있다고 합니다. 무슨 뜻일까요?

특허청에서 심사관이 특허 등록 여부를 검토할 때 선행기술조사에 많은 시간을 소모합니다. 이것을 출원인이 선행기술 전문기관에 소정의 비용(60만 원)을 내고 맡기는 것입니다. 이후, 출원인은 선행기술조사를 의뢰했다는 사실을 특허청에 알리면 누구든지 우선심사를 받을 수 있습니다.

즉, 원하면 모두 우선심사청구를 할 수 있습니다.

이렇게, 우선심사청구를 하면 특허 등록이 빠르게 되는 장점도 있지만, 특허 등록이 거절되어 거절불복심판을 청구할 때 우선심사청구를 한 안건의 심판이 다른 심판보다 빠르게 진행되는 장점은 덤입니다.

시간은 무엇과도 바꿀 수 없는 귀중한 자원입니다. 일정한 비용을 지불하고 그 시간을 우리는 사는 것입니다. 비용대비 효과가 훨씬 큽니다. 변리사와 상담할 때 변리사가 우선심사청구를 권하면 이상한 눈으로 볼 것이 아니라 스타트업, 벤처, 중소기업은 반드시 해야 하는 조치구나 하고 생각하세요.

실체심사

말 그대로 발명이 특허요건인 산업상 이용 가능성, 신규성 및 진보성을 갖추었는지 실제적인 심사를 하는 것입니다.

거절이유 유무

심사를 통해 발명이 통과될지 안 될지 결정합니다. 그러나 거의 90%가 등록 거절을 받습니다. 즉, 출원인들 90%가 등록이 거절된 이유를 기재한 '의견제출 통지서'를 받습니다.

이것은 무조건 등록을 거절하겠다는 것이 아니라 "선행기술이 유사합니다. 의견을 주세요."라고 요청을 하는 것으로 생각하면 됩니다. 의례적인 통지라고 생각하세요. 더욱이 잘 쓴 청구항은 권리 범위가 넓어 의견통지를 받는 것은 당연합니다.

통상적으로 출원발명이 선행발명과 유사하여 진보성이 없다는 이유로 거절됩니다. 이때는 문제가 되는 청구항을 삭제하거나 독립항과 종속항을 병합하여 권리를 축소합니다.

의견제출 통보를 받았다고 겁낼 것이 아니라 대리인과 상의하여 권리의 범위를 조절합니다. 이때, 청구항의 권리 범위를 조절하다 보면 내가 원하는 방향과 다른 특허가 될 수 있다는 것을 명심해야 합니다.

반드시, 변리사와 상의하여 조절해야 합니다. 청구항에 대한 자세한 설명은 뒤에서 하겠습니다. 이렇게 의견서를 제출하면 80~90% 정도 등록이 됩니다.

의견서/보정서

의견제출 통지서에 따라 출원인은 거절이유에 반박하는 의견서와 거절이유를 해소하도록 명세서에 대한 보정서를 제출합니다.

특허결정

심사관은 의견서와 보정서를 참조하여 거절이유를 찾지 못하면 등록결정을 합니다.

설정등록/등록공고

설정등록이란 출원인이 등록 결정서를 받은 후 등록료를 지불하면 등록원부에 등재하여 최종적으로 권리를 설정하는 것을 말합니다. 특허 결정서를 받은 후 3개월 이내, 최소 3년분의 특허료/등록료를 납부해야 합니다. 등록료에 3년분의 연차료가 포함되어 있어 등록 4년 차부터 연차료를 납부하면 됩니다.

이렇게, 특허 등록절차가 마무리되면 특허 출원이 등록됩니다. 인터넷을 통해 공고하게 합니다. 등록을 위해 수정된 명세서가 등록특허공보에 게재됩니다. 출원을 위한 조율 과정을 거쳤기 때문에 출원할 때의 명세서와 등록 시의 명세서가 다르게 되었습니다.

따라서, 공개특허공보와 등록특허공보 두 개의 내용이 다릅니다. 이 같은 이유로 키프리스에서 선행검사를 할 때 유사특허가 나오면 등록특허공보로 선행검사를 진행해야 합니다. 등록특허공보의 청구항이 정확한 권리 범위입니다.

특허가 등록되면 출원번호와 달리 다른 번호를 부여받습니다.

- 특허등록번호: 10-누적일련번호
- 실용신안등록번호: 20-누적일련번호
- 디자인등록번호: 30-누적일련번호
- 상표등록번호: 40-누적일련번호

여기까지가 우리가 일반적으로 특허가 등록되었다고 했을 때의 절차입니다. 다음의 절차는 거절되었을 때 조치하는 절차입니다.

거절결정

심사관이 거절이유가 발견된 경우 의견통지서를 발송합니다. 앞의 설명처럼 출원인이 의견서와 보정서를 제출합니다. 이렇게 했어도 거절이유가 해결되지 않으면 심사관이 최종적으로 거절결정을 합니다.

재심사청구 및 거절결정불복심판청구

특허등록 거절, 즉 거절결정을 받으면 출원인은 세 가지 방법의 하나를 택합니다.

첫째, 거절결정에 그냥 절차를 마무리한다.

둘째, 출원 명세서를 보정하여 재심사를 청구한다.

셋째, 특허심판원에 거절결정불복심판을 청구한다(재심사를 청구했어도 동일 거절결정을 받으면 특허심판원에 거절결정불복심판을 청구할 수 있습니다).

또, 다른 방법은 거절결정을 받은 특허 출원의 청구범위는 그대로인 상태에서 거절결정불복심판을 청구하고 청구범위를 작게 변경한 다른 특허를 출원합니다. 즉, 기존 것 하나에 변경한 것 하나를 추가로 등록합니다. 기존의 넓은 청구범위의 특허와 작게 변경한 청구범위의 특허, 두 가지 형태로 판단을 받을 수 있는 이점이 있습니다.

이 같은 방법은 비용이 두 배로 들어간다는 단점이 있지만, 시장에서 놓칠 수 없는 기술이고, 반드시 등록해야 할 기술에 대해 취하는 조치

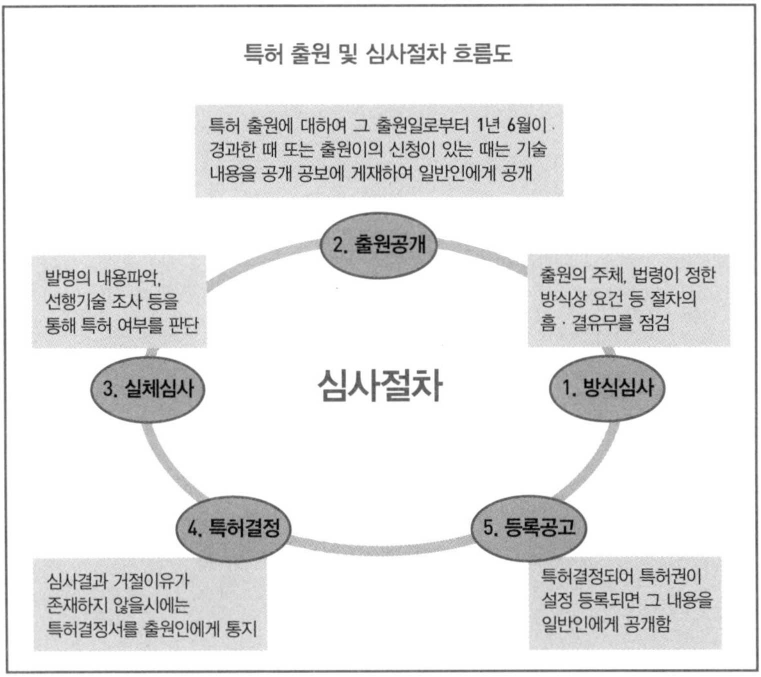

특허청 인용

입니다. 연구개발과 이미 생산단계를 마쳤는데 등록이 안 되었다고 사업 방향을 바꿀 수는 없는 법입니다. 등록해야 할 것은 끝까지 노력해야 합니다. 죽을 만큼 해 보고 안 될 때 그때 주저앉으세요.

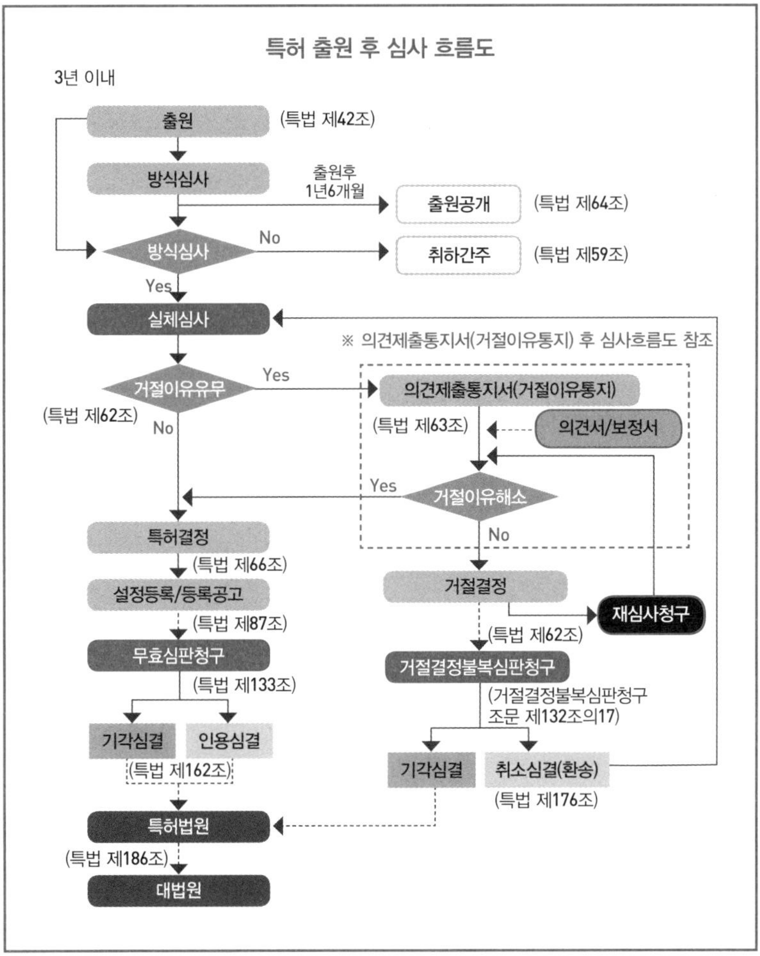

특허청 인용

17

청구항 단어 하나, 토씨 하나가 당신의 사업을 지켜 준다

청구항의 권리는 사업의 토대다

흙수저 나역전 대표는 '높낮이가 조정되는 책상'을 특허 등록까지 마쳤습니다. 이제 돈 버는 일만 남았다고 생각했습니다. 여러 가구 제조회사에 제안서를 제출했는데 아무런 반응이 없었습니다.

그러던 어느 날 국내 유명 가구 브랜드 회사에서 나역전 대표가 개발한 특허와 유사한 제품을 팔고 있는 것을 확인했습니다. 나역전 대표는 즉각 가구 회사로 경고장을 보냈습니다.

이제 법정 싸움이 되었습니다. 하지만, 시간이 지날수록 나역전 대표는 질 수밖에 없다는 생각이 들었습니다. 대기업이 나역전 대표의 특허 권리를 교묘히 피해 제품을 생산했기 때문입니다.

특허를 등록하는 것이 우선이라는 변리사의 말만 믿고 청구범위를 좁게 한 것이 화근이었습니다. 청구범위를 챙기지 못한 자신이 원망스러웠지만 이미 등록된 특허는 바꿀 수 없습니다. 나역전 대표는 입술을 질끈 씹고 이번 사업을 정리하기로 합니다.

특허의 모든 권리는 청구항에서 나옵니다. 청구항의 권리 범위는 특허권의 울타리와 같습니다. 내 권리가 무엇인지 확실히 하고 남이 들어오지 못하게 합니다. 따라서, 특허를 출원할 때 변리사와 충분한 대화를 하고 청구항 작성에 대해서는 직접 검토하고 물어봐야 합니다.

추후 문제가 생겨 사업에 차질이 발생된다면 모든 손해는 본인이 집니다. 대리를 해 준 변리사는 책임이 없습니다. 출원인이 등록을 요구했으니 등록되게 해 준 것뿐입니다. 이런 문제를 방지하기 위해서는 기본적인 청구항 작성법을 알아둬야 합니다.

특허에서 가장 중요한 것은 청구항

청구항이 특허의 모든 권리라고 강조했습니다. 하지만, 왜 모든 권리가 청구항에서 나오는지 잘 이해가 안 됩니다. 설명을 위해 과거 청구항이 없었을 때의 예로 이야기하겠습니다.

제임스 와트은 1712년부터 보급된 뉴커먼 증기기관의 문제점을 파악하고 효율을 높이기 위해 응축기를 실린더 외부에 설치하는 특허를 등록했습니다.

뉴커먼 기관에서는 실린더를 매 운동마다 차갑게 식혔지만, 와트의 특허는 주 실린더를 언제나 뜨겁게 유지시켜 열 능률을 상당히 향상하게 했습니다. 1974년에는 사업화까지 합니다. 이에 모방기업들이 속속 등장했습니다. 와튼은 그의 경쟁자들이 다른 방식으로 응축기를 설치하는 것까지 자신의 특허라고 주장하며 특허소송을 진행했습니다.

당연히 경쟁자들은 반발했습니다. 이렇게 된 이유는 이 당시 특허등록서에는 청구범위라는 것이 없었기 때문입니다. 단순히 명세서의 도면에 의해 권리 범위를 파악하고 있었습니다. 도면과 명세서를 어떻게 보느냐에 따라 권리 범위가 달라질 수 있었습니다.

명세서와 도면만으로는 특허의 경계를 짓는 것이 불가능하다는 것을 미국 특허청은 인식했습니다. 따라서, 1836년 대대적으로 특허법 개정을 단행했습니다. 이렇게 근대적인 특허심사제도를 갖추면서 청구범위를 기재하는 제도를 도입했습니다.

특허의 권리를 정확히 하기 위해 청구항을 만들었습니다. 출원 명세서에 도면과 상세한 설명 등은 단순히 설명하기 위한 도구입니다. 이런 부속적인 것보다 특허의 권리가 되는 청구항에 더 많은 관심을 가져야 합니다. 명심하세요. 특허는 청구항에 기재된 내용만 보호한다는 것을요. 「특허법」 제97조에도 "특허발명의 보호범위는 청구범위에 적혀 있는 사항에 의하여 정하여진다."라고 명시되어 있습니다.

특허는 독립항과 종속항으로 구분되는데 가장 큰 권리는 독립항에서 나온다

「특허법」에는 청구항을 1개 이상 기재할 수 있습니다. 특허의 청구범위를 기재하는 청구항은 독립항과 종속항으로 나눌 수 있습니다. 이는 「특허법」에 명시되어 있지는 않습니다. 단순히 편의 때문에 구분합니다.

청구항을 작성하는 요령은 독립항을 기준으로 작성하고 선택적으로 더하거나 한정할 수 있는 것들은 종속항으로 작성합니다. 이렇게 하는 이유는 넓은 특허 범위를 갖기 위해서입니다. 이와 반대로 청구항에 불필요한 구성을 많이 넣으면 구성 간의 유기적 결합 관계가 복잡해져 청구범위가 좁아집니다.

간추려 말하자면 독립항에 기재된 요소들이 많으면 많을수록 등록될 가능성은 커집니다. 하지만, 이에 따라 권리 범위도 좁아집니다. 따라서, 실시하지 않는 요소들은 종속항으로 옮겨야 특허 범위가 넓어집니다.

이때, 독립항에 기재된 특허요소를 너무 적게 적으면 일반적으로 알려진 공지기술과 동일 또는 유사하다고 판단되어 진보성, 신규성 결여로 특허 등록이 안 된다는 것을 조심해야 합니다.

아무래도 설명을 나열만하여 이해가 쉽지 않지요? 펜을 예로 들어 설명하겠습니다.

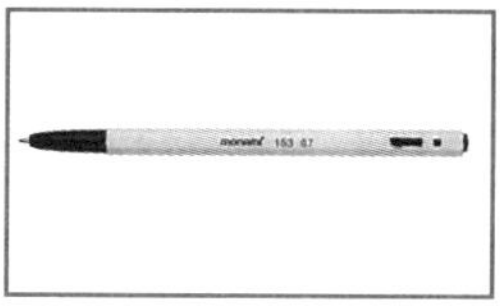
A 볼펜

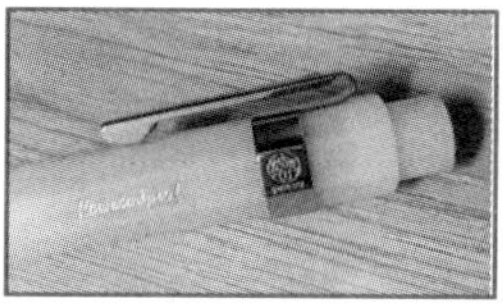
B 클립이 장착된 볼펜

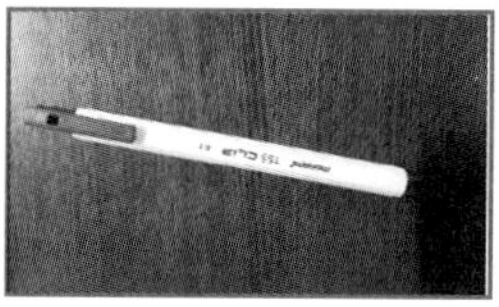
C 잉크의 색에 따라 클립의 색을 가진 볼펜

- **A펜:** 기다란 원통 형태로 상부의 누름 버튼을 누르면 하부로 내부에 있는 심의 끝이 돌출되는 것을 특징으로 하는 펜

- **B펜:** 기다란 원통 형태로 상부의 누름 버튼을 누르면 하부로 내부에 있는 심의 끝이 돌출되며 그리고 원통 상부에 쇠 클립이 장착된 것을 특징으로 하는 펜
- **C펜:** 기다란 원통 형태로 상부의 누름 버튼을 누르면 하부로 내부에 있는 심의 끝이 돌출되며 그리고 원통 상부에 잉크색과 동일한 쇠 클립이 장착된 것을 특징으로 하는 펜

각각의 특징으로 청구범위를 따져 본다면 어느 것이 가장 넓을까요?

당연히 A펜입니다. 클립의 유무와 상관없이 누름 펜의 기본 형태를 가지고 있습니다.

B펜은 누름 펜의 기본 형태를 가지면서 쇠 클립이 장착된 범위를 가집니다.

C펜에서는 누름 펜의 기본 형태를 가지면서 잉크색과 같은 쇠 클립이 장착된 범위를 가집니다.

즉, B펜, C펜은 누름 펜의 기본 형태를 가지고 있는 A펜의 청구범위를 벗어날 수 없습니다.

다만, 너무 단순하므로 기존의 공지기술이 있을 수 있어 거절될 수도 있다는 단점이 있습니다. 이 단점은 앞서 설명했습니다. 만일, C펜으로 특허 등록을 했다면 어떻게 되었을까요? 청구의 범위가 작아 쉽게 특허 등록됩니다. 하지만, 경쟁사들이 쉽게 모방할 수 있습니다.

「특허법」에는 완비의 법칙이란 것이 있습니다. '청구항의 구성요소를 모두 갖춘 기술을 시행한다면 특허권 침해가 된다. 하지만, 그렇지 않다면 특허권 침해가 성립하지 않는다'는 법칙입니다.

즉, 경쟁사들이 잉크의 색과 같지 않은 B펜 형태로 상품을 출시하면

상품의 출시가 가능합니다.

도식으로 다시 설명하겠습니다. 구성요소 A, B, C를 가진 특허가 있었습니다. 만일 경쟁사가 A와 C만을, 또는 A와 B 아니면, B와 C처럼 한 구성요소를 제외한 제품을 만들면 특허권 침해가 되지 않습니다. 이런 이유로 구성요소가 많은 C펜은 청구범위가 좁아 유사제품이 출시되는 것을 막을 수 없습니다.

이때 모든 권리를 포함하고 싶으면 A펜을 청구항 1에 기재하고, B펜은 청구항 1의 A펜을 인용하여 청구항 2에 작성하고, C펜은 청구항 2의 B펜을 인용하여 청구항 3을 작성합니다.

- **청구항 1:** 기다란 원통 형태로 상부의 누름 버튼을 누르면 하부로 내부에 있는 심의 끝이 돌출되는 것을 특징으로 하는 펜
- **청구항 2:** 청구항 1에 있어서 원통 상부에 쇠 클립이 부가된 것을 특징으로 하는 펜
- **청구항 3:** 청구항 2에 있어서 잉크색과 동일한 쇠 클립이 부가된 것을 특징으로 하는 펜

이라고 작성할 수 있습니다.

이때 청구항 1은 독립항이 되고, 청구항 2는 청구항 1의 종속항, 청구항 3은 청구항 2의 종속항이 됩니다.

단어 사용에 주의하라

청구항의 종류와 관계에 대해 알아보았습니다. 청구항을 검토할 때 사용하는 단어도 주의해야 합니다. 앞서 살펴본 펜으로 예를 들어 설명하겠습니다.

- **B펜:** 기다란 원통 형태로 상부의 누름 버튼을 누르면 하부로 내부에 있는 심의 끝이 돌출되며 그리고 원통 상부에 쇠 클립이 장착된 것을 특징으로 하는 펜

클립을 쇠로 명시하였습니다. 만일 상대기업이 플라스틱으로 된 클립이 장착된 볼펜을 만든다면 어떻게 될까요? 특허 권리가 침해되지 않습니다. 청구항을 작성할 때 차라리 클립으로만 명시하는 것이 좋았습니다.

법을 따질 때는 단어 하나 문장 하나 심지어 토씨 하나로 결과가 바뀝니다. 단어 사용에 신중해야 합니다. 요령은 형용사와 상대적인 개념, 구체적인 용어사용을 피합니다. 예를 들어보겠습니다.

- 오일을 채운다 ⇒ 용액을 채운다. (어떠한 용액을 사용해도 특허권을 피할 수 없다.)
- 알루미늄으로 만든 ⇒ 금속제품으로 (어떤 재료의 금속을 사용해도 특허권을 피할 수 없다.)
- 나사로 고정한다. ⇒ 패스너로 고정한다. (다양한 고정 부품을 말한다.)
- 원통형 막대에 ⇒ 막대에 (사각형 막대도 있다.)
- 50%를 초과하는 ⇒ 최대치를 초과하는
- 10%에 근접하면 ⇒ 최소치에 근접하면

- 두 개의 ⇒ 적어도 두 개의
- 건전지 ⇒ 전원
- 전화기/휴대폰/무전기 ⇒ 통신기기
- 상승 ⇒ 돌출
- 유일한, 항상 ⇒ ~할 수 있는
- 구성되는, 구비되는, 절대 ⇒ 포함하는, 예를 들자면
- 반드시, 필수적 ⇒ ~가능한, 가급적

독립항과 종속항의 구성을 파악하고 단어 사용을 검토하세요. 자칫 넓은 권리로 등록할 수 있는 특허를 후발 기업들이 쉽게 모방할 수 있는 좁은 권리로 등록되는 것을 막아야 합니다! 변리사만 믿지 말고 끊임없이 물어봐야 합니다. 당신의 꿈이 이 청구항 한 줄, 한 단어에 걸려 있습니다. 이렇게 큰일을 변리사에게만 맡겨 놓겠습니까?

18

사업을 위해서는 변리사와 함께 가라

변리사도 힘들어하는 특허 출원서

특허를 출원할 때는 특허명세서를 특허 출원서와 함께 제출해야 합니다. 특허명세서는 발명의 내용을 공개하는 역할뿐만 아니라 권리의 내용을 정하는 계약서 역할까지 합니다.

이런 법적인 내용을 적는 것이기 때문에 전문가들이 심사숙고해서 작성합니다. 만일 잘못 작성된다면 추후 상대기업의 무효소송과 침해소송 그리고 비슷한 다른 특허로 시장을 빼앗길 수 있습니다.

하지만, 이에 관련한 책도 없습니다. 변리사도 도제식으로 선배 변리사들에게 출원서 작성법을 배운다고 합니다. 서적으로는 거의 유일하게 미국의 〈How to Write a Patent Application〉이 있습니다. 저자 쉘던은 실무자가 경쟁력 있는 출원서를 작성할 수 있게 되기까지 최소한 6개월, 일반적으로 2년여가 소요된다고 말했습니다. 출원서 작성은 변리사에게도 어렵습니다.

특허도 법의 한 종류입니다. 이미 키프리스로 선행기술들을 검사했을 때 등록공보를 보았다면 법적인 용어라서 뜻을 정확히 파악하기 어렵다는 것을 느꼈을 것입니다. 사정이 이런데, 아직도 직접출원을 생각하고 있나요? 앞서 말한 것처럼 특허 등록을 하였지만 후에 침해나 무효소송으로 어려운 사정을 겪을 수도 있습니다.

단지, 특허를 사업화까지 생각하지 않고 보유하거나 경험으로 생각한다면 직접출원도 좋은 생각입니다. 하지만, 특허로 사업화까지 생각하고 있다면 등록한 특허가 강력한 특허가 되어야 합니다.

계속 말하지만 잘못된 특허의 등록은 비즈니스를 위험하게 만듭니다. 투자의 관점에서 변리사를 통한 출원을 추천합니다.

강력한 특허로 등록하기 위해 대리 출원을 해야 합니다

당신이 대리 출원을 해야 하는 이유를 세 가지로 정리할 수 있습니다.

첫째, 특허의 청구범위를 전문가의 시각으로 넓힐 수 있습니다.

발명가는 자신의 아이디어를 단순히 한 부분에만 초점을 맞춥니다. 확장 가능성을 생각지 않습니다. 이렇게 하면 특허의 청구범위가 좁아집니다.

변리사는 특허전문가입니다. 당신의 아이디어를 면밀하게 조사하고 관련된 선행기술을 조사하여 발명의 권리를 넓히고 선행기술을 침범하지 않게 출원합니다. 변리사는 전문가로 구체화된 발명의 권리 범위를 정하는 방법을 정확히 알고 있습니다. 복잡하고 고도한 발명일수록 대리 출원을 하는 것이 좋습니다.

둘째, 거절이유 통지서에 적절히 대처할 수 있습니다.

특허를 출원하면 90% 이상이 심사관에 의해 의견제출 통지서를 받습니다. 대부분 받는 것으로 생각하면 됩니다. 심사관이 매정하게 등록거절을 하는 것이 아니라 거절 사유에 대해 출원인이 보정하거나 소명하게 하여 등록받을 기회를 주는 것입니다.

여기서 문제는 어떻게 거절 사유를 해소할 것인가입니다. 이미 특허출원을 많이 해 본 사람들은 심사관의 의중을 어느 정도 알 수 있습니다. 즉, 도저히 등록이 안 되는 발명인지, 아니면 청구항을 수정해야 하는지 판단이 됩니다. 적극적으로 대처하여 특허가 등록되게 할 수 있습니다.

출원은 본인이 하고 의견통지서를 받았을 때 변리사에게 맡기는 예도 있지만, 비용을 떠나 변리사들은 맡지 않으려 합니다. 출원한 내용을 완전히 파악하기 어려워 대응을 적절히 하기 어렵고 등록이 안 되면 괜히 원망만 들을 수 있기 때문입니다.

셋째, 변화하는 혁신의 모델에 맞춰 설명하기 어렵습니다.

비즈니스 모델의 특허는 시스템과 프로세스가 결합되어 작동하는 것으로 사람의 선택 없이 시스템에 의해 처리되는 방법에 관한 특허를 말합니다. 이런 특허는 기존 방식과 변화되는 프로세스에 많은 설명의 비중을 차지합니다.

이와 같은 이유로 시스템을 정확히, 효과적으로 설명하는 사람이 드뭅니다. 시스템의 차이를 정확히 설명하지 못한다면 프로세스가 자동으로 작동되는 것을 증명할 길이 없습니다. 시스템은 장치특허, 프로세스는 방법 특허에 해당합니다.

변리사라고 해도 전기와 기계만 전문으로 했던 분들은 이 비즈니스 모델 특허에 서툴 수밖에 없습니다. 변리사도 잘 못 하는 영역을 어찌 개인이 할 수 있을까요? 또한, 대부분의 스타트업은 비즈니스 모델이 사업의 기본 뼈대입니다. 사업의 주체가 되는 특허가 강한 특허가 되기 위해서는 전문가의 도움을 받는 것이 더 나은 선택입니다.

키프리스를 활용하여 변리사를 선택하자

이제 대리 출원을 하기 위해 변리사를 선임해야 합니다. 어떤 변리사를 선택해야 할지 막막합니다. 기계, 전기, 화학, 비즈니스 모델 전문분야가 따로 있다고 하는데 어디로 갈까요? 그냥, 인터넷에서 검색해서 변리사를 선택할까요? 아니면 대형 로펌이나 특허법인을 찾아갈까요?

이런 물음이 머리를 어지럽게 합니다.

결론부터 말하자면 지금 두 가지 물음은 다 잘못된 선택입니다.

첫 번째, 물음부터 답하겠습니다. 인터넷에서 검색하는 방법은 좋은 선택이 아닙니다. 인터넷 검색 창에서 변리사를 검색하면 포털에 상위로 노출되는 광고들이 보입니다. 상위로 노출되기 위해서는 많은 돈을 지불해야 합니다. 그 돈은 여러분이 내는 수수료에서 지불됩니다. 모두는 아니겠지만 광고비를 회수하기 위해서는 많은 특허 출원 의뢰를 받아야 합니다. 따라서 여러분을 향한 서비스의 질은 낮아집니다.

두 번째, 대형 로펌이나 특허법인을 찾아가는 방법도 비추천입니다.

왜? 라고 묻기 전에 대형 로펌이나 특허법인의 주요 업무는 무엇인지 알아야 합니다. 특허 사무소의 업무는 특허 출원만 있는 것이 아니라 침해나 무효소송까지 담당합니다. 이 업무는 특허 출원 수수료보다 몇 배 혹은 몇십 배에 달하는 수수료를 받습니다.

따라서, 고급인력인 변리사를 수입이 작은 특허 출원 업무보다 수익이 높은 소송사건에 투입합니다. 변리사가 상담한 특허 출원 명세서 작성 업무는 명세서만 작성하는 전담자가 작성합니다. 당신이 선택한 변리사가 출원하는 것이 아니라 다른 전담자가 출원하게 됩니다.

가장 좋은 방법은 다시 키프리스를 이용하는 것입니다.

선행조사를 하여 내가 출원하고 싶은 발명과 비슷한 특허들을 이미 검색했습니다. 이때 개인 출원 건으로 등록된 특허를 대리한 변리사 이름을 확인합니다. 조사한 이름을 인터넷에서 조회해 보면 쉽게 해당 사무소 연락처를 찾을 수 있습니다. 또한, 이 변리사가 출원한 명세서를 내려받아서 청구범위 작성 스타일을 확인합니다.

스타일이 모두 다릅니다. 어떤 변리사는 등록이 단번에 되지 않더라도 권리의 범위를 최대한 확보한 상태로 출원한 후 보정단계를 거쳐 조금씩 범위를 좁혀가며 등록하는 반면, 어떤 변리사는 청구범위를 아주 협소하게 작성하여 곧바로 등록되게 합니다. 일부 변리사는 특허를 잘 모르는 사람을 상대로 청구범위를 매우 작게 기재하기도 합니다.

변리사의 스타일을 확인하여 선택합니다. 키프리스로 출원서로 조사를 했을 때 출원인에게 좋은 변리사는 다음 세 가지 조건을 만족하면 됩니다.

첫째, 발명자가 출원하는 분야에 경험이 많아야 합니다.
둘째, 기존 명세서를 조사했을 때 기재된 특허 구성요소가 분명해야 합니다.
셋째, 독립항이 과도하게 구체적이거나 장황하지 않아야 합니다.

특허 등록의 시작은 친구와 같은 든든한 변리사를 찾는 것부터 시작입니다.

나의 아이디어를 변리사에게 쉽게 설명하라

변리사를 선임했다면 이제 남은 것은 변리사에게 나의 아이디어를 전달하는 과정만 남았습니다. 어떻게 전달하는 것이 바르게 전달하는 것일까요?

나는 열심히 변리사에게 전달한다고 했지만 받아들이는 변리사는 다르게 이해할 수 있습니다. 결국, 내 생각과 다른 특허가 등록되는 불상사가 생깁니다. 내가 중요하게 생각한 것이 안 들어가고 다른 내용이 들어가는 것입니다. 이런 이유로 변리사에게 정확히 나의 아이디어를 전달하는 방법이 필요합니다.

아이디어를 전달하는 방법은 분야마다 다양합니다. 비즈니스 모델에 관련한 특허는 단 한 줄의 문장만으로도 수십 페이지의 특허서류를 작성할 수 있습니다.

이에 반해 기계/장치 분야는 그림과 도면, 자세한 설명을 해 주지 않으면 특허서류를 작성할 수 없습니다. 또한, 화학 분야는 그 아이디어의 성능에 대한 실험데이터가 필요합니다.

이렇게 분야마다 요구하는 것이 다르지만 공통적인 것만 지키면 문제 없습니다.

아이디어를 전달하는 방법 네 가지를 설명하겠습니다.

첫째, 신기술 설명서를 작성합니다.

글이라는 것은 생각을 정리해 주는 신비한 힘이 있다는 것을 앞서 말했습니다. 내 생각을 글로 정리하고 변리사에게 전달합니다. 상대방이 잘못 알아들을 수 있는 말로 하는 것보다 글로 작성해서 보여 주면 뜻을 정확하게 전달할 수 있습니다.

여기에 더해 아이디어에 관련된 도면과 그림을 첨부합니다. 글로 뜻을 전달받은 변리사는 당신의 뜻을 왜곡 없이 이해하게 됩니다.

둘째, 초등학생도 알아듣기 쉽게 풀어서 설명합니다.

특허라는 분야는 다양합니다. 변리사는 화학, 기계, 컴퓨터, 전기 등 모든 것을 이해하고 나서 문서로 작성하고 권리를 청구합니다.

하지만, 변리사가 모든 분야에 능통할 수는 없습니다. 전기에 강하면 기계에 약할 수도 있고, 아니면 둘 다 강하지만 화학이 약할 수도 있습니다. 설명할 때는 전문용어와 약어를 생략하여 최대한 단순하게 해야 합니다. 무조건 쉽게 설명합니다. 처음 배우는 초등학생에게 설명하듯이 설명하세요.

셋째, 어떤 문제점을 해결하기 위해 아이디어를 발명했는지 정확히 설명합니다.

종래기술의 문제점이 무엇인지 어떤 불편함을 해결하는 것인지 명확히 해야 합니다. 특허에는 진보성이라는 높은 문턱이 있어 앞선 기술이 어떤 것이 있는지 변리사에게 정확히 설명해야 합니다.

선행조사를 했으면 관련 자료들을 주는 것도 좋습니다. 유사 문헌이나 유사 아이디어 같은 자료가 있으면 적극적으로 줘야 합니다. 이런 자료로 전략적인 특허서류를 작성하는 것입니다.

넷째, 어느 부분이 나의 아이디어인지 정확히 구분해서 설명합니다.

신기술 설명서를 작성하면 해결되는 문제지만 다시 설명하겠습니다. 어떤 부분이 나의 아이디어이고 어떤 부분이 기존의 기술인지 명확히 구분해 주는 것입니다.

만일 설명할 때 명확히 구분하여 설명하지 않으면 변리사도 우왕좌왕하게 됩니다. 나의 아이디어가 기존의 기술과 명확히 구분되지 않는다면 정확한 나의 권리를 청구하지 못하게 됩니다.

나의 아이디어를 변리사에게 정확하게 전달해야 합니다. 잘못 전달한 아이디어는 여러분의 사업의 방향을 잘못 설정하게 합니다. 첫발부터 바르게 나가야 합니다.

변리사 비용이 부담된다고요? 무료 변리를 이용하세요

사업의 중심이 되는 발명의 권리를 놓치지 않기 위해서는 대리 출원, 즉 변리사를 통해 출원해야 한다는 것을 알았습니다. 하지만, 비용이 부담됩니다.

대리 출원 비용을 따져 보면, 특허 출원 명세서 작성비용이 약 150만 원, 특허 등록 시 성공보수 비용이 약 150만 원, 여기에 관납료까지 총 300만 원+α가 지불됩니다. 너무 큰 비용이 듭니다.

여기에 더해 망설이게 하는 것은 특허 등록 여부가 불확실하다는 이유도 있습니다. 불확실한 부분에 목돈을 쓴다는 것은 생각만큼 쉽지 않습니다.

그러나, 명심해야 할 것이 있습니다.

첫째로 우리나라는 자원이 없는 나라입니다.

둘째로 이런 자원이 없는 나라에서는 지식산업을 키워야 합니다.

셋째로 정부도 사회도 이런 것을 인정하고 있습니다.

결과적으로 무료 변리를 지원해 주는 곳이 많습니다. 참고로 무자본 창업지원도 많습니다.

일단 학생들과 청년 스타트업, 창업가들은 무조건 조건에 해당되므로 무료 변리 지원을 받을 수 있습니다. 이런 무료 변리가 있다는 사실을 알고 계셨던 분들은 몇 안 될 것입니다. 인터넷에서 자료를 찾아도 두루뭉술하게 나올 뿐 자료도 몇 개 안 됩니다. 여기에 정리를 해 보겠습니다.

첫째, 대한변리사회(https://www.kpaa.or.kr/)

변리사회에서 무보수로 대리인을 선임하여 지식재산권을 보호받을 수 있도록 지원하는 제도입니다. 지원대상은 학생, 기초생활수급자, 국가유공자, 장애인, 중소기업(개인사업자 제외)입니다. 1년에 1건 지원을 해 줍니다. 대학생으로 창업에 도전하는 분들은 신청하세요.

둘째, 공익 변리사 특허 상담센터(https://www.pcc.or.kr/pcc)

공익변호사가 있는 것처럼 공익변리사도 있습니다. 사회적 약자에 대하여 특허명세서 등 출원 관련 서류를 작성 지원하여 사회적 약자의 산업재산권 창출을 지원합니다.

지원대상은 다음과 같습니다.

소기업, 학생(특수대학원생 제외), 만 6세 이상 19세 미만인 자, 군 복무 중인 일반 사병, 공익근무요원, 전환 복무수행자, 독립유공자, 국가유공자, 5.18민주유공자, 특수임무유공자, 참전유공자, 고엽제후유(의)증환자, 고엽제후유증2세환자, 「국민기초생활보장법」에 따른 의료급여, 교육급여, 주거급여 수급권자, 차상위계층, 등록장애인, 다문화가족, 한부모가족, 예비청년창업자, 청년창업자, 개인 월수입이 1인가구의 기준 중위소득 125% 이하인 사람(2021년 기준: 2,285,000원)

지금 당장 사이트에 접속하여 상세 조건을 확인하고 신청하세요.

셋째, IP 디딤돌 프로그램(지역별 지식재산센터(☎1661-1900)를 통한 상담 및 신청)

개인 및 예비창업자의 아이디어가 사업 아이템으로 구체화되고 창업까지 연계될 수 있도록 맞춤형 지원 프로그램입니다. 지원대상은 창의적 아이디어를 보유한 예비창업자입니다.

변리 비용을 모두 지원하는 것이 아니라 사업 아이템의 특허 출원 비용 160만 원을 지원합니다. 이때도 정부지원금이 80%고 개인 분담금이 20%입니다. 약 32만 원 정도의 금액은 자비로 지급해야 하는데, 이 금액도 IP 창업 ZONE 교육 수료 시 면제가 됩니다. 모집 기간이 연중 수시이나 지역 예산이 부족하면 조기 소진됩니다. 지금 당장 전화하세요.

넷째, 생활 발명 코리아 참가

창의적인 여성의 아이디어로 상품화가 쉬운 생활 발명을 발굴하기 위한 사업입니다. 여성이라면 나이 제한 없이 참가할 수 있습니다. 보통 3월에 접수가 마감입니다. 총 50건에 한해서 변리 지원을 하고 창업에 대한 교육 지원도 합니다.

다섯째, 발명품 경진대회 참가

학생이나 대학생을 상대로도 많은 발명품 경진대회가 열립니다. 이때 순위권 안에 들거나 시상을 받으면 무료 변리를 받습니다. 필자도 2016년 학생발명품 경진대회에서 아들과 함께 '안전잠금콘센트'로 대통령상을 받아 무료로 특허 등록을 했습니다. 자녀가 학생이면 같이 경진대회에 참가하여 추억도 쌓고 아이디어에 대한 검증도 받고 무료로 변리를 받아 특허등록을 하는 것입니다. 일거양득의 효과가 있습니다.

지하자원도 없고 좁은 땅, 우리나라가 국제사회에서 경쟁하기 위해서는 지식산업을 키워야 합니다. 따라서, 나라에서 특허 등록에 대한 지원뿐만 아니라 무자본 창업을 지원해 주는 제도가 많습니다. 단순히 꿈으로만 갖고 있지 말고 이런 제도를 이용하여 꿈을 현실로 만드세요.

19

특허소송은 비즈니스적인 관점으로 접근하라

특허 침해는 나도 모르게 할 수도 있다

1976년 4월 26일, 폴라로이드는 매사추세츠 연방지방법원에 특허소송을 제기했습니다. 코닥의 즉석카메라가 자신의 특허 12건을 침해했다는 것이 이유였습니다.

폴라로이드와 코닥의 특허 전쟁이 시작됐습니다. 폴라로이드가 소장을 접수한 날이 1976년 4월 26일, 코닥이 제품을 발표한 날로부터 불과 6일 후에 폴라로이드가 코닥을 고소했습니다. 이것은 폴라로이드, 자신들이 특허로 독점하고 있는 시장에 코닥이 진출하는 것을 막기 위해 신속하고 매우 강력한 조치를 한 것입니다.

소송이 진행되었습니다. 폴라로이드는 즉석카메라 매출의 5%를 주면 합의를 해 준다는 조건을 내걸었으나 코닥은 거절했습니다. 결국, 둘은 온 힘을 다해 싸웠습니다.

결국, 폴라로이드가 이겼습니다. 코닥은 폴라로이드에 8억 7,300만 달러의 손해배상금을 지불했습니다. 코닥은 즉석카메라 시장에서 손을 뗐습니다. 코닥이 이것만 손해 봤을까요? 15억 달러가 되는 공장을 폐쇄했고, 700명 이상의 종업원까지 해고하는 상황에 부닥쳤습니다.

소송비용까지 합치면 30억 달러를 웃도는 손해를 보았습니다. 즉석카메라 시장에서 손을 뗐다고는 하나 퇴출당한 것과 다름없었습니다.

특허를 침해하면 어떤 결과를 가져오는지 역사적인 예를 들어 설명했습니다.

특허를 침해하면 손해 배상뿐만 아니라 제품의 생산과 판매가 금지될 수 있습니다. 이 제품을 출시하기 위한 연구개발비, 마케팅비, 생산비, 유통비 등이 순식간에 모래알처럼 사라집니다.

나는 특허를 침해하지 않는다고 자신 하지만 자신도 모르게 3자의 특허권리를 침해하고 내용증명을 받고 소송을 당할 수 있습니다. 이렇게 되면 예시처럼 모든 것이 모래알처럼 사라질 수 있습니다.

제3자의 특허를 자기도 모르게 침해하게 되는 경우를 분류해 보겠습니다.

첫째, 나역전 대표가 시중에 판매되는 아기 머리 교정 베개 제품을 모방하여 '아이 사랑 아이 베개'를 생산하였다.

둘째, 나역전 대표는 3자가 특허가 있는지 모르고 처음부터 아기 머리 교정 베개 '아이 사랑 아이 베개'를 생산하였다.

셋째, 나역전 대표는 시중에서 판매되는 아기 머리 교정 베개에 특허가 있다는 것을 알고 약간의 변형을 하고 '아이 사랑 아이 베개'를 생산하였다.

첫째와 둘째 경우는 처음부터 이 책에서 말한 것처럼 특허에 대한 상식이 없던 것입니다. 비즈니스를 하려면 관련 특허가 있는지 관련 디자인이 있는지 선행기술 검사로 사전 점검을 의무적으로 해야 했는데, 해야 하는지도 모르고 상식조차 없었습니다.

두 사례는 기존의 제품들에는 특허가 있을 수 있으니 제품을 생산하기 전에 의무적으로 선행기술 검사만 했더라면 막을 수 있던 사례들입니다. 자신이 몰랐다고, 의도하지 않았다고 말하겠지만 법을 어긴 것이기 때문에 어쩔 수 없습니다.

특허권을 침해하면 7년 이하의 징역 또는 1억 원 이하의 벌금이 매겨질 수 있습니다.

무지로 법을 어기게 된 것은 용서되지 않습니다. 또한, 무지로 비용과 시간을 낭비하면 안 됩니다.

셋째 사례는 어느 정도 억울한 면이 있습니다. 생산하기 전에 사전기술 검색까지 했을 것입니다. 선행기술을 회피하는 설계를 한다면 전문가와 철저히 상담해야 합니다. 청구항의 권리를 읽는 법을 이 책에서 배웠다고 혼자 결정하는 것은 좋지 않은 방법입니다. 많은 돈이 들어가는 투자에 비전문가가 결정하는 것은 대단히 위험한 일입니다.

코닥과 폴라로이드의 특허 전쟁의 예에서 보듯이 코닥이라는 대기업이 무모하게 폴라로이드의 특허를 침해하는 즉석카메라를 만들지는 않았을 것입니다. 그들도 나름 법리검토를 하고 회피 설계를 했을 것입니다.

하지만, 결국 특허심판에서는 폴라로이드의 손을 들어 줬습니다. 이런 비즈니스를 한다면 꼭 전문가와 상의해야 합니다.

특허 침해 소송의 진행은 다른 재판과 다르다

특허를 내가 침해했거나 상대가 내 특허를 침해했다면 제일 먼저 확인해야 할 것은 앞의 설명처럼 청구항의 권리를 살펴보는 일입니다. 제3자가 내 특허를 침해했다면 회피 설계를 했을 것입니다.

또한, 내가 침해했다면 어떤 것을 침해했는지 검색해서 상대 특허의 청구항을 확인해야 합니다. 침해가 아니라면 침해가 아니라고 내용을 전달하고, 침해한 것이 맞는다면 더 이상의 특허 침해를 중단하고 합의를 시도해야 합니다. 이때도 전문가의 의견을 반드시 들어야 합니다.

상대가 내 특허를 침해했을 때의 진행 상황을 계속 설명하겠습니다.

일단은 상대방에게 '당신이 나의 특허권리를 침해했으니 침해를 중단하고 합의하자' 하는 내용을 '내용증명'을 보냅니다. 영세한 기업이라면 소송으로 가고 싶지 않아 합의하려 합니다. 만일 인정하지 않으면 '어떠한 이유로 인정하지 않겠다.'라고 회신을 합니다.

이렇게 내용증명을 보낼 때도 누누이 말하지만, 전문가의 조언을 들어야 합니다. 과거 특허 침해 사유로 경쟁사의 유통업체에 내용증명을 보내 유통거래를 중단시켰더니 업체에 대해 손해를 입혔다고 특허권자와 그 대리인에게 손해를 배상하라는 판결이 있었습니다. 이런 이유로 경고장 발송 시 특허 침해를 우려하는 정도만 내용을 표시해야 합니다.

또, 특허 침해는 종합적으로 판단해야 합니다. 내용증명은 상대를 자극하게 합니다. 자극받은 상대방이 무효소송으로 나올 수도 있습니다. 따라서, 내용증명을 보내기 전에 내 특허는 하자가 없는지? 선행기술에 의해 무효가 될 가능성은 없는지? 꼼꼼하게 검토해야 합니다. 즉, 전문가의 검토가 필요합니다.

만일, 상대의 행위가 특허 침해가 맞는다면 어떤 법률적인 책임을 질까요?

책임은 형사와 민사 두 가지로 물을 수 있습니다. 형사로는 7년 이하의 징역 또는 1억 원 이하의 벌금을 물리고 민사로는 손해 배상을 해야 합니다. 형사는 법을 어겨 사회적인 문란을 일으켰다고 죄를 묻는 것이고, 민사는 너의 잘못 때문에 상대방이 손해를 입었으니 손해를 배상하라는 것입니다.

바로 이런 절차로 가면 좋겠지만 특허에는 '특허권리 범위의 해석'이라는 어려운 과제가 있습니다. 권리분석을 따져 '과연 특허 침해가 맞는가?'라는 법적 판단을 받아야 합니다. 별도 기관은 특허청 상급기관 특허심판원입니다. 특허심판원에서 특허심판을 통해 특허 침해가 맞는다는 판단을 받아야 이 결과를 기초로 형사적, 민사적 판단을 합니다.

특허심판원 결과를 인정하지 않으면 특허심판원의 상급기관인 특허법원에서 2차적으로 심사합니다. 여기에서까지 인정하지 않는다면 대법원에 신청하여 최종심사를 합니다.

즉, 특허심판원, 특허법원, 대법원 세 곳을 거칠 수도 있습니다.

특허 침해로 특허권자가 형사고소와 민사소송을 하지만 법원은 특허심판원의 '침해 여부' 결과를 기다렸다가 판단을 합니다. 현명한 사람이라면 소송을 하기 전에 특허권리 확인 심판을 먼저 청구하고 결과를 보고 판단하는 것이 변호사 비용과 괜한 감정을 낭비하는 것을 방지한다는 것을 아셔야 합니다.

형사재판과 민사재판은 또 1심, 2심, 대법원의 단계를 거칩니다. 이처럼 특허 재판은 다른 재판에 비해 더 많은 단계를 지나고 과정도 길다는 것을 아셔야 합니다. 이런 소송에 휘말리지 않는 방법은 사업 시작 전에 아이디어에 관해 선행기술 검사를 반드시 수행하는 것밖에 없습니다.

특허소송은 비즈니스적인 관점으로 생각해야 한다

2011년 4월 애플이 '삼성 스마트폰이 아이폰의 디자인과 특허를 침해했다.'라고 미 법원에 소송을 제기했습니다. 공교롭게도 삼성이 갤럭시S, 다음 모델 S2를 출시하면서 세계 스마트폰 시장을 본격적으로 공략하던 시점이었습니다. 삼성도 애플이 통신 특허를 침해했다고 맞소송을 제기했습니다. 세기의 특허 전쟁이 시작되었습니다.

소송은 9개국으로 번졌고 7년간 이어졌습니다. 9개국에서 벌어진 소송전에서 일부는 애플이, 일부는 삼성이 승리했습니다. 치열하게 공방전을 벌이던 중 2014년 삼성과 애플은 미국을 제외한 다른 나라의 소송은 모두 취하하기로 했습니다. 팀 쿡이 이재용 부회장을 미국 아이다호

주에서 열린 선밸리 컨벤션에서 만난 직후 나온 합의였습니다. 아이폰의 핵심부품을 공급하는 삼성과 소송을 끌어봐야 서로 이득이 될 게 없다고 판단한 것이 전문가들의 의견이었습니다.

남은 미국에서의 소송에서는 1심에서 삼성이 애플의 특허를 침해했다고 판단했습니다. 9억 3,000만 달러(한화 약 1조 원)의 배상액이 나왔습니다. 다시 진행된 1심 배심원 평결에서 6억 8,900만 달러(한화 약 8천억 원)까지 배상액을 낮췄습니다. 다시 재심을 요청했다가 20일 만에 6,000억~7,000억 원 선으로 특허분쟁 종결을 합의했습니다.

왜 이렇게 갑자기 합의하고 종결을 했을까요?

두 회사는 특허분쟁을 비즈니스적인 관점으로 보았습니다. 아이폰은 삼성에 핵심부품을 받고 있었습니다. 이 둘의 관계가 틀어지면 사업적인 관계에 타격을 입습니다. 미래의 발전을 도모할 수 없게 됩니다.

또한, 7년간 소송이 진행되면서 시장이 바뀌었습니다. 갤럭시S, S2, 아이폰 3GS, 4 등 구모델이 시장에서 사라졌습니다. 이제는 싸울 이유가 없어졌습니다. 힘든 과정이었지만 세계시장에 스마트폰의 강자는 애플과 삼성이라는 것을 각인시킨 효과는 있었습니다.

이 특허 전쟁을 코닥과 폴라로이드 특허 전쟁에 대비해 보겠습니다. 코닥은 특허 침해 소송으로 폴라로이드와 연결하는 고리를 끊어 버렸습니다. 현재의 이익을 위해 미래의 가능성을 없애버렸습니다. 소송에서 남은 것은 코닥이 소송에 진 경험밖에 없습니다.

반면, 폴라로이드는 15년간의 소송으로 8억 달러를 넘는 현금을 받았습니다. 그러나 결국 파산합니다. 현재를 보다가 미래를 놓쳤습니다.

다시 삼성과 애플의 특허 전쟁 이야기로 돌아오겠습니다. 결국, 이 전쟁은 삼성이 진 걸까요? 아니면, 애플이 이겼을까요? 미국 뉴욕타임스에 실린 평가를 보겠습니다.

'양사는 아무것도 쟁취하지 못한 소송이었다. 유일한 승자는 로펌'

이라고 보도했습니다. 그렇습니다. 소송비용으로 대형 로펌만 이익을 보았습니다. 여러 나라에서 소송을 진행했기 때문에 소송비용만 1,000억 원이 들었을 거라고 예상합니다.

이것이 어떻게 가능할까요?

국내에서 특허 침해로 소송을 준비할 때 들어가는 비용 항목을 따져보면 위 사항이 과장은 아니라고 느낄 것입니다. 우선 특허 분석비용, 감정서비용, 선행기술조사 비용, 내용증명서 작성비용 여기까지는 감내할 수준입니다. 특허 침해소송에는 가처분 사건, 손해 배상 청구사건, 형사사건 소송에 각각 별도로 변리사(변호사) 수임료와 성공보수비용이 들어갑니다.

여기에 1심, 2심, 3심을 하면 또 추가됩니다. 1심에서 이겨도 상대가 항소하면 어쩔 수 없이 다시 싸워야 합니다. 소송비용만 수천에서 수억 원 대의 비용이 소모됩니다. 국내의 작은 특허분쟁이 이런데 세계의 굴지 기업인 애플과 삼성의 특허 전쟁에서 소송비용이 수천억 원이라는 것이 결코 틀린 이야기가 아닙니다.

이렇게 돈이 많이 들어가도 이겨서 손해 배상을 받으면 되는 것 아니냐? 하고 반문하는 분들이 있을 것입니다. 이것은 큰 오해입니다.

미국은 징벌적 손해 배상 제도가 있어서 어느 정도 가능할 수 있습니다. 이런 특징으로 제품을 생산하거나 판매하지 않고 특허소송을 통해 이익을 창출하는 특허 괴물이라는 기업이 활동하고 있습니다.

하지만, 우리나라는 다릅니다. 우리나라 손해 배상 청구는 실제 손해를 입은 만큼 배상하는 실손해 배상이 원칙입니다. 그것도 불법을 저지른 잘못한 사람이 손해액을 입증하는 것이 아니라 손해를 주장하는 사람이 재판을 통해 입증해야 합니다. 손해를 입증하지 못하면 재판을 이기더라도 손해 배상을 청구할 수 없습니다.

그러면 손해액은 얼마가 될까요?
사람들이 하는 잘못된 생각을 세 가지 분류로 나눌 수 있습니다.

첫째, 상대방의 매출액 전부를 손해액으로 본다.
둘째, 제조하지 않으면서 제조업체의 판매 이익 전부를 손해액으로 주장하기도 한다.
셋째, 시장 전체 규모를 마치 특허권자의 손해액으로 생각한다.

모두 잘못된 망상입니다. 일반적으로 매출액의 극히 일부만 손해액으로 산정합니다.

시간은 얼마나 걸릴까요?
소송을 한 번이라도 겪어보지 않은 분들은 재판이 아주 더디게 진행된다는 것은 모를 것입니다. 소송으로 재판을 시작하면 최소 1년입니다. 항소를 하면 2년입니다. 빨라야 이렇습니다.
만일, 특허 관련 소송이 걸렸다면 어떻게 될까요? 특허소송은 특허심판원의 특허심판 판결이 있습니다. 일반재판과 달리 여러 단계를 거칩니다. 빨라야 2~3년입니다. 애플과 삼성의 특허 전쟁도 무려 7년을 끌어왔고 그것도 합의에 따라서 끝났습니다.

특허소송은 많은 시간과 비용을 필요로 합니다. 단순히 비용과 시간의 낭비일 뿐일까요? 이현세 씨는 1998년 '천국의 신화'라는 작품제작 시 음란폭력물 제작이란 혐의로 검찰에 기소를 당했습니다. 그리고, 무려 6년이라는 법정 다툼 끝에 무죄판결을 받았습니다. 이때 만화가로서 전념할 수 없어서 절필 선언까지 했었습니다.

소송에 휘말리는 것은 영혼을 갉아먹는 것과 같습니다. 등에 돌덩이를 하나 짊어지고 사는 것입니다. 소송에 중점을 두다 보면 사업 운영을 소홀히 하고 결국, 사업을 그르칠 수 있습니다.

특허권 소송은 비즈니스적인 관점으로 생각해야 합니다. 시장의 상황, 시간, 비용, 손해액 등을 총체적으로 생각해야 합니다. 최소한 특허권의 행사로 가져오는 경제적 효과가 소송비용을 초과하고도 남는 정도는 돼야 합니다. 또한, 특허소송을 당하지 않게 검사하고 조언을 들어야 합니다.

제 4 장

특허를 지키고 지식산업설계도를 완성하기 위한 다른 제도들

20

빠른 시장의 대응은 실용신안권으로

단순한 아이디어와 상품주기가 짧은 것은 실용신안으로

빠른 시장에 대응하는 스타트업과 작은 사업을 시작하시는 분들은 실용신안을 고려해 보는 것도 하나의 방법입니다. 왜 그럴까요? 우선 실용신안과 특허와의 차이점, 실용신안의 역사와 실용신안을 적용하는 나라에 대해 알면 이해가 쉽습니다.

우선 이 둘의 정의에 대해 살펴보겠습니다.

- **특허:** 발명을 보호, 장려하고 그 이용을 도모함으로써 기술의 발전을 촉진하여 산업발전에 이바지함을 목적으로 한다.
- **실용신안:** 실용적인 고안을 보호, 장려하고 그 이용을 도모함으로써 기술의 발전을 촉진하여 산업발전에 이바지함을 목적으로 한다.

앞부분만 틀리고 뒷부분은 같습니다. 그러면 다시 주요 단어인 발명과 고안의 차이에 대한 정의를 구분하겠습니다.

- **발명:** 자연법칙을 이용한 기술적 사상의 창작으로서 고도한 것
- **고안:** 자연법칙을 이용한 기술적 사상의 창작

발명에 '고도한'이라는 말이 붙어 있습니다. '고도한'이란 말만 없으면 둘은 같은 것이라고 할 수 있습니다. 그러면 다시 '고도한'이라는 뜻을 찾아보겠습니다.

> 고도한 것이란 해당되는 발명이 속하는 분야의 전문가라도 용이하게 발명할 수 없을 만큼 창작의 수준이 높아야 한다는 것을 말한다(행정전문용어사전).

지금까지의 단어 풀이한 것을 조합해 보면 특허라는 것은 '쉽게 발명할 수 없을 만큼 창작 수준이 높다는 것을 말합니다.' 이런 특허에 비해 실용신안은 창작 수준이 높지 않아도 된다는 것입니다. 특히, 특허는 신규성과 진보성에서 많은 거절 사유가 발생하는데 실용신안은 이에 비해 문턱이 낮습니다.

언뜻 문턱이 낮아 보이는 것도 사실이면서 사실이 아닙니다. 2006년 10월 전까지는 실용신안 선 등록제를 적용하였습니다. 선등록제는 출원서를 제출하면 기초적인 심사만 하고 독점적 권리를 주는 제도였습니다. 문턱이 엄청 낮았습니다. 하지만, 지금은 심사 후 등록제도를 적용하고 있습니다. 특허와 같은 심사를 거쳐야 독점적 권리를 줍니다.

실용신안의 보호 기간은 10년, 특허의 보호 기간은 20년으로 같은 심사를 거치면 권리의 보장 기간이 길고 넓은 특허가 더 낫습니다. 어렵게 실용신안을 하느니 차라리 특허로 신청하는 것이 낫다는 합리적인 판단이 듭니다. 실제로 특허청의 통계를 보면 실용신안 신청이 특허 신청의 1/10밖에 안 됩니다.

하지만, 변리사와 상담을 하는 과정이나 자신이 보기에 특허의 신규성과 진보성의 문턱을 넘기가 어려울 것 같으면 실용신안으로 등록받는 것도 방법입니다.

이렇게 문턱이 낮은 것과 함께 보호 대상도 적어집니다. 특허는 형태가 있는 물건에서부터 비즈니스 모델(BM), 음식의 조리법, 제조방법, 의약품, 책 등에 적용됩니다. 이에 반해 실용신안은 "물품의 형상, 구조 또는 조합에 관한" 것으로 한정되어 있습니다. 즉, 실용신안은 실체적인 물품에 관계된 것만 할 수 있습니다.

특허와 실용신안은 출원부터 등록까지 거의 모든 절차가 같습니다. 비용도 기껏해야 특허보다 20% 정도 저렴합니다. 그런데, 국가에서는 특허와 비슷한 듯 비슷하지 않은 실용신안제도를 왜 운용할까요?

실제로 세계지식재산권기구(WIPO) 가입국 152개국 중 실용신안제도가 있는 국가는 70개에 불과합니다. 절반이 채 안 됩니다. 특히, 우리나라와 밀접한 미국은 실용신안제도가 없습니다. 그 해답은 실용신안제도의 역사와 우리 주변 국가의 실시상황을 보면 알게 될 것입니다.

실용신안제도의 첫 시행 국가는 독일입니다. 독일은 유럽에서 상대적으로 산업화가 늦었던 탓에 산업정책상 소발명가를 보호하기 위해

1891년 실용신안제도를 세계 처음으로 도입합니다.

그리고 이 제도는 일본에 정착하고 일본을 통해 우리나라에 들어왔습니다. 우리나라는 1946년 특허법안에 관련 규정 제도를 시행하였습니다. 이러다가 「실용신안법」은 1961.12.31 법률 제952호로 공포되었습니다.

이렇게 역사의 흐름을 보니 예측되는 것이 있지 않습니까? 독일, 일본, 우리나라의 실용신안의 시행시기를 보면 이들의 나라들이 산업을 발전시키기 시작할 때 법을 만들고 장려했다는 것입니다.

이 힘으로 독일은 뒤늦은 산업화에 성공하였고, 일본은 메이지 유신 후 유럽을 따라가기 위해 노력하였습니다. 우리나라도 산업화에 박차를 가하던 1961년에 「실용신안법」을 공포합니다.

나라의 발전을 위해 특허가 되지 않는 것들 그리고 소발명가들을 보호하고 산업화의 아까운 지식을 하나도 허투루 버리지 않겠다는 나라의 염원이 녹아 있습니다.

실제로 특허청의 2020년 업무보고서에는 '소발명 · 아이디어 보호를 위한 실용신안제도 개편'이라는 내용으로 업무추진 계획이 들어 있었습니다. 실용신안이 소발명과 아이디어 보호에 아직 필요하다는 내용입니다.

일본은 아직도 실용신안제도에 무심사제도를 운영하고 있습니다. 중국도 실용신안은 무심사제도로 5개월이면 등록되고 권리를 취득하게 되어 있습니다. 2013년의 중국 자료를 보면 특허 출원 건수가 825,136건이고, 실용신안 출원 건수는 892,362건(특허청 자료)으로 실용신안의 출원이 월등히 높습니다. 나라에서도 장려하고 있습니다.

만일, 중국에 진출하고 싶은 분들은 특허보다 실용신안을 고려해 보

특허제도와 실용신안제도의 주요 내용 비교

	특허	실용신안
보호대상	• 발명: 자연법칙을 이용한 기술적 사상의 창작으로서 고도한 것	• 물품의 형상, 구조 또는 이들의 조합에 관한 고안 • 고안: 자연법칙을 이용한 기술적 사상의 창작
보호기간	• 설정 등록한 날부터 특허 출원일 후 20년	• 설정 등록한 날부터 실용신안 등록출원일 후 10년
등록요건	• 신규성, 진보성 등 실체적 요건	• 신규성, 진보성 등 실체적 요건
진보성 기준	• 통상의 기술자가 쉽게 발명 가능한지 여부	• 통상의 기술자가 극히 쉽게 고안 가능한지 여부

출처: 한국지식연구원

는 것도 방법입니다.

이처럼 실용신안은 소발명가의 보호와 발 빠른 시장변화에 대응하기 위해 유지되고 있습니다. 안타까운 것은 2006년 10월 우리나라의 실용신안제도가 무심사에서 심사제도로 바뀌어 심사 기간이 특허와 비슷해졌습니다.

특허로 낼까? 실용신안으로 낼까? 고민스러울 것입니다. 네 가지만 생각하면 됩니다.

첫째, 내 발명이 시장의 변화로 라이프 사이클이 짧은가?
둘째, 신규성과 진보성이 적은 형상의 발명인가?
셋째, 타인에 의해 쉽게 모방이 될 수 있는가?
넷째, 단순 아이디어 제품이나 잡화인가?

변리사와 상의하여 특허에 거절될 것 같으면 실용신안으로 받는 것도 하나의 방법입니다.

21

특허보다 더 중요한 상표

상표의 등록은 사업 시작하기 전부터 하라

스타트업 시작 시에는 반드시 상표를 먼저 등록해야 합니다. 등록 방법은 키프리스에서 검색하고 다음에 설명하는 등록 안 되는 상표 예만 제외하고 개인 등록하면 됩니다. 아니면 특허 변리사에게 신청하는 것도 좋습니다. 왜 이렇게 주장할까요? 다음의 예를 보면 필자가 왜 이리 힘들게 강조하는지 알게 될 것입니다.

'챌린지노마드' 흙수저 나역전 대표는 오늘도 기분이 좋습니다. 그동안 목표했던 책의 판매량에도 도달했고 강의 수강 문의도 조금씩 증가하고 있습니다. 수강생들의 정부지원사업 성공률도 높아졌습니다. '챌린지노마드'는 나역전 대표 자신의 퍼스널 브랜드를 증명하기 위해 설립한 회사입니다. SNS에 이제 '챌린지노마드'라고 하면 알아보는 분도 많습니다. 얼마 안 있으면 꼬마 빌딩주라는 꿈을 수강생들과 함께 이룰 것 같습니다.

이런 꿈이 '내용증명'이 담긴 한 통의 편지로 바뀌게 되었습니다.

나역전 대표는 평소 자신은 법 없이도 사는 사람이라고 자부했습니다. 별일 아니라는 듯이 뜯어 보는 나역전 대표의 얼굴빛은 점점 어두워졌습니다. 꿈의 길이 후퇴하는 내용이었습니다.

내용증명의 내용은 '챌린지노마드'라는 상표는 우리의 상표로 당신들은 우리의 권리를 침범했습니다. 당장, '챌린지노마드'라는 상표를 사용하지 말아 달라는 내용이었습니다. 상표의 등록일을 보니 최근이었습니다. 나역전 대표가 '챌린지노마드' 회사를 창업한 시기는 훨씬 이전, 그것도 3년 전입니다.

하지만 법의 손은 후발 주자의 손을 들어 주고 있었습니다. 그동안 '챌린지노마드'라는 브랜드를 알리기 위해 얼마나 노력했는데 모든 노력이 수포가 되는 순간이었습니다. 나중에 상표로 등록하면 된다고 가볍게 생각한 것이 화근이었습니다. 나역전 대표는 후회했습니다. 진작에 특허청에 상표를 등록할 것을……. 그때, 상표로 등록을 했었더라면 …….

이것은 무슨 상황일까요?

이 상황을 이해하기 위해서는 상표는 특허와 같이 선출원주의라는 것과 신규성이 없다는 것을 이해해야 합니다. 단어를 하나하나 뜯어 설명하겠습니다.

우선 출원이라는 단어를 보겠습니다. 출원은 특허청에 "제 상표를 등록해 주세요."하고 신청하는 것입니다. 여기에 먼저 선(先)이라는 글자가 붙습니다. 먼저 신청한 사람을 우선으로 하는 것입니다. 둘이 같은 상표를 사용하고 있다고 해도 먼저 신청한 사람 손을 들어줍니다. 그리고 그 사람에게 상표사용의 독점적 권리가 있습니다.

다음으로 신규성을 보겠습니다. 신규성은 '특허 출원을 한 발명이 출원일 이전에 공지되거나 공연, 실시된 적이 없는 새로운 발명이어야 한다는 특허요건'입니다. 출원일을 기준으로 앞에 사용했느냐 안 했느냐를 말합니다.

말 그대로 누군가 사용했어도 상관없습니다. 심지어 사용하고 있어도 상관없습니다. 앞의 예처럼 누군가 사용하고 있는 것을 내가 뒤에 신청해도 특허법률상 요건만 맞으면 등록해 주고 독점적 사용 권리를 줍니다.

이미 스타트업과 사업을 시작하는 사람 중 누군가는 '휴, 다행이다.' 하고 생각할 수 있습니다. 누군가 아직 내 상표를 등록하지 않았기 때문에 지금이라도 등록해도 된다고 말입니다. 아직은 안심하기 이릅니다. 다음의 예를 살펴보아야 합니다.

흙수저 나역전 대표와 친한 스타트업 사장 천○○이 있습니다. 그는 지방에서 '청양 소주'라는 간판을 달고 식당을 운영했습니다. 천 대표는 나역전 대표에게 지원사업의 교육을 받아 국가 전통 소주 판매로 정부 지원사업을 받은 상태입니다.

상표는 자신의 상호 이름과 고향의 이름을 딴 '청양 소주'라고 지었습니다. 판매를 위해 거금을 들여 병과 상자에 '청양 소주'라는 상표를 넣었습니다. 이미 SNS 미디어를 통해 광고도 올렸습니다. 나역전 대표의 상표 소식을 들은 천 대표는 불안해졌습니다. 나역전 대표와 같은 일이 자신에게도 일어나지 않는다는 법은 없으니까요.

천 대표는 부랴부랴 상표등록을 신청했습니다. 아뿔싸, 돌아오는 말은 거절이었습니다. 이미 상표로 '청양 소주'가 등록되어 있었기 때문입니다.

자신이 되려 누군가의 권리를 침범했습니다. 상표권을 침범했을 때는 7년 이하의 징역 또는 1억 이하의 벌금으로 형사처벌도 받습니다. 또, 특허권과는 달리 특허권자의 고소가 없어도 공권력이 단속과 처벌을 할 수 있습니다.

천 대표는 등골이 오싹해집니다. 자기도 모르게 스스로 범법자가 되었습니다. 소주병 구매와 상자 구매비, 광고비 포함 5,000만 원가량의 지원사업비 중에서 절반이 사라졌습니다. 잃은 돈보다는 범법자가 되었다는 것이 더 무서웠습니다. 금전적인 피해보다 법을 어기게 되어 형사처벌까지 당할 수 있습니다. 무지가 화를 불렀습니다.

이처럼 상표에 대한 고민 없이 사업을 시작하고 이후에 등록하다 거절당하면 상당한 피해를 봅니다. 상표를 바꾸기 위해 많은 금액이 추가로 들어갑니다. 금전적인 피해보다 그동안 쌓아 왔던 브랜드의 좋은 이미지를 모두 버리고 다시 시작해야 합니다. 선행검사만 했었더라면 막을 수 있었던 일이었습니다.

다행히 상표가 같은 것이 없더라도 반려 사항에 걸려 상표등록이 취소되면 후발 주자들이 내가 힘들게 만들어 놓은 시장에 같은 상표로 무혈입성하게 됩니다. 블루오션이 금방 레드오션이 됩니다. 소비자들은 나와 다른 상표를 나와 같은 상표로 알고 구매하게 됩니다.

이런 경우로 초코파이의 예가 있습니다.

동양(오리온)에서 초코파이를 내놓았습니다. 획기적이었습니다. 인기가 높아지자, 동양에서 초코파이의 상표등록을 신청했습니다. 하지만, 상표등록이 거절되었습니다.

왜, 특허청은 상표등록을 거절했을까요? 나중에 설명하겠지만 우리가 일반적으로 사용하는 보통명사에 대해서는 상표등록을 거절할 수 있습니다. 사람들이 평범하게 사용하는 단어, 즉 보통명사를 일부에게 독점적 권한을 주면 일반인들이 사용할 수 없게 되기 때문입니다.

동양이 처음 초코파이를 내놨을 시기에는 초코파이라는 개념이 희미했었습니다. 시간이 지나자 사람들은 초코파이라는 것은 '초콜릿이 입혀진 과자'라고 인식하고 보통명사처럼 사용하였습니다. 따라서, 특허청에서 거절했습니다.

이러자, 롯데, 크라운 등의 후발 주자들이 초코파이 시장에 적극적으로 뛰어들었습니다. 동양이 열심히 만들어 놓은 동양 만의 시장을 놓쳐버렸습니다. 만일, 그때 상품 출시 전에 적극적인 상표등록을 했더라면 코카콜라처럼 초코파이 시장에서 동양의 입지는 독보적이었을 것입니다.

어렸을 적 심부름으로 초코파이 한 상자를 사 왔는데 "동양(오리온) 게 맛있는데 왜 롯데 것을 사 왔어?"하며 형한테 혼났던 기억이 있습니다. 혼나면서 '왜 초코파이가 여러 회사에서 생산되지?' 하고 궁금했었습니다. 나이를 먹어 이제야 동양의 초코파이 상표가 등록이 안 되어 이때 혼났다는 것을 알게 되었습니다.

또, 다른 궁금증도 생길 것입니다.

어떤 분은 이렇게 말씀할 것입니다. "'챌린지노마드'로 상호를 등록해 놨으니까 문제가 되지 않는 것 아니야?" 그리고 "'청양 소주'도 천 대표가 가게를 할 때 상호로 등록했으니까 같은 것 아니야?"

이것이 많은 분이 오해하고 있는 부분입니다.

먼저 상호와 상표의 정의를 보겠습니다.

- **상호:** 상인이 영업상으로 자기를 나타내는 데 쓰는 칭호입니다(한컴사전). 별다른 심사 없이 관할 세무서에 신고하는 것으로 취득합니다. 해당 지역에서만 효과를 봅니다.
- **상표:** 상공업자가 자기의 상품임을 일반 구매자에게 보이기 위해 상품에 붙이는 표지. 트레이드마크(한컴사전). 특허청에 상표 출원서를 제출하고 심사를 거쳐 등록 결정을 받습니다. 이후, 등록료를 납부해야 권리가 발생합니다. 전국적으로 독점권을 갖습니다.

전혀 다른 것을 알 수 있습니다. 절대로 상호와 상표를 혼동하면 안 됩니다. 또한, 상호를 가지고 있다고 해서 내가 상표에 대한 우선권을 갖는 것은 아닙니다.

지금까지 왜 스타트업 시작 전에 반드시 상표를 제출해야 하는지 설명했습니다. 예로든 내용이 상당히 암울한 내용이었습니다. 따라서, 분위기를 바꾸기 위해 다음으로 선출원 상표로 성공한 사례를 보여 드리겠습니다.

난쟁이가 거인을 이기고 다윗이 골리앗을 이기는 내용입니다. 상표의 중요성을 여실히 보여 주는 실례입니다. 읽고 나면 답답한 마음이 열리는 통쾌함을 느낄 것입니다.

충남 천안에 대성금속이라는 회사가 있었습니다. 상호가 낯설지요? 손톱깎이 '777'이라고 하면 다들 '아하!' 하고 생각할 것입니다. 연간 매출액이 250억 원이고 세계 60여 개국에 손톱깎이를 수출하는 알짜 기업입니다. 세계 손톱깎이 시장의 40%를 차지할 정도입니다.

1995년 미국으로 시장을 넓혀 80% 점유율을 달성할 때였습니다. 미 특허청이 대성금속에 미국 내 상표권등록 불가판정을 통보하였습니다. 비보였습니다. 여기까지면 괜찮을지 몰라도 보잉사가 로열티 지불까지 요구해 왔습니다. 이유는 보잉사가 비행기 상표로 '777'을 1990년에 먼저 등록했다는 것입니다. 상표는 속지주의로 미국에서 활동하려면 미국에 상표를 취득해야 하는데 보잉사의 '777'이 앞서서 등록되었다는 것입니다.

공룡인 보잉사, 고양이 앞의 쥐인 대성금속. 누가 봐도 뻔한 싸움이었습니다. 하지만, 대성금속은 되려 미국 특허청에 보잉사의 상표등록 취소심판 청구서를 제출했습니다.

보잉사가 1994년 5월부터 민항기인 777기 기내에서 쓰는 나이프, 여성용 핸드백, 손톱깎이 등 30여 개 품목에 대성의 고유상표인 '777'(쓰리세븐)을 무단등록, 사용했다는 것이었습니다.

이유는 다음과 같았습니다. 미국 특허법은 '777'을 품목 기준이 다른 비행기의 이름으로 사용하는 것만 허용했습니다. 따라서 기내 판매용 손톱깎이나 포켓용 나이프, 핸드백 등에는 사용할 수 없다는 것이었습니다.

대성금속 김 사장은 황해도 해주 태생입니다. 월남한 뒤 잡화도매상을 시작으로 1958년 손톱깎이 생산에 뛰어들었고, 1975년 대성산업을 차리면서 세계 최대회사로 키워낸 분입니다. 노련한 분으로 그들의 약점을 파고들었습니다.

결과는 어떻게 되었을까요?

미 특허청은 결국 대성금속의 손을 들어 주었습니다.

미국은 우리와 다르게 상표등록에서 선출원주의를 하지 않고 선사용주의를 적용한 것이 주요 요인이었습니다. 선사용주의는 등록하지 않았지만 먼저 사용한 사람에게 우선권을 주는 제도입니다.

대성금속은 보잉이 1990년 상표등록을 하기 전인 1984년도에 미국에 손톱깎이를 수출한 기록을 찾아냈고 먼저 사용했음을 주장했습니다. 미국 특허청은 이 주장을 받아들였습니다. 따라서, 보잉사는 기내에서 '777' 상표를 쓰려면 대성과 타협해야 했습니다.

세계 굴지의 회사가 한국의 작은 기업에게 허가를 득해야 합니다. 공룡과 쥐의 처지가 바뀌었습니다. 대성금속이 막대한 사용료를 요구했을까요?

아닙니다. 이 분쟁은 결국 양쪽의 승리로 결말이 났습니다. 앞서 설명했듯이 둘은 비즈니스적인 판단을 했습니다. 소송은 최대한 피하고 양쪽이 함께 가는 길을 선택했습니다. 둘은 '777'을 공동 사용하기로 최종합의를 보았습니다.

다만, 대성의 '777' 밑에는 영문으로 '대성'이라는 영문을 표기하기로 했습니다. 합의를 보았다지만 공룡기업이 작은 기업에 손을 내민 형태입니다.

결국, 최종 승자는 어느 쪽인지 아시겠지요?

「상표법」을 잘 해석하고 위기에 어떻게 대처를 해야 하는지 모범이 되는 사례입니다. 스타트업 및 중소기업을 시작하시는 분들은 반드시 상표를 먼저 꼼꼼히 챙겨야 합니다.

상표는 영구적으로 사용할 수 있다

무슨 이야기일까요? 특허권, 실용신안권, 디자인권은 배타적 독립사용을 일정 기간만 할 수 있습니다. 특허권은 20년, 실용신안권은 10년, 디자인권은 20년입니다. 이 기간이 끝나면 독립된 사용이 안 되고 디자인과 기술을 사회에 환원해야 합니다.

첫째, 상표권은 영구적으로 사용할 수 있습니다.

이것이 다른 권리들과 가장 큰 특징입니다. 상표권을 취득하면 등록원부에 기재된 품목/업종에 대해서 10년의 독점사용 권한을 갖습니다. 그리고, 10년마다 권리를 갱신하면 해당 상표를 반영구적으로 사용을 할 수 있습니다.

이런 특징을 잘 활용한 것이 월트디즈니의 미키마우스입니다. 디즈니는 캐릭터들에 대해 저작권 외에 상표권으로 동시에 보호하고 있습니다. 저작권은 저작자가 죽은 후 사후 70년이라는 긴 기간을 갖고 있지만, 앞의 특성대로 상표는 갱신만 하면 영구 사용이 가능합니다. 미키마우스 저작권이 만료되더라도 상표로 등록된 미키마우스 상표권의 권리는 영원히 디즈니의 손에 있습니다.

디즈니는 상표권, 저작권에 철두철미합니다. 무인도에 표류하게 되면 'SOS' 글자를 해변에 쓰는 것보다 미키마우스를 그리면 구조가 더 빠를 것이라는 우스갯소리가 있을 정도입니다. 그들은 친절하게 헬리콥터를 타고 찾으러 올 것입니다.

둘째, 상표권은 신규성이 없는 선출원주의입니다.

특허권, 디자인권, 실용신안권 등은 출원 전에 공개되면 안 됩니다. 왜일까요? 앞서 설명했듯이 등록요건에 신규성이라는 항목이 있기 때문입니다. 다시 설명하지만, 만약 사업자금을 지원받기 위해, 지원사업을 받기 위해, 박람회에 참여를 위해 공개했다면 공지 예외를 선택해 일 년 이내에 등록해야 합니다.

하지만, 상표는 이런 제약이 없습니다. 신규성이 없어 다른 누군가가 사용하고 있었다고 하더라도 신청할 수 있습니다. 이렇게 사용하다가 먼저 신청한 사람이 권리를 갖습니다.

셋째, 지정상품과 함께 상표를 등록해야 합니다.

즉, '챌린지노마드'라는 상표를 인쇄물과 함께 지정해야 합니다. 이렇게 되면 '챌린지노마드'라는 상표는 인쇄물에 한해서 배타적 독립사용 권한을 행사합니다. 하지만, 제3자가 '챌린지노마드'라는 상표를 의류에 붙여 팔면 막을 수 없습니다. 상표를 의류에 지정하여 등록하지 않았기 때문입니다.

설명과 같이 상표를 업종과 함께 등록해야 하지만 업종은 무궁무진합니다. 관리에 어려움이 발생합니다. 따라서, 국제조약을 체결했습니다. 전 세계의 업종의 품목을 45개 류(類)로 분류하고 니스 분류라고 호칭합니다.

앞서 설명처럼 상표에 대해 상표권을 신청할 때 품목과 업종의 류를 많이 하면 상표권의 보호 범위가 넓어집니다. 하지만 여기에 또 다른 문제가 발생합니다. 1류를 추가할 때마다 추가 비용을 부담해야 합니다.

- **출원할 때**

  1류 56,000원 + 변리사 비용

  45류 모두 했다고 계산하면 2,520,000원(56,000원 × 45개 류) + 변리사 비용

- **심사통과 후 등록할 때**

  1류 211,000원 + 등록세 + 변리사 비용

  45류 모두 했다고 계산하면 9,495,000원(211,000원 × 45개 류) + 등록세 + 변리사 비용

류에 따른 변리사 비용 증가를 따르면 더 많은 금액이 증가합니다. 자본주의 사회에서는 공짜가 없는 법입니다. 따라서, 자신이 현재하는 품목에다가 관련 있고 진행할 품목만 확보하는 것이 바람직합니다. 그래도 하겠다면 말리지 않겠습니다. 그러면 부지런히 사용해야 합니다. 그와 관련한 것이 다음의 네 번째 특징입니다.

넷째, 상표는 등록된 후에 계속하여 3년 이상 사용하지 않으면 제3자의 취소 청구 소송에 의해 취소될 수 있는 특징을 가지고 있습니다.

다른 산업재산권들은 사용하지 않아도 등록유지비만 지불하면 정해진 기간 동안 사용하지 않아도 유지가 가능하나, 상표는 영구적으로 사용이 가능한 대신 사용하지 않으면 취소가 가능합니다.

상표권에 사용의무를 부여했습니다. 필요 없이 많은 류에 대해 상표권을 받으면 비용문제뿐만 아니라 유지도 안 됩니다. 의외로 불사용 취소심판으로 취소되는 경우가 많습니다.

다섯째, 공권력이 알아서 권리를 보호해 줍니다.

상표를 도용하여 해당 상품에 사용하는 것은 형사처벌을 받습니다. 7년 이하의 징역 또는 1억 원 이하의 벌금입니다. 중요한 사실은 특허권, 디자인권, 실용신안권 등은 자신의 권리를 침범했다는 것을 권한을 가진 당사자가 고소하고 증명해야 합니다.

증명하기도 무척 힘들고 법정 싸움도 깁니다. 잘못하면 무효심판청구로 무효가 될 수 있습니다. 하지만, 상표권은 필요 없습니다. 공권력이 알아서 조사하고 단속하고 처벌합니다. 상대방이 따질 것이 없기 때문입니다.

상표권의 특징을 정리해 보면 다음과 같습니다.

첫째, 영구적으로 사용할 수 있다.
둘째, 신규성이 없고 선출원주의이다.
셋째, 지정상품과 함께 상표를 등록해야 한다.
넷째, 3년 이상 사용하지 않으면 취소가 가능하다.
다섯째, 공권력이 권리를 알아서 보호해 준다.

첫째와 다섯째 특징을 보면 상표권은 다른 산업재산권(특허권, 실용신안권, 디자인권)에 비해 권리를 더 보호하기 쉽고 치명적인 권리를 가지고 있습니다. 스타트업을 준비하거나 사업을 할 분들은 명심해야 합니다. 소비자는 기술과 디자인보다 상표, 즉 브랜드를 더 기억한다는 것을요. 특허보다 먼저 상표를 챙겨야 하는 이유입니다.

니스 분류(특허청)

상품류 구분

류구분	설명
제1류	공업/과학 및 사진용 및 농업/원예 및 임업용 화학제; 미가공 인조수지, 미가공 플라스틱; 소화 및 화재예방용 조성물; 조질제 및 땜납용 조제; 수피용 무두질제; 공업용 접착제; 퍼티 및 기타 페이스트 충전제; 퇴비, 거름, 비료; 산업용 및 과학용 생물학적 제제
제2류	페인트, 니스, 래커; 녹방지제 및 목재 보존제; 착색제, 염료; 인쇄, 표시 및 판화용 잉크; 미가공 천연수지; 도장용, 장식용, 인쇄용 및 미술용 금속박(箔) 및 금속분(粉)
제3류	비의료용 화장품 및 세면용품; 비의료용 치약; 향료, 에센셜 오일; 표백제 및 기타 세탁용 제제; 세정/광택 및 연마재
제4류	공업용 오일 및 그리스, 왁스; 윤활제; 먼지흡수제, 먼지습윤제 및 먼지흡착제; 연료 및 발광체; 조명용 양초 및 심지
제5류	약제, 의료용 및 수의과용 제제; 의료용 위생제; 의료용 또는 수의과용 식이요법식품 및 제제, 유아용 식품; 인체용 또는 동물용 식이보충제; 플래스터, 외상치료용 재료; 치과용 충전재료, 치과용 왁스; 소독제; 해충구제제; 살균제, 제초제
제6류	일반금속 및 그 합금, 광석; 금속제 건축 및 구축용 재료; 금속제 이동식 건축물; 비전기용 일반금속제 케이블 및 와이어; 소형금속제품; 저장 또는 운반용 금속제 용기; 금고
제7류	기계, 공작기계, 전동공구; 모터 및 엔진(육상차량용은 제외); 기계 커플링 및 전동장치 부품(육상차량용은 제외); 농기구(수동식 수공구는 제외); 부란기(孵卵器); 자동판매기
제8류	수동식 수공구 및 수동기구; 커틀러리; 휴대무기(화기는 제외); 면도기
제9류	과학, 항해, 측량, 사진, 영화, 광학, 계량, 측정, 신호, 검사(감시), 구명 및 교육용 기기; 전기의 전도, 전환, 변형, 축적, 조절 또는 통제를 위한 기기; 음향 또는 영상의 기록, 전송 또는 재생용 장치; 자기데이터 매체, 녹음디스크; CD, DVD 및 기타 디지털 기록매체; 동전작동식 기계장치; 금전등록기, 계산기, 정보처리장치, 컴퓨터; 컴퓨터 소프트웨어; 소화기기
제10류	외과용, 내과용, 치과용 및 수의과용 기계기구; 의지(義肢), 의안(義眼) 및 의치(義齒); 정형외과용품; 봉합용 재료; 장애인용 치료 및 재활보조장치; 안마기; 유아수유용 기기 및 용품; 성활동용 기기 및 용품
제11류	조명용, 가열용, 증기발생용, 조리용, 냉각용, 건조용, 환기용, 급수용 및 위생용 장치
제12류	수송기계기구; 육상, 항공 또는 해상을 통해 이동하는 수송수단

제13류	화기(火器); 탄약 및 발사체; 폭약; 폭죽
제14류	귀금속 및 그 합금; 보석, 귀석 및 반귀석; 시계용구
제15류	악기
제16류	종이 및 판지; 인쇄물; 제본재료; 사진; 문방구 및 사무용품(가구는 제외); 문방구용 또는 가정용 접착제; 제도용구 및 미술용 재료; 회화용 솔; 교재; 포장용 플라스틱제 시트, 필름 및 가방; 인쇄활자, 프린팅블록
제17류	미가공 및 반가공 고무, 구타페르카, 고무액(gum), 석면, 운모(雲母) 및 이들의 제품; 제조용 압출성형형태의 플라스틱 및 수지; 충전용, 마개용 및 절연용 재료; 비금속제 신축관, 튜브 및 호스
제18류	가죽 및 모조가죽; 수피; 수하물가방 및 운반용 가방; 우산 및 파라솔; 걷기용 지팡이; 채찍 및 마구; 동물용 목걸이, 가죽끈 및 의류
제19류	비금속제 건축재료; 건축용 비금속제 경질관(硬質管); 아스팔트, 피치 및 역청; 비금속제 이동식 건축물; 비금속제 기념물
제20류	가구, 거울, 액자; 보관 또는 운송용 비금속제 컨테이너; 미가공 또는 반가공 뼈, 뿔, 고래수염 또는 나전(螺鈿); 패각; 해포석(海泡石); 호박(琥珀)(원석)
제21류	가정용 또는 주방용 기구 및 용기; 조리기구 및 식기(포크, 나이프 및 스푼은 제외); 빗 및 스펀지; 솔(페인트 솔은 제외); 솔 제조용 재료; 청소용구; 비건축용 미가공 또는 반가공 유리; 유리제품, 도자기제품 및 토기제품
제22류	로프 및 노끈; 망(網); 텐트 및 타폴린; 직물제 또는 합성재료제 차양; 돛; 하역물 운반용 및 보관용 포대; 충전재료(종이/판지/고무 또는 플라스틱제는 제외); 직물용 미가공 섬유 및 그 대용품
제23류	직물용 실(絲)
제24류	직물 및 직물대용품; 가정용 린넨; 직물 또는 플라스틱제 커튼
제25류	의류, 신발, 모자
제26류	레이스 및 자수포, 리본 및 장식용 끈; 단추, 갈고리 단추(hooks and eyes), 핀 및 바늘; 조화(造花); 머리장식품; 가발
제27류	카펫, 융단, 매트, 리놀륨 및 기타 바닥깔개용 재료; 비직물제 벽걸이
제28류	오락용구, 장난감; 비디오게임장치; 체조 및 스포츠용품; 크리스마스트리용 장식품
제29류	식육, 생선, 가금 및 엽조수; 고기진액; 가공처리, 냉동, 건조 및 조리된 과일 및 채소; 젤리, 잼, 콤폿; 달걀; 우유 및 유제품; 식용 유지
제30류	커피, 차(茶), 코코아 및 대용커피; 쌀; 타피오카 및 사고(sago); 곡분 및 곡물조제품; 빵, 페이스트리 및 과자; 식용 얼음; 설탕, 꿀, 당밀; 식품용 이스트, 베이킹파우더; 소금; 겨자(향신료); 식초, 소스(조미료); 향신료; 얼음
제31류	미가공 농업, 수산양식, 원예 및 임업 생산물; 미가공 곡물 및 종자; 신선한 과실 및 채소, 신선한 허브; 살아있는 식물 및 꽃; 구근(球根), 모종 및 재배용 곡물종자; 살아있는 동물; 동물용 사료 및 음료; 맥아
제32류	맥주; 광천수, 탄산수 및 기타 무주정(無酒精)음료; 과실음료 및 과실주스; 시럽 및 음료수 제제
제33류	알코올 음료(맥주는 제외)
제34류	담배; 흡연용구; 성냥

서비스분류 구분

류구분	설명
제35류	광고업; 사업관리업; 기업경영업; 사무처리업
제36류	보험업; 재무업; 금융업; 부동산업
제37류	건축물 건설업; 수선업; 설치서비스업
제38류	통신업
제39류	운송업; 상품의 포장 및 보관업; 여행알선업
제40류	재료처리업
제41류	교육업; 훈련제공업; 연예오락업; 스포츠 및 문화활동업
제42류	과학적, 기술적 서비스업 및 관련 연구, 디자인업; 산업분석 및 연구 서비스업; 컴퓨터 하드웨어 및 소프트웨어의 디자인 및 개발업
제43류	식음료제공서비스업; 임시숙박업
제44류	의료업; 수의업; 인간 또는 동물을 위한 위생 및 미용업; 농업, 원예 및 임업 서비스업
제45류	법무서비스업; 유형의 재산 및 개인을 물리적으로 보호하기 위한 보안서비스업; 개인의 수요를 충족시키기 위해 타인에 의해 제공되는 사적인 또는 사회적인 서비스업

상표등록 거절 요건만 알면 상표등록을 할 수 있다!

'상표를 보호함으로써 상표 사용자의 업무상 신용 유지를 도모하여 산업발전에 이바지하고 수요자의 이익을 보호함을 목적으로 한다.'

이상은 「상표법」의 목적입니다. 뭔가 어렵습니다. 계속 말하지만 법은 어렵습니다.

이것을 누구나 쉽게 이해할 수 있도록 사업자와 소비자로 나눠 설명하겠습니다.

- **사업자의 입장:** 내가 만들어 팔고 서비스하는 상품의 브랜드를 남이 함부로 따라 하지 못하게 하는 것
- **소비자의 입장:** 내가 구입하고 서비스받으려는 상품을 타사 제품과 혼동하지 않게 하는 것

'따라 하지 못하게 하고, 혼동하지 못하게 한다.' 이것을 식별력이라고 표현합니다. 이 식별력이 상표권등록 거절 요인의 중요한 부분을 차지합니다. 식별력이란 부분으로 다음 상표등록 거절 요건 다섯 가지를 보면 이해될 것입니다.

첫째, 보통명사 및 관용어 사용
먼저 보통명사의 뜻과 관용어의 뜻을 사전에서 알아보겠습니다.

- **보통명사:** 같은 종류의 사물에 두루 쓰이는 명사
- **관용어:** 습관적으로 쓰는 말

두 단어의 뜻을 보면 자주 평범하게 쓰인다는 것입니다. 만일 보통명사와 관용어로 상표를 허가한다면 어떤 일이 발생할까요? 자동차에 CAR라는 이름을 사용하거나 숙박업에 모텔이라는 상표를 허가한다면 일반인들이 사용할 수 없게 됩니다. 사람들의 사용 권리를 빼앗아 갑니다.

자동차 업계에 일하는 분들은 CAR라는 단어를 못 쓰고 숙박업은 모텔이라는 단어를 못 쓰게 됩니다. 홍길동처럼 아버지를 아버지로 부르지 못하고 형을 형이라 부르지 못하게 됩니다. 다른 분은 "어! APPLE은 되는데?"하고 질문할 수 있습니다. 이때는 지정 품목을 사과가 아니라 컴퓨터로 지정했고 컴퓨터 영역에서는 APPLE이 보통명사로 사용되지

않기 때문입니다.

둘째, 단순한 문자 또는 형태로 구성된 경우
상표는 남과 나를 구분하는 기능을 합니다. 너무 간단하고 흔하면 구별기능, 즉 식별성을 상실하기 때문입니다. 한국 특허청은 한글은 1글자, 외국문자는 2자 이내로는 상표등록을 거절합니다. 반대로 말하면 영어알파벳은 3자 이상, 한글은 2자 이상이어야 합니다.

- **등록거절사례:** A6, 아, Z, AB

특히, A6는 넷티션닷컴이 2000년 초에 런칭한 브랜드입니다. 이미 설명한 이유로 상표권이 등록되지 않았습니다. 이 사실이 급속도로 퍼져나가자 버젓이 A6를 모방한 제품이 유통되고 권리신청도 무척 쇄도했던 실제 사례입니다.

셋째, 성질, 품질, 원산지, 효능, 지리적 명칭
사업자는 자기 제품의 효능효과, 품질이 좋다는 것을 부각하고 싶어합니다. 이런 단어들은 상품 자체의 속성에 관한 것으로 식별성이 떨어집니다. 또한, 누구나 하고 싶은 것으로 한 명에게 독점을 줄 수 없습니다. 더해서, 널리 알려진 지리적 명칭을 누군가가 독점적으로 사용하는 것은 바르지 않습니다.

- **등록거절사례(성질표현):** SUPER, NEW, COMPLETE, STANDARD
- **등록거절사례(지리적 표현):** 핀란디아, OXFORD, 뉴욕, 남대문, 불국사

넷째, 유사하거나 동일한 상품이 등록된 경우

당연히 타인이 사용하고 있는 동일한 상표는 등록이 거절됩니다. 여기에 더해 유사하면 거절되는 경우도 있습니다. 유사성을 판단한 것은 세 가지로 판단하는데 첫째로 외관의 유사입니다. 상표의 기호, 도형, 문자 등이 얼마나 유사한지를 봅니다. 둘째로 발음입니다. 소리를 부를 때 비슷한 소리가 나오는지 판단합니다. 마지막으로 관념의 유사입니다. 외관이나 호칭이 유사하지 않으나 관념 자체가 유사한지를 봅니다. 이 셋 중에 하나라도 유사하면 유사판단이 되어 거절됩니다.

- **유사판단사례:** 다이소, 다사소

3음절이고 초성인 '다'와 종성인 '소'가 일치한다고 유사판단을 받은 사례입니다.

다섯째, 국가기관 및 공공재와 비슷하거나 공익 또는 사익을 침해할 우려가 있는 경우

국가기관과 공공재는 당연히 상표권을 주지 않습니다. 만일 주었다가는 국가기관과 공공기관하고 혼동이 생깁니다.

- **청남대(등록거절사례):** 공공재
- **RCY(등록거절사례):** 공공기관
- **충남대, 육사, 경찰대학교(등록거절사례):** 국가기관

거절 사유가 발생했을 때 로고와 문자 특정단어를 결합하면 상표등록이 가능합니다. 이렇게 거절 사례를 읽어보고 상표를 결정한다면 거절

이 되지 않고 한 번에 바로 등록될 것입니다.

마지막으로 좋은 상표의 사례로 본다면 암시적인 명칭을 사용하는 것을 개인적으로 추천합니다.

예로 꿈소서, 버물리가 있습니다.

'꿈소서'는 자기소개서 첨삭 업체입니다. 자기소개서라는 것을 알게 되면 꿈을 이루게 해 주는 자기소개서라는 글이 저절로 생각납니다. 그리고 좋은 기운에 미소까지 지어집니다.

'버물리'는 많은 사람이 사용하는 것으로 벌레에 물렸을 때 바르는 약입니다. 벌레에 물렸을 때는 버물리라는 이미지가 강하게 떠오릅니다.

한번 정하면 바뀌지 않고 나와 함께 세계로 갈 상호입니다. 반드시 사업의 시작과 함께 상표를 신청하여 꿈을 이루길 바랍니다.

여러분이 창업할 때 사용할 상표를 한번 구상해 보세요. 이곳에 적어 보십시오.

22

스티브 잡스가 특허보다 더 중요하게 생각한 디자인

디자인도 특허와 같이 보호된다고!

암 투병으로 숨쉬기 힘들어하는 스티브 잡스에게 의사가 산소마스크를 씌우자 그가 산소마스크를 벗겨 냅니다. 그러면서 "디자인이 마음에 안 들어서 쓰기 싫다. 다섯 개를 더 가져오면 내가 고르겠다."라고 말합니다. 그리고 연신 손가락에 끼워진 산소측정장치도 디자인이 형편 없다고 불평합니다.

월터 아이작슨의 저서 〈스티브 잡스〉에 나오는 내용입니다. 디자인에 그가 얼마나 애정을 쏟았는지 보여 주는 일화입니다. 실제로 그는 자신의 이름으로 애플사의 디자인권을 350건이나 가지고 있었습니다. 그리고, 우리가 아는 2011년 삼성과 애플의 특허 전쟁도 알고 보면 특허분쟁이 아니라 특허와 디자인 분쟁입니다.

애플이 내민 도전장에 삼성이 내민 것은 기술 특허였으나 삼성을 궁지로 본 것은 애플의 디자인권이었습니다.

① 검은 사각형의 모서리를 둥글게 적용한 디자인 특허(D677)
② 액정 화면에 베젤을 덧댄 디자인 특허(D087)
③ 사각형 격자 형태로 애플리케이션을 배열한 디자인 특허(D305)

우리가 사용하고 있고 알고 있는 스마트폰의 형태를 애플은 이미 디자인권으로 보호하고 있었습니다. 이렇게 디자인권은 특허와 함께 강력한 권리입니다.

이런 것도 디자인 등록이 됩니다

디자인이란 '물품의 형상 · 모양 · 색채 또는 이들을 결합한 것으로서 시각(視覺)을 통하여 미감(美感)을 일으키게 하는 것을 말한다.'라는 것이 「디자인보호법」에 나오는 디자인 용어 정의입니다.

「디자인보호법」상 디자인이 성립되려면 네 가지 특징을 갖춰야 합니다.

첫째, 물품성

물품성은 독립된 거래가 될 수 있는 것으로 움직일 수 있는 물품을 말합니다.

둘째, 형태성

형태성은 물품에 구현되는 형상, 모양, 색채와 이들의 결합입니다.

셋째, 시각성

시각성은 눈으로 보이는 경우만 인정한다는 것입니다.

넷째, 심미성

심미성이란 해당 물품으로부터 미(美)를 느낄 수 있도록 처리되어 있는 것을 말합니다.

여기까지만 읽어도 어떤 것이 디자인 등록이 되고 안 된다는 것을 알 수 있겠지요. 앞의 말대로 풀어보면 건축, 실내인테리어, 조경 등은 부동산으로 디자인으로 인정받을 수 없습니다. 다만, 건축물이라도 이동식 화장실, 이동식 전화부스, 컨테이너 등은 디자인으로 인정받을 수 있습니다. 독립된 거래가 되고 움직일 수 있는 물건이기 때문입니다.

어떤 것이 디자인 등록이 되는지 감을 잡았겠지만 특이한 것들에 관해 설명하겠습니다. 지금은 지식산업 시대로 물품이 없는 것, 즉 형태가 없는 것으로 사업화하는 경향이 강하기 때문에 관련 사례를 설명하겠습니다.

캐릭터

캐릭터는 원칙적으로 디자인 보호 대상이 아닙니다. 개인의 감성을 표현한 창작물로 저작권 보호 대상입니다. 또한, 앞선 설명처럼 물품성이 부족해 디자인으로 보호받을 수 없습니다.

하지만, 상표나 품명 등을 인쇄하여 상품에 붙여 놓는 라벨을 이용하여 물품성을 부여합니다. 라벨과 함께 디자인으로 보호합니다. 캐릭터는 결국 라벨에 인쇄되어 사용되기 때문입니다. 실무적으로 캐릭터는 라벨디자인으로 보호받고 있습니다. 또한, 캐릭터 인형은 인형이란 물품성을 갖고 있기에 디자인으로 보호합니다.

글자체

글자체는 기록과 표시, 인쇄 등에 사용하기 위하여 공통된 특징을 가지고 형태로 만들어진 한 벌의 글자꼴을 의미합니다. 글자체 자체는 물품성이 없습니다. 따라서, 디자인으로 등록될 수 없습니다.

하지만, 지금은 「디자인보호법」상 예외적으로 디자인으로 인정하고 있습니다. 글자체는 디자인 보호 대상이고 컴퓨터 소프트웨어로 구현한 글자체, 글꼴(폰트)은 저작권의 보호 대상입니다.

빵 모양

빵의 제조방법에 대해서는 특허로 보호받을 수 있습니다. 하지만, 붕어빵 같은 것들은 어떻게 할까요? 일정한 틀로 같은 모양이 나옵니다. 이런 경우는 디자인으로 등록할 수 있습니다.

화상디자인

컴퓨터 기기, 즉 정보통신기기의 디스플레이를 통해 표시되는 이미지를 말합니다. 스마트폰의 앱 아이콘, 그래픽 UI, 그래픽 이미지 등을 말합니다. 화상디자인은 이미지일 뿐입니다. 물품성이 없습니다. 따라서, 디자인으로 인정받을 수 없습니다.

하지만, 정보통신기기, 스마트폰, 모니터 등에 표시하게 하므로 물품성을 인정받아 등록하게 하고 있습니다. 특히, 삼성과 애플은 모두 스마트폰 UI에 대해서는 특허뿐만 아니라 지금 설명한 것처럼 디자인으로 등록하고 있습니다.

디자인보호법만의 특별한 제도

「디자인보호법」은 실용신안과 특허법과는 다른 제도를 채택하고 있습니다. 간략히 명칭만 설명하고 넘어가겠습니다.

물품의 부분에 대해 디자인 출원할 수 있는 부분디자인 제도, 기본 디자인과 유사한 디자인을 1년 이내에 출원할 수 있는 관련 디자인 제도, 동일 물품류에 대해 100개의 디자인을 하나로 출원할 수 있는 복수 디자인 제도, 한 벌의 수저 세트처럼 함께 사용되는 물품을 하나로 출원할 수 있는 한 벌 물품 제도, 출원일부터 설정등록 이후 3년 동안 비밀로 유지할 수 있는 비밀 디자인 제도, 유행성이 강하고 수명주기가 짧은 의류, 사무용품에 대해 등록요건의 일부만 심사하여 등록시키는 디자인 일부 심사등록 제도가 있습니다.

특허와 가장 다른 점은 심사가 무척 빠르다는 것입니다. 디자인은 물품에 따라 전부 심사와 일반 심사로 여기에 더해 의류, 패션잡화, 문방구, 사무용품의 경우는 일부 심사라는 것으로 구분합니다. 일반 심사는 대략 8개월 정도가 소요됩니다. 일부 심사는 2020년에 법이 개정되며 디자인 일부 심사 기간이 60일에서 10일로 단축되었습니다. 빨라진 시대의 변화에 맞춰 특허청이 법을 바꿨습니다. 특허가 출원에서 등록까지 대략 1년에서 1년 6개월이 걸리는 것에 비해 상당히 짧은 기간입니다.

특허를 신청할 때 디자인 등록도 같이해야 한다

간단한 아이템의 특허를 신청할 때는 반드시 디자인권과 함께 신청해야 합니다. 이것이 당신의 사업을 흔들림 없이 시작하게 하는 방편이 됩니다.

설명을 위한 예를 들겠습니다.

흙수저 나역전 대표는 신발 사업에 진출했습니다. 밑창을 바꿀 수 있는 운동화입니다. 운동화 밑창을 앞부분, 중간 부분, 뒷부분으로 세 부분으로 나눴습니다. 앞부분이 마모되면 해당 부분만 바꿀 수 있게 했습니다. 나역전 대표는 이것으로 지식창업을 신청하여 투자금도 받았습니다. 특허를 신청하였습니다.

하지만, 진보성 결여로 기각되었습니다. 사업에 빨간불이 켜졌습니다. 나역전 대표는 그래도 낙담하지 않습니다. 왜냐하면, 디자인권은 통과하여 등록되었기 때문입니다. 특허처럼 20년 동안 독점적 권리를 행사할 수 있습니다. 나역전 대표는 흐뭇하게 미소를 짓습니다.

왜 이런 결과가 나왔을까요?

특허는 기술적 난이도로 판단하고 디자인은 외관의 창작난이도로 판단하기 때문입니다. 만일, 사업 아이템이 간단하면 진보성 결여로 특허받기가 어렵습니다. 받아도 보호 범위가 제한적입니다. 이때, 특허와 디자인 두 개를 같이 신청합니다. 특허가 기각되더라도 디자인권이 등록되어 권한 행사를 할 수 있습니다. 디자인권으로 후발 주자가 따라오는 것도 막을 수 있습니다. 디자인권 신청을 안 했다면 경쟁사의 복제

(카피)를 막을 방법이 없습니다.

따라서 단순한 아이템일수록 디자인 등록을 필히 검토해야 합니다. 단순한 아이템은 해당 디자인을 벗어나기 어려워 다른 형태로 디자인하기가 어렵기 때문입니다. 아이폰의 둥근 모서리를 생각해 보세요. 사람이 다치지 않게 하려면 사각의 형태를 둥글게 해야 했습니다. 운전대가 둥근 것처럼요.

최근에는 기업에서 특허를 출원하면서 동시에 디자인으로 출원하는 경우가 늘어났습니다. 특허 출원할 때마다 비용은 더 들겠지만, 사업의 위험성은 줄어듭니다. 사업 시작부터 흔들리지 않으려면 특허 출원 시 디자인 등록을 검토해야 합니다.

23

만들어 내면 바로 적용받는 저작권

저작권은 태어날 때부터 보호받는다

흙수저 나역전 대표는 상품의 특허까지 마쳤습니다. 이제 상품 판매만이 남았습니다. 상품의 판매량은 상품을 소개하는 상세 페이지를 어떻게 만드느냐에 따라 달라집니다. 이를 아는 나역전 대표는 며칠 밤을 새워 가며 상세 페이지를 만들었습니다. 사진을 찍기도 하고 인터넷에서 내려받기도 했습니다. 결과물은 만족스러웠습니다.

SNS에 광고를 올리자 주문이 쇄도했습니다. 상품을 담은 택배 상자에 택배 송장을 부치고 돌아서면 또다시 주문이 들어와 있습니다. 이마에 땀은 흐르지만, 힘이 들지 않습니다. 며칠 뒤 처음 듣는 법무 법인으로부터 내용증명이 왔습니다. 내용은 글꼴(폰트)과 사진이 저작권을 침해했다는 내용입니다. 아뿔싸! 좋은 이미지를 쓴다고 모르는 무료 글꼴(폰트) 프로그램을 받아 사용하고 사진을 인터넷에서 내려받아 사용한 것이 화근이었습니다.

이것이 나역전 대표만이 겪는 내용일까요?

아닙니다. 지금은 블로그와 유튜브에 자신의 사진과 글을 올리기 때문에 누구라도 겪을 수 있는 상황입니다. 이런 이유로 간단히 저작권에 관한 내용과 법적으로 겪을 수 있는 내용을 설명하겠습니다.

저작권은 「저작권법」에 의거 보호되며 그 보호 대상은 저작물입니다. 법으로 예시하는 저작물로는 어문저작물, 음악저작물, 연극저작물, 미술저작물, 건축저작물, 사진저작물, 영상저작물, 도형저작물, 컴퓨터프로그램저작물 등 9가지가 있습니다.

저작권은 특허, 상표, 디자인과 다르게 등록하지 않아도 창작과 동시에 발생합니다. 그리고, 저작권은 창작자의 사후 70년까지 보호됩니다. 한번 좋은 작품을 쓴다면 3대가 이 작품으로 살 수 있습니다. 조앤 K. 롤링은 해리포터 하나로 3대가 부자로 살아갈 수 있습니다.

만일, 저작권을 침범하면 형사로 5년 이하의 징역 또는 5천만 원 이하의 벌금을 받을 수 있습니다. 여기서 말하는 저작권 침범은 저작재산권 침범을 말하는데 저작재산권에는 복제권, 공연권, 공중송신권, 전시권, 배포권, 대여권, 2차 저작물 작성권을 말합니다.

말 그대로 저작권을 가진 자 허락 없이 마음대로 복사하고, 공연하고, 다른 사람에게 송신하고, 인쇄하여 전시하고, 배포하고, 대여하고, 소설을 영화화하면 안 된다는 것입니다.

최근에는 글꼴(폰트)이 문제되고 있습니다. 무심결에 예쁜 글씨라고 내려받아 쓰면 저작권에 저촉됩니다. 폰트는 대법원에서 '글꼴 파일은 컴퓨터 프로그램 저작물로서 「저작권법」상 보호 대상'임을 판결하였습니다.

> **'폰트 파일의 소스 코드는**(중략) **좌푯값과 좌푯값을 연결하는 일련의 지시, 명령으로 이루어져 있으므로 구 컴퓨터 프로그램보호법상의 컴퓨터 프로그램에 해당한다.'**(대법원 2001.6.29. 선고 99다 23246판결)

우리가 무심결에 위반할 수 있는 사례를 문화체육관광부, 한국저작권협회에서 발행한 '글꼴 파일 저작권 바로 알기'를 참고로 설명하겠습니다.

사례 1 인터넷에서 글꼴(폰트) 파일을 받아 썼다.

→ 저작권자의 허락 없이 사용하였으므로 저작권 침해 행위입니다.

사례 2 게임개발자가 '인쇄용' 글꼴(폰트)을 구매하였다. 이후 게임에 이 글꼴(폰트) 파일이 직접 동작하도록 설계하였다.

→ 사업을 위해 앱을 개발하거나 할 때 동일한 문제가 발생할 소지가 있습니다. 분명 인쇄용으로 구입한 것을 게임제작에 사용했다면 저작권 침해 및 이용계약 위반 책임이 발생됩니다.

사례 3 글꼴을 비영리/개인 목적으로 사용하면 저작권 침해가 되지 않는다고 들었다. 블로그 페이지를 꾸미기 위해 글꼴(폰트) 파일을 내려받아 사용했다.

→ 글꼴(폰트) 파일은 컴퓨터 저작물입니다. 이 경우에는 비영리/개인

목적이라도 저작권 침해가 발생할 수 있습니다.

사례 4 인쇄용으로 글꼴(폰트) 파일을 구매하였으나 인쇄용 외에 기업 상징(CI)과 상표 이미지(BI), 광고 영상 제작 등의 용도로 사용하였다.

→ 인쇄용으로 구입하였으나 다른 용도로 사용한 것은 「저작권법」상 관련 없는 약관상 사용방법과 조건 위반에만 해당합니다. 이용계약 위반 책임 외에 저작권 침해는 발생되지 않습니다.

사례 5 A라는 제작업체에 홈페이지 제작의뢰를 하였다. A 제작업체가 저작권 허락을 받지 않은 폰트를 사용하여 홈페이지를 제작하였다. 그러면 홈페이지를 의뢰한 사람도 책임이 있는가?

→ 의뢰한 사람은 책임이 없습니다. A 제작업체가 책임이 있습니다. 이런 경우가 간혹 있으니 카드결제 영수증 및 이체근거를 남겨두는 것도 좋은 방법입니다.

저작권 침해가 바로 손해 배상을 의미하는 것은 아닙니다. 손해 배상 책임이 발생하려면 위법한 행위가 있으면서 동시에 위법에 이르는 과실 또한 인정돼야 합니다. 더 중요한 것은 저작권자에게 실질적인 손해가 있어야 합니다. 저작권 위반으로 타인의 권리를 침해했으나 침해 사실을 몰랐고 침해 사실을 인지했을 때 그 원인을 제거했다면 심각한 문제가 발생되지 않을 것입니다. 법에 엮이는 것은 좋은 것이 아닙니다.

처음 사례처럼 침해 사실에 관한 연락을 받으면 해당 게시물을 바로 내리거나 삭제하는 것이 좋습니다. 신속한 원인 제거가 저작자의 괜한 형사 고발을 피할 수 있기 때문입니다. 그리고, 기다립니다. 무작위로 보내졌을 수도 있습니다. 계속 연락이 오면 선처를 부탁하며 합의금을 낮추는 수밖에 없습니다.

가장 좋은 방법은 저작권 문제를 발생시키지 않는 것입니다. 글꼴들은 지방자치단체나 정부에서 보급하는 글꼴이나 나눔 글꼴을 사용하면 좋습니다. 소비자들은 화려한 그림과 글자보다 알찬 내용과 자신들의 문제를 해결해 줄 상품을 기대하고 있다는 것을 명심하세요. 저작권이 혼동될 때는 한국저작권위원회 1800-5455로 문의하면 상담사가 친절하게 상담해 줍니다.

필자도 처음 책을 발간할 때 저작권 협회에 전화로 문의하고 무료 글꼴을 내려받아 사용했습니다. 저작권은 생각지 않게 위반할 수 있습니다. 하지만, 조금만 주의한다면 아무 문제 없는 것이 저작권입니다.

24

특허로 등록되지 않아도 당신의 권리를 보호해 주는 신지식재산권

산업재산권으로 보호받지 못해도 부정경쟁방지 및 영업비밀보호에 관한 법률로 나의 시장을 보호하라

산업재산권과 저작권까지 살펴보았습니다. 이제 남은 것은 신지식재산권입니다. 여러 신지식재산권 중에 영업비밀, 「부정경쟁방지법」에 관해서만 설명하겠습니다. 지면이 부족하기도 하지만 산업재산권 다음으로 사업 활동에 가장 많이 사용되는 신지식재산권이 영업비밀과 「부정경쟁방지법」이기 때문입니다. 또한, 산업재산권, 즉 특허, 실용신안, 상표, 디자인권에 등록되지 않아 보호되지 않는 나의 아이디어로 만든 나의 시장에 후발 주자가 진입했을 때 대처하는 가장 좋은 방법이기 때문입니다. 산업재산권은 나의 시장에 성벽을 쌓는 것이지만 부정경쟁방지 및 영업비밀보호에 관한 법을 알아 두는 것은 전투에 임할 때 참호를 파는 것과 같습니다.

부정경쟁방지

「부정경쟁방지 및 영업비밀보호에 관한 법률」에서 부정경쟁 행위는 다음과 같습니다.

첫째, 타인의 성명, 상호, 상표, 상품의 용기/포장, 그 밖의 상품표지와 동일/유사한 것을 사용한 상품을 판매하여 타인의 상품과 혼동하게 하는 행위

둘째, 타인의 성명, 상호, 상표, 표장, 그 밖의 타인 영업임을 표시하는 표지와 동일/유사한 것을 사용하여 타인의 영업상의 시설 또는 활동과 혼동하게 하는 행위

셋째, 타인의 성명, 상호, 상표, 상품의 용기/포장, 그 밖에 타인의 상품/영업임을 표시한 표지와 동일하거나 유사한 것을 사용한 상품을 판매/반포 또는 수입/수출하여 타인의 표지의 식별력이나 명성을 손상하는 행위

넷째, 생산/가공, 수입/수출지 등 원산지 및 품질/내용/제조방법/용도 등을 오인하게 하는 행위

다섯째, 타인의 성명, 상호, 상표, 그 밖의 표지와 동일하거나 유사한 도메인 이름을 등록/보유/이전 또는 사용하는 행위

여섯째, 타인이 제작한 상품형태를 모방한 상품을 양도/대여 또는 이를 위한 전시를 하거나 수입/수출하는 행위

이해하기 어렵지요? 이해가 쉽게 여러 사항을 하나로 정리하겠습니다. '부정경쟁행위는 타인의 상품/표지 등을 모방해 사용하여 소지자들에게 혼동을 일으키고 타인의 명성과 신뢰를 떨어뜨리는 모든 행위를 말하는 것이다.'라고 정리할 수 있습니다.

이 정리를 곱씹어 보면 「상표법」과 목적이 일치한다는 것을 알 수 있습니다. 출처의 혼동을 방지로 소비자권리와 기업 재산상의 이익 보호

라는 점이 같습니다. 우리는 이 점을 잘 알고 활용하고 타인이 나의 시장에 진입했을 때 대처해야 합니다.

원칙적으로 나의 아이디어로 만든 나의 시장에 높은 담을 세우기 위해서는「특허법」과「상표법」,「디자인보호법」을 이용해야 합니다. 이것도 여의치 않으면「저작권법」으로 담을 세워야 합니다. 하지만, 각 법률의 조건에 들지 못해 제대로 보호받지 못할 때도 있습니다. 이때 마지막으로 보호받을 수 있는 법이「부정경쟁방지 및 영업비밀보호에 관한 법률」(약칭: 부정경쟁방지법)입니다.

이해하기 쉽게 두 가지 예를 들겠습니다.

첫 번째 예는 도메인에 관한 사례입니다.

1999년에 있던 일입니다. 개인이 http://www.chanel.co.kr라는 도메인을 등록하였습니다. 더 나아가 홈페이지 곳곳에 Chanel International 또는 샤넬인터내셔널이라는 상호를 표시하고 페로몬 향수, 콘돔 등을 비롯한 각종 성 관련 상품과 속옷 등을 판매하였습니다.

국내 자회사인 샤넬 유한회사는 이 도메인 보유자를 상대로 도메인네임의 등록말소 및 1,000만 원의 손해 배상을 청구했습니다. 법원은「부정경쟁방지법」상의 영업 주체혼동 행위로 원고의 이익을 침해할 우려가 있다고 판단하였습니다. 그리고, 피고의 http://www.chanel.co.kr 도메인 이름은 등록말소절차를 이행해야 한다고 했습니다.

두 번째 예는 남양유업의 불가리스 상품명입니다.

남양유업은 1991년부터 '불가리스'라는 상품명으로 유제품을 출시해서 판매해 왔습니다. 이 글을 읽는 분 중 일부는 불가리스라고 하면 남양유업의 유제품을 떠올릴 것입니다.

이 시장에 매일유업이 '불가리아'라는 상표로 동일한 유제품을 출시했습니다. 남양유업의 불가리스는 국가명이고 지리적 명칭이기 때문에 상표등록이 안 되었습니다. 따라서 「상표법」적으로는 매일유업의 '불가리아'라는 브랜드 사용이 문제되지 않습니다.

하지만, 변수가 있었습니다. 만일, 그 상표가 국내에 이미 널리 알려진 유명한 상표면 「부정경쟁방지법」에 따라 보호받을 수 있는 것입니다. 이미 사람들에게는 불가리스가 널리 알려져 있었습니다. 결국, 매일유업은 남양유업 소송에서 패소하고 상표명을 '불가리아'에서 '도마슈노'로 바꿨습니다.

부정경쟁행위에 해당하면 3년 이하의 징역이나 3천만 원 이하의 벌금에 처해집니다. 산업재산권으로 보호받지 못하면 최후 수단으로 「부정경쟁방지법」에 따라 보호를 받아야 합니다. 반대로 나의 상표가 타인의 권리를 침해하지 않는지 반드시 점검해야 합니다.

영업비밀

영업비밀이 성립되려면 세 가지 기본조건이 성립해야 합니다.

첫째, 비공지성, 공공연히 알려지지 않아야 합니다.
둘째, 경제적 유용성, 독립된 경제적 가치를 가져야 합니다.
셋째, 비밀의 관리성, 상당한 노력에 의해 비밀로 유지되어야 합니다.

영업비밀의 종류는 설계도면, 생산제조 공정 및 방법, 연구자료, 고객리스트, 신제품 판매계획 등 매우 광범위합니다. 영업비밀이 특허와 비교하여 어떤 장단점이 있을까요?

영업비밀은 비밀을 유지하는 이상 영구히 보호받을 수 있는 장점이 있습니다. 단점은 비밀을 유지하기 위해 큰 비용과 신경을 써야 합니다. 또한, 비밀이 공개되어도 타인이 독자적으로 개발하는 경우에는 보호받을 수 없습니다.

특허는 20년 동안 배타적 권리를 법으로 보호받지만, 출원 후 1년 6개월이 되면 기술을 공개해야 합니다. 20년 동안 보호받는 것이 관점에 따라 짧을 수도 있고 길 수도 있습니다. 가장 안 좋은 예는 등록하려다 기각되어, 특허는 등록 안 되고 기술만 공개되는 것입니다.

이와 같은 장단점을 생각하여 아이디어를 특허로 보호받을 것인지 영업비밀로 유지할 것인지 판단해야 합니다. 어떤 것을 영업비밀로 하는 것이 좋을까요? 어떤 것을 특허로 하는 것이 좋을까요?

기계나 전자 장치 등은 영업비밀로 유지하기 어렵다는 것을 먼저 설명하겠습니다. 기술이 발전되어 상대 기계의 작동원리를 단순히 도면이나 뜯어서 실물을 보면 금방 모방할 수 있기 때문입니다. 최신 컴퓨터의 CPU가 출시되면 상대 회사에서 어떤 기술이 들어 있는지 바로 검사합니다. 학교에서 이 기술을 배웁니다. 따라서, 모방하기가 쉽습니다.

이런 이유로 반도체는 「특허법」으로 보호가 안 되나 「반도체집적회로의 배치설계에 관한 법률」을 제정하여 보호하고 있습니다. 지금의 초연결 사회를 이끈 것도 어찌 보면 지식재산권 보호법 때문입니다.

그러면 영업비밀로 보호하기 좋은 것은 무엇이 있을까요? 성분을 파악하기 어려운 화장품, 음료, 의약품들입니다. 잘 알려진 예로 코카콜라가 있습니다. 코카콜라는 특허로 등록하지 않아 130년 이상 비밀을 유지하고 있고 음료 시장을 장악하고 있습니다. 만약 특허로 등록되어 제조방법이 공개되었다면 여러분은 지금 다양한 회사의 코카콜라를 마시고 있었을 것입니다.

어떤 것이 영업비밀 침해가 될까요?

특허청이 블로그에 게시한 '사례로 알아보는 영업비밀 보장'에 나오는 두 가지 사례를 소개하겠습니다.

첫 번째 사례입니다.

김 씨와 이 씨는 국내 자동차 제조회사에서 근무하고 있었습니다. 이들은 회사에서 만든 자동변속기 등의 도면 약 280장을 중국 자동차 제조회사에 제공하였습니다. 그 대가로 200만 달러를 받았습니다. 이후에도 3차례에 걸쳐 회사의 부품 및 설계도면을 중국 업체에 넘겼습니다.

이들은 「부정경쟁방지 및 영업비밀보호에 관한 법률」 위반 혐의 등으로 기소되었고, 2년 6개월에 벌금 50억 원씩을 선고받았습니다.

두 번째 사례입니다.

김 씨는 어린이 학습업체인 A사를 그만두었습니다. 이후, 같은 계열의 어린이 학습업체 B사를 열어 회원을 모았습니다. 문제는 김 씨가 A사 재직 당시 따로 저장해 둔 고객정보 자료를 회원 모집에 사용했다는 것입니다. 이를 알게 된 A사가 소송을 냈습니다.

법원은 「부정경쟁방지 및 영업비밀보호에 관한 법률」에 따른 영업비밀에 해당한다고 인정했습니다. 김 씨에게 A사에 1,000만 원을 배상하고 보관 중인 고객정보를 없애라고 판결했습니다.

이처럼 기업의 영업비밀 유출이 발생하는 가장 흔한 경우가 직원들의 경쟁사 이직입니다. 특수한 맛을 매출의 무기로 삼는 식당의 요리사가 경쟁 식당으로 이직하는 것은 식당 존립 자체를 어둡게 합니다.

이런 일을 방지하기 위해 고용계약서에 비밀유지계약 및 퇴직 후 겸업 금지 계약을 두는 것도 좋은 방법입니다. 영업비밀 침해 행위를 당했다면 민사적으로 금지 청구권, 손해 배상 청구권을 행사할 수 있습니다. 형사 처벌로는 5년 이하의 징역이나 5,000만 원의 벌금에 처할 수 있습니다.

그러나 사례처럼 외국에 비밀을 공개했다면 10년 이하의 징역 및 1억 원 이하의 벌금을 물릴 수 있습니다. 해외로의 지식재산 유출은 더욱 엄정합니다.

무자본 창업을 하거나 스타트업을 할 때는 구성원들은 일인다역을 합니다. 서로가 사업을 위한 비밀을 공유하고 있습니다. 이때 동료 한 명이 이탈하면 사업은 휘청거립니다.

하지만, 이탈한 예전 동료가 비슷한 업종으로 도전을 하거나 연구하던 자료를 바탕으로 먼저 특허를 낸다면, 어떻게 될까요? 부정경쟁방지법에 호소할 수밖에 없습니다. 하지만, 사업 자체가 흔들리고 심지어 무너질 수도 있습니다. 나와 함께 고생하는 동료, 사원들은 함께 갈 사람이고 큰 재산이라는 마음으로 임해야 합니다.

제 5 장

꿈과 목표를 이루어주는 특허·지식재산권 상품화 방법

25

직무발명으로 창의력의 불꽃을 키워라

종업원이 발명한 것은 직무발명

발명의 권리는 발명을 한 사람에게 있습니다. 그러나 회사에서 회사의 비용과 회사의 장비를 이용해 발명했다면 이 발명의 권리는 누구에게 있을까요?

딱 잘라 말하기 어렵지만, 원칙적으로 발명을 한 종업원이 특허권리를 가지나, 회사가 이를 승계하는 경우가 많습니다. 이런 것을 직무발명이라고 합니다.

발명은 종류는 크게 두 개로 나뉩니다. 직무발명과 자유발명입니다. 단어 그대로 직무발명은 종업원이 직무와 관련된 발명을 말하고, 자유발명은 그 외 것을 말합니다. 알 것 같으면서도 이해가 정확히 안 됩니다. 우선, 「발명진흥법」에 나오는 직무발명의 정의를 알아보겠습니다.

제2조 제2항 "직무발명"이란 종업원, 법인의 임원 또는 공무원(이하 "종업원 등"이라 한다)이 그 직무에 관하여 발명한 것이 성질상 사용자·법인 또는 국가나 지방자치단체(이하 "사용자 등"이라 한다)의 업무 범위에 속하고 그 발명을 하게 된 행위가 종업원 등의 현재 또는 과거의 직무에 속하는 발명을 말한다.

다시 말하지만, 법은 어렵습니다. 따라서 이 정의를 세 부분으로 나누어 이해하도록 하겠습니다.

첫째, 종업원, 법인의 임원 또는 공무원이 발명한 것을 말합니다.

종업원, 임원, 공무원이 발명한 것이어야 합니다. 말 그대로 회사에서 월급 받는 모든 이들이 포함됩니다. 임시고용직, 수습직원, 법인으로부터 급여를 받는 임원도 포함됩니다. 거꾸로 이야기하면 개인사업자가 하는 발명은 직무발명이 안 됩니다.

둘째, 종업원의 발명이 성질상 사용자, 법인 또는 국가나 지방자치단체의 업무 범위일 것입니다.

직무발명이 되려면 해당 발명이 발명자의 업무 범위에 속해야 합니다. 산림청 임업 관리 공무원이 나무를 베는 장치를 개발했다면 이것은 직무발명입니다. 하지만, 유조차 관리업무를 하는 사람이 나무를 베는 장치를 개발했다면 이는 자유발명이 됩니다.

셋째, 현재 또는 과거의 직무에 속하는 발명을 말합니다.

현재 또는 과거에 관련된 업무에 관해 발명하면 직무발명이 됩니다. 예를 들어, 산림청 유조차 담당 임 씨는 5년 전에 나무 베는 업무를 잠깐 했었습니다. 이 경험을 바탕으로 5년 후에 효율적으로 나무를 베는 장비를 만들었습니다. 이 발명은 바로 직무발명이 됩니다.

이 세 가지 요건이 모두 해당해야 직무발명에 해당합니다.

직무발명은 여러 가지 혜택이 있다

직무발명에 관해 설명했습니다. 과연 직무발명은 어떤 효과가 있을까요? 직무발명의 이익에 관해 설명하겠습니다.

첫째, 종업원들의 사기 증진 및 특허 출원 수 증가입니다.

직무발명으로 얻을 수 있는 가장 큰 특징입니다. 발명에 따른 인센티브를 주니 사업체 내의 창의력이 계속 유지됩니다. 또한, 종업원들도 정당한 대가를 받으니 사기가 올라갑니다. 직원들끼리 특허를 더 출원하려고 욕심을 냅니다. 회사가 창의력의 기운으로 꽉 찹니다.

이것을 증명하듯 직무발명 보상규정이 있는 기업은 특허보유건수가 평균 118.4건인데 반해 없는 기업은 17.6건이라는 지식재산연구원의 조사가 있습니다.

둘째, 세제 혜택이 있습니다.

첫 번째의 효과를 얻기 위해 정부에서는 세제 혜택을 부여하여 직무발명을 장려합니다.

'종업원의 소득세 감면'

종업원이 회사로부터 받게 되는 직무발명 보상금에 대해 소득세가 연 500만 원 한도까지 비과세됩니다.

'기업의 세액공제'

직무발명 보상금으로 지출한 금액에 대해서 연구개발비용으로 보아 법인세에서 세액공제를 받을 수 있습니다.

셋째, 직무발명 보상 우수기업 인증 시 혜택이 많습니다.

직무발명 보상규정을 마련하고, 규정에 따라 모범적으로 직무발명에 대해 보상하는 중소 · 중견기업을 '직무발명보상 우수기업'으로 인증합니다. 직무발명 보상규정을 보유하고, 신청일로부터 2년 이내에 직무발명 보상 사실이 있는 중소 · 중견기업이면 신청할 수 있습니다.

분기별 1회로 연 4회 신청할 수 있습니다. 100점 만점을 기준으로 직무발명에 관한 규정(30점), 직무발명 보상내역(30점), 직무발명규정에 따른 절차의 준수(40점)로 70점 이상이면 인증기업으로 선발됩니다. 이렇게 인증되면 다음과 같은 혜택이 있습니다.

① 특허 · 실용신안 · 디자인 출원에 대한 우선심사
② 특허 · 실용신안 · 디자인의 4~6년 차 등록료에 대해 추가 20% 감면
③ 정부지원사업에 대한 가점 부여
④ SGI 서울보증 보험 가입 시 우대혜택 제공
– 보험료 10% 할인, 보증 한도 확대, 신용관리 컨설팅 무상제공, 중소기업 임직원 교육플랫폼 지원

직무발명에 대한 보상금의 종류

사용자는 종업원과 직무발명에 대한 계약과 보상을 어떻게 해야 할까요?

일반적으로 사용자는 종업원을 고용할 때 직무발명에 관해 사전승계 계약을 체결합니다. 지금이라도 안 되어 있으면 당장 해야 합니다. 이에 따라 종업원이 직무발명했다면 사용자에게 신고해야 합니다.

사용자는 이 직무발명이 가치가 있다고 생각했다면 직무발명으로 승계한다는 의사를 표시해야 합니다. 이후, 합당한 보상을 해야 합니다. 사용자가 만약 승계를 거부하면 종업원은 자기 명의로 특허 출원을 할 수 있습니다. 법을 어기지 않는 것입니다. 하지만, 직무발명에 대한 신고 없이 자기 명의로 특허 출원했다면 법을 어기는 것입니다.

사용자가 만일 직무발명을 승계했다면 네 종류의 보상금을 지급해야 합니다.

첫째, 특허 출원을 했을 때 발명을 창작한 노고를 참작하여 지급하는 출원 보상
둘째, 발명이 등록되었을 때 그 발명의 우수성 및 회사 내외에서의 활용 가치 등을 참작하여 지급하는 등록 보상
셋째, 등록된 발명을 실시하는 경우 그 활용의 실적에 따라 지급하는 실적 보상
넷째, 등록된 발명을 회사가 처분하였을 경우 그 특허권의 내용 및 수익금을 참작하여 지급하는 처분 보상

직무발명의 보상을 정당하게 하여 직무발명을 독려하면 사업체에 창의력이 넘치게 됩니다.

일본의 대표 전자업체 소니는 특허발명 사원에게 1년 단위로 200만엔의 장려금을 지급했습니다. 이에 더해 매년 수익에 공헌한 특허, 실용신안, 디자인 등을 1등급에서 5등급으로 분류하여 발명자들에게 장려금을 지급해 왔습니다.

포스코가 아직 포항제철인 시절 이때 임직원들의 직무발명 건수는 세계적 수준이었습니다. 한 해 동안의 직무발명 건수가 이미 2,000건을 넘어섰었습니다.

창의력의 불꽃이 꺼지지 않았기 때문에 포항제철은 포스코로 한국을 떠나 세계를 대표하는 철강회사가 되었고, 소니는 전자제품 분야를 벗어났지만 아직도 세계의 기업으로 남아 있습니다.

직무발명제도는 발명가 개인을 보호하는 것보다 기업의 경쟁력을 높이는 데 있습니다. 기업의 관리자는 직무발명 보상제도를 이용하여 회사의 창의력이라는 불꽃이 꺼지지 않게 해야 합니다.

26

세계로 가는 길에는 국제특허가 있다

세계진출을 꿈꾸는 자 국제특허에 대한 기초 상식을 알아야 한다

흙수저 나역전 대표는 사업을 확장하기로 했습니다. 아이의 두상을 예쁘게 만들어 주는 '아이 사랑 아이 베개'로 시장의 반응이 좋아 중국 진출을 결심했습니다. 수출방법과 협력 업체를 알아봤습니다. 이제 한국을 벗어나 세계로 갑니다. 기분이 들뜬 그에게 누가 알려 왔습니다. 중국에 '아이 사랑 아이 베개'와 같은 베개가 이미 있다고요.

인터넷으로 검색해 보니 형태까지 똑같습니다. 그래도 나역전 대표는 안심했습니다. 이미 특허로 등록해 놨기 때문입니다. 나역전 대표는 특허 침해 소송까지 생각하며 변리사를 찾아갔습니다.

하지만, 변리사를 만나고 온 나역전 대표는 중국 진출 사업을 접기로 했습니다. 자신이 특허, 특히 국제특허에 무지했다는 것을 후회했습니다다. 어느 정도 특허에 관한 공부를 미리 해 놨으면 이런 일이 없었을 텐데…….

어떻게 된 일일까요? 내가 독점적 권한을 받기 위해 특허로 등록을 했는데 왜 권리를 보장을 받지 못하는 걸까요?

답은 속지주의에 있습니다. 속지주의는 "A 국의 영토 안에 있는 대상은 A 국의 법을 적용받는다."라는 개념입니다. 이것을 특허에 적용하면 특허 등록이 된 나라에서만 특허권을 누릴 수 있습니다. 내가 우리나라에서 특허를 등록했다고 해서 세계에 모두 통용되는 것이 아닙니다.

만일 중국에 진출한다고 하면 중국특허청에 접수해야 하고 미국에 진출하고 싶다고 하면 미국 특허청에 접수하고 심사를 거쳐 등록받아야 합니다. 특허를 잘 모르는 사람이 가장 많이 혼동하는 것입니다.

하지만 지금이라도 특허 신청을 하면 안 될까요?

책을 잘 읽으신 분들은 아시겠지만 이미 한국에서 신청되었기 때문에 특허의 등록요건 신규성에서 위반됩니다. 특허 등록이 안 됩니다. 나역전 대표는 이런 기초적인 것을 몰라 세계시장 진출을 놓쳤습니다.

따라서, 세계시장에 진출하고자 할 때는 해당 국가에 특허를 내는 것도 특허 출원 때 같이 생각해야 합니다. 하지만, 스타트업이나 작은 사업체에서는 특허 등록과 함께 국제특허를 신청하는 것은 어렵습니다.

한국 특허 등록도 부담스러운데 국제특허는 한국 변리사와 번역, 현지 변리사(변호사)를 선임해야 하므로 비용이 많아질 수밖에 없기 때문입니다. 하지만, 국제특허를 내는 기초적인 상식을 알면 시장의 반응을 보면서 국제특허를 낼지 안 낼지 선택할 수 있습니다.

국제특허를 신청하는 방법에는 두 가지가 있습니다. 공업소유권에 관한 국제조약인 파리조약을 이용한 방법과 PCT(Patent Cooperation Treaty; 특허협력조약) 국제출원 방법이 있습니다.

두 가지 방법의 공통점은 특허 등록 시의 공지예외제도처럼 국내 출원일 1년 이내에 신청하면 신규성 결여로 보지 않고 국내 출원 시점을 기준으로 특허 출원일을 계산해 준다는 것입니다.

차이점은 파리조약을 통한 국제출원은 1년 이내에 모든 절차를 마무리해야 하나 PCT 방법은 1년 이내에 PCT 출원을 하고 30개월 이내에 해당 국가에 신청할 수 있습니다.

예를 들어 설명하겠습니다.

우선 1년 이내에 신청하면 신규성 결여로 보지 않고 국내 출원 시점을 기준으로 특허 출원일을 계산해 준다는 공통점을 먼저 설명하겠습니다.

나역전 대표는 '아이 사랑 아이 베개'를 2021년 1월 1일에 한국에 특허 등록하였습니다. 이것을 중국에 특허로 등록하고 싶다면 파리조약의 방법으로는 2022년 1월 1일 전에 중국특허청에 신청하면 됩니다. PCT 방법도 2022년 1월 1일 전에 PCT 국제출원을 하면 됩니다. 그러면 특허 출원일을 2021년 1월 1일로 소급해서 적용해 줍니다. 이 국제특허의 출원일은 한국 특허와 같은 2021년 1월 1일이 됩니다. 1년, 즉 12개월이 넘지 않았기 때문입니다. 만일 2022년 1월 2일, 즉 12개월을 넘겨 신청했다면 신규성 결여로 특허를 등록할 방법이 없습니다.

다음으로 파리조약을 통한 국제출원은 1년 이내에 모든 절차를 마무리해야 하나 PCT 방법은 1년 이내에 PCT 출원을 하고 30개월 이내에 해당 국가에 신청할 수 있다는 차이점에 관해 설명하겠습니다.

나역전 대표는 '아이 사랑 아이 베개'를 2021년 1월 1일 한국에서 특허 출원을 하였습니다. 중국으로 파리조약에 의한 특허 등록을 신청하려 합니다. 따라서, 10월부터 부지런히 변리사를 만나고 번역을 해서 간신히 서류를 꾸려 2021년 12월 30일에 특허 등록을 하였습니다.

절차는 간단하지만 조기에 비용을 집행해야 하고, 시장 상황을 보기에는 일 년이라는 기간이 너무 짧은 단점이 있었습니다. 이에 반해 PCT는 일 년 안에 PCT 출원만 해놓으면 소급적용한 우선일로부터 30개월 이내에 원하는 나라에 국제출원을 할 수 있습니다.

'아이 사랑 아이 베개'로 설명하면 2021년 1월 1일 한국 특허 출원일을 기준으로 2021년 12월 30일 전에 PCT 출원을 하고, 시장 상황을 관찰하고 있다가 원하는 나라를 선택해 2023년 6월 30일 전까지 특허 출원을 하면 됩니다. 파리조약 12개월에 비해 2배 반 이상의 긴 기간을 얻을 수 있는 장점이 있습니다. 이 시간 동안 출원인은 여유롭게 유심히 시장 상황을 관찰하고 고민한 후 국제출원을 결심하면 됩니다.

위 두 방법의 장단점을 정리하면 다음과 같습니다.

파리조약을 통한 방법은 한두 국가에 대해 빠르게 권리를 획득하는 방법에는 좋지만 12개월이라는 기간이 짧다.

PCT 방법은 절차가 복잡하지만 30개월의 기간으로 시장의 흐름을 파악하고 다양한 국가에 국제 출원할 수 있는 선택권을 준다.

하지만 중요한 것은 두 방법 다 반드시 1년이라는 것을 잊지 말아야 합니다. PCT는 1년 이내에 신청이라도 해놔야 합니다.

PCT 국제출원절차와 일반해외 출원절차 비교도

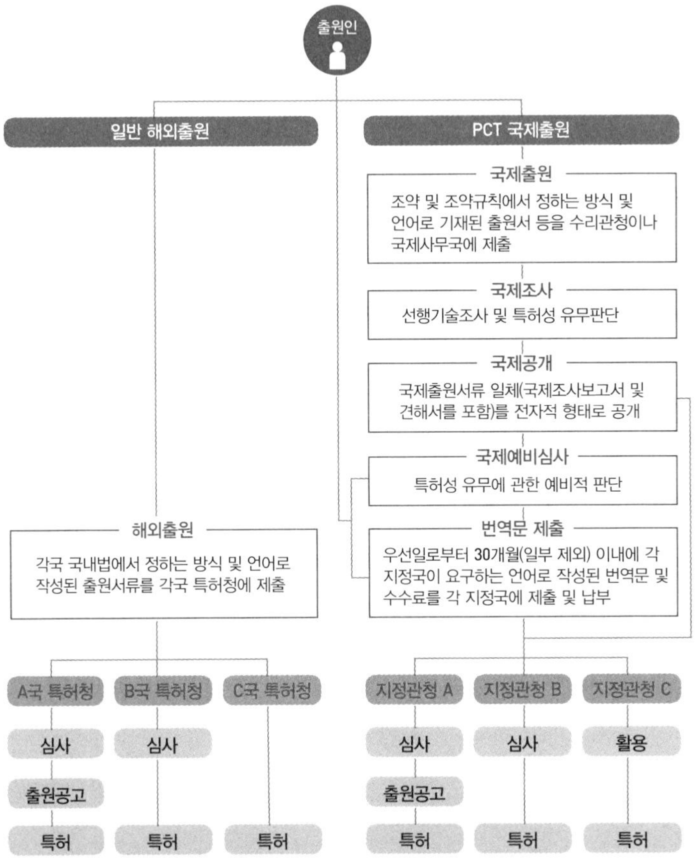

특허청 인용

중국은 지식재산권에 대한 보호를 더 강하게 한다

중국은 가깝고도 먼 나라입니다. 그리고, 아직도 중국은 '짝퉁의 나라'라고 생각하는 경향이 강하기 때문에 중국에 특허를 내 봤자 필요 없다고 생각하는 사람이 많습니다. 10년 전만 해도 이런 생각이 맞았지만, 지금은 아니라고 단호히 말할 수 있습니다. 데이터로 설명할 수 있습니다.

우선, 특허권리 침해소송에서 특허권자의 승률을 보면 알 수 있습니다. 국내 특허 침해 소송에서는 특허권자가 이길 확률은 30% 정도입니다. 이에 반해 중국은 60%로 한국보다 두 배 정도 높습니다.

침해에 따른 손해 배상액도 한국보다 훨씬 높은 편입니다. 여기에 더해 해외 권리자가 승소하는 비율도 높아졌습니다. 중국 내 기업과 외국기업의 특허분쟁에 외국 원고의 승소율이 75%라면 중국 원고의 승소율은 63%입니다. 이처럼 특허권자의 권리를 우선으로 보호해 주고 있습니다.

중국은 우리나라와 지리적으로 가까운 나라로 인구수만 해도 세계 1위의 국가입니다. 이런 시장을 놓치겠습니까? 하지만, 역설적이게도 우리 기업과 해외 지식재산권 분쟁이 가장 많이 발생하는 곳이 중국입니다. 지식재산연구원의 2015년 조사에 따르면 수출기업이 겪은 지식재산권 분쟁의 36%가 중국에서 발생되었다고 합니다. 왜 이런 일이 벌어졌을까요?

결론부터 말하자면 우리 기업의 중국특허 출원율이 매우 저조하기 때문입니다. 수출량이 다른 국가에 비해 매우 높지만, 중국에 지식재산권을 가지고 있는 업체는 13.3%밖에 되지 않기 때문입니다. (특허청 지재권 피해실태조사 2012년 2,700여 개 업체 대상) 과거의 중국을 기억하고 바라보는 사고방식이 지배적이라 지식재산권에 대해 신경을 쓰지 않았기 때문입니다.

하지만, 지금의 중국은 지식재산권 분야에서 무시할 수 없는 국가가 되었습니다. 2016년 11월 27일 중국 〈환구시보〉는 중국은 2015년 기준 출원 건수는 세계 최초로 100만 건을 넘었다고 보도했습니다. 이것은 전 세계의 40%를 차지하는 특허 출원 비율입니다.

중국은 가깝고도 먼 시장입니다. 세계로 나가기 전에 중국에 먼저 지식재산권을 준비해야 합니다.

중국의 실용신안을 노려라

앞선 장에서 실용신안의 장점에 관해 설명했습니다. 중국은 이 실용신안의 장점을 최대한 살려서 소발명가의 발명 의욕을 꺾지 않고 나라의 지식재산의 양을 키우고 빠른 시장의 변화에 적응하고 있습니다.

중국은 실용신안에 대해 무심사주의를 유지하고 있습니다. 형식과 요건만 갖추면 등록할 수 있습니다. 난이도가 낮아 무효가 될 가능성도 적습니다. 실용신안을 접수할 때 2건 이하의 선행기술만 인용하면 되기 때문입니다.

이런 이유로 실용신안은 5~6개월이면 등록받을 수 있습니다. 특허가 보통 22개월인 것에 비하면 무척 빠릅니다. 출원 비용도 특허의

1/4~1/3밖에 들지 않습니다. 더 좋은 것은 기술평가 없이 바로 권리행사를 할 수 있다는 것입니다. 완전히 특혜를 떠나 사기라고 할 정도입니다. 치트키를 써서 게임을 클리어하듯 실용신안이라는 치트키로 시장을 선점합니다.

이런 중국의 실용신안 활성화 정책 때문인지 해외기업들도 실용신안을 부지런히 신청하고 있습니다.

단, 실용신안은 10년만 존속된다는 단점이 있습니다. 하지만, 이런 단점을 피하는 방법이 있습니다. 발명을 실용신안으로 신청할 때 특허도 같이 신청합니다. 실용신안을 받고 권리를 행사하는 동안 특허가 등록되면 실용신안을 포기합니다. 그러면 20년 동안 같은 발명으로 권리를 보장할 수 있습니다.

마지막으로 중국에서 지식재산권을 등록하면 더 좋은 점을 알려 드리겠습니다. 중국에 등록한 지식재산권 권리를 중국세관에 등기하면 세관 공무원이 알아서 모조품이 중국 내에서 수출입되는지 단속하고 권리자에게 통보한다는 것입니다. 우리나라의 세관등록을 통한 수입금지 조치와 비슷한 모습입니다. 하지만, 중국세관은 수입금지뿐만 아니라 수출금지까지도 지원하고 있습니다.

조정래 작가는 〈정글만리〉에서 중국의 세 가지 바보 이야기를 합니다. '공안이 모를 거로 생각하는 바보, 공안을 속일 수 있다고 생각하는 바보, 나만은 공안에 안 걸릴 거로 생각하는 바보' 소설에서 중국과 대만 관계 이야기를 했다가 사업이 위태로워지는 사장님 이야기도 나옵니다. 중국에서 공안은 일제 강점기의 순사보다 더한 힘을 가진 존재입니다.

중국에 특허와 실용신안을 등록하면 이런 강력한 공안을 여러분의 편으로 만드는 것입니다.

참고로 대만은 PCT를 이용할 수 없어서 우선일로부터 12개월 안에 특허 출원을 해야 한다는 사실을 참고하세요. 중국과 대만을 혼동하지 않도록 다시 한번 이야기합니다.

가깝고도 먼 나라 중국, 세계 1위의 인구를 가지고 있는 국가, 이곳을 겨냥하여 세계로 나아 갈 꿈을 갖고 있다면 국제특허를 신청하여 권리를 확보해 놔야 합니다.

27

특허가 없다고? 그러면 국유특허를 빌려. 그리고 농촌으로 달려가

국가는 여러분이 국유특허를 사용하여 성공하기를 등 떠밀며 바랍니다

경북 포항으로 ㈜수산복해의 스마트팜을 찾아갔습니다. 재배기술을 특허화하여 남들과 다른 차별성으로 새싹보리를 판매한다고 해서 특허 성공 사례 인터뷰 겸 농장을 방문하였습니다. 하지만, 내비게이션의 안내로 도착한 곳은 전혀 농장 같지 않았습니다. 마치, 공장처럼 여러 개의 컨테이너만 늘어서 있었습니다. 잘못 도착한 것이 아닌가 생각하고 있는데 윤상태 대표가 반갑게 맞아 주었습니다.

윤상태 대표는 스마트팜을 소개해 주며 컨테이너 문을 열었습니다. 그곳에는 영화에서 보던 미래가 있었습니다. 층층이 쌓여 있는 파렛트 위에서 초록의 새싹보리가 수경재배로 위생적으로 키워지고 있었습니다.

컨테이너가 여러 개라 차례대로 돌면 1년에 52모작이 가능하고 컨테이너 한 개의 새싹보리 생산량이 노지 1만 평과 비슷하다고 합니다. 혁명적이었습니다. 설명하는 윤 대표의 얼굴에서 선진화된 농업 분야를 이끌고 있다는 자부심을 느낄 수 있었습니다.

윤 대표는 한때 우리나라의 유명 유통업체에 근무하였습니다. 점장을 꿈꾸는 평범한 직장인이었습니다. 하지만, 인터넷의 발달로 유통구조가 바뀌어 소비자의 직구매가 많아지자 근무하던 유통업체가 사모펀드로 넘어가게 되었습니다.

위기감을 느껴 다른 길을 모색하다 스마트팜이라는 것을 알게 되어 46세에 퇴직을 결심했습니다. 하지만, 이미 스마트팜을 이용한 새싹보리는 선발주자들이 잠식하고 있었습니다. 남들과 다른 차별화가 없으면 시장에서 살아남을 수 없었습니다. 답답한 마음에 농촌진흥청 소속 식량과학원을 무작정 찾아갔습니다. 혹시나 홀대받을까 걱정했는데, 연구원분들이 반가워하며 친절히 고민을 들어주고 여러 기술을 보여주었습니다.

힘들여 찾아간 보람이 있었습니다. 새싹보리를 키우는 전반적인 기술을 전수받을 수 있었고 수경재배를 할 때는 곰팡이가 문제인데 이 곰팡이를 없애는 플라스마공법이 있다는 것을 알았습니다.

윤 대표는 발품을 팔아 국내에서 지하수를 수소수로 바꿔주는 아쿠아플라스마 기계를 생산하는 공장을 찾았습니다. 플라스마 기계를 새싹보리 재배기에 장착하고 이 제조방법을 특허로 등록하였습니다. 특허도 지식재산센터에 지원을 받아 무료로 등록하였습니다. 이렇게 재배기법을 차별화하자 대기업에서 문의가 들어왔고, 지금은 납품하고 있습니다.

새싹보리를 재배하는 스마트팜

인터뷰 끝에 윤 대표는 여러 가지 이유를 들며 청년들이 농업 분야로 창업을 많이 했으면 좋겠다고 말씀하셨습니다. 농업 분야의 창업에 대해 다시 생각해 보는 인터뷰였습니다.

다음은 윤 대표가 청년이 농업 분야에 진출하면 좋은 점을 필자가 간략히 정리한 것입니다.

> 첫째, 39세 이하는 큰 초기 비용이 들지 않는다. 각, 기관마다 실시하는 정부 지원사업을 신청하여 선정되면 자기 자본 없이도 창업할 수 있다(가장 강조하는 부분).
> 둘째, 농업은 국가가 보호해 주는 사업으로 대기업의 진출이 어렵다.
> 셋째, 온라인으로 직접 판매하는 시대로 판로를 걱정할 필요가 없다.

넷째, 농촌진흥청이나 식량과학원 등 연구소에 찾아가면 신기술을 흔쾌히 이전해 주어 높은 부가가치를 창출할 수 있다.
다섯째, 본인이 직접 원재료를 만들어 2차, 3차 가공을 하면 10배, 20배 이상의 부가가치를 창출할 수 있다. OEM이 쉬워 위탁가공이 가능하다.

네 번째처럼 정부는 공무원들이 연구한 기술을 국민이 적극적으로 사용하기를 원합니다. 그중에 특허로 등록된 것은 국유특허라고 합니다. 국유특허는 실시권을 빌려주어 산업에 적극적으로 이용하게 합니다. 이런 것이 농업분야가 많고 적극적입니다.

여러분은 고개를 갸웃하며 이렇게 생각할 것입니다.

'어떻게 국가가 특허를 빌려줘?'

국가에서 빌려주는 특허, 국유특허

국가에서 개인에게 빌려주는 특허가 있습니다. 이를 '국유특허'라고 합니다. 국립연구소, 국립대학 등 국가기관에서 연구한 기술을 등록한 특허를 말합니다. 정확한 정의는 '국가공무원의 직무발명을 국가가 승계하여 국가 명의로 출원하여 등록된 기술'이라고 합니다. 이해가 어렵지요? 두 개의 설명을 붙여 쉽게 설명하겠습니다.

국가연구기관, 대학교 등에서 민간이 필요하지만, 비용 때문에 할 수 없는 연구를 국가지원을 받고 연구합니다. 이 연구원들은 공무원입니다. 연구 자체가 직무를 수행하는 것입니다. 결론적으로 이 연구원들이 발명하면, 직무발명이 됩니다. 국가기관은 직무발명의 권리를 승계하여 출원하고 특허로 등록합니다. 이 특허가 국유특허입니다.

국유특허는 농업, 수산업, 의약, 바이오 분야에 이르기까지 다양합니다. 국가의 적극적인 연구개발 투자로 2016년은 5,651건이었던 것이, 2020년에는 8,213건, 2021년 5월에는 8,500건으로 꾸준히 증가하고 있습니다.

국가는 산업발전을 위해 많은 돈을 들여 기술을 개발하고 국유특허로 등록하였습니다. 따라서, 국유특허가 사용되지 못하고 소멸하는 것을 원치 않습니다. 국민이 빌려 쓰는 것을 장려하고 많은 혜택을 줍니다.

국유특허를 빌려 쓰는 혜택을 정리해 보면 네 가지로 정리할 수 있습니다.

첫째, 먼저 실시하고 나중에 정산한다. 매출이 없으면 사용 수수료도 없다.
둘째, 기술 이전 후 사후 컨설팅 지원을 한다.
셋째, 발명기관의 기술지원을 한다.
넷째, 3년 동안 사용 안 된 국유특허는 3년 동안 무상으로 사용할 수 있다.

스타트업과 사업을 꿈꾸는데 아이템과 특허가 없다고 좌절하지 않아도 됩니다. 국유특허를 빌려 사업에 활용하면 됩니다. 이것저것 안 되면 국가 연구소를 윤 대표처럼 찾아가세요. 반갑게 맞아 주며 사업 방향에 맞는 기술을 전수해 주고 국유특허도 가르쳐 줄 것입니다.

정부지원사업을 신청할 때 국유특허를 이용하면 투자금도 지원받을 수 있는 것은 덤입니다. 여러분도 국유특허와 국가 기술을 잘만 활용하면 ㈜수산복해의 윤 대표처럼 될 수 있습니다.

같이 쓰는 것은 통상실시권, 독점적으로 혼자 쓰는 것은 전용실시권

국유특허를 이용하는 방법에는 어떤 것들이 있을까요? 이용방법을 설명하기에 앞서 국유특허가 어떠한 것들이 있는지 검색하는 방법을 먼저 설명하겠습니다. 두 가지 방법이 있습니다.

첫째, 특허로 사이트를 이용하는 방법입니다. 먼저 '특허로' 사이트에 접속합니다. '신청/제출' 메뉴를 선택하고 '국유특허 통상실시권'이란 메뉴를 누르면 검색할 수 있는 화면이 나옵니다.

둘째, 방법은 농업기술 실용화 재단 홈페이지에 접속하여 검색하는 방법입니다. 국유특허가 농촌에 관계된 기술 건수가 많다 보니 농촌진흥청에서 농업 분야 공유특허에 관한 '농촌진흥청 개발 국유특허권 기술 목록집'을 출판하고 있습니다. 목록집은 '농업기술 실용화 재단' 홈페이지에 들어가 '실용화정보' 메뉴를 누르면 나오는 자료실에서 찾아볼 수 있습니다.

여기까지 읽으신 분들은 책은 내려놓고 당장 사이트에 들어가 보는 것을 추천합니다. 어떤 특허들이 있는지 알아보세요.

제목을 읽는 것만으로도 사업의 아이디어가 떠오를 것입니다. 융합이 일어나며 실천할 동기부여를 만들고 여러분을 움직이게 할 것입니다. 당장 사이트에 들어가서 특허 이름들을 살펴보세요. 이것이 시작입니다.

본 이야기로 돌아와 국유특허를 이용하는 방법에 관해 설명하겠습니다. 이용방법에는 통상실시권과 전용실시권이 있습니다.

용어가 어렵지요? 풀어서 설명하겠습니다.

우선, 실시권이란 용어부터 설명하겠습니다. 실시권이란 '원권리자가 소유권은 갖고 있으나 기술을 시행할 권리를 타인에게 주어 사용할 수 있도록 하는 것'을 말합니다. 다른 말로 라이센싱(기술, 특허, 상표권 등 기타 재산권을 다른 기업에 사용하도록 허락하고 그 대가로 로열티를 받는 계약)이라 합니다. 이 실시권은 특허뿐만 아니라 실용신안과 디자인권 등에도 행사할 수 있습니다.

원래, 특허는 독점적이고 배타적인 권리이기 때문에 다른 사람이 사용할 수 없습니다. 하지만, 특허권자보다 특허를 잘 활용하여 이윤을 더 많이 발생시킬 수 있는 사람과 기업에 사용을 허락하면? 특허권자와 실시권자 모두가 높은 수익을 확보할 수 있습니다.

실시권이란 단어 앞에 이제 통상과 전용을 붙입니다. 실시권에 설정하는 특허권의 범위에 따라 두 단어로 나뉩니다. 두 단어를 합치면 전용실시권과 통상실시권이란 단어가 나옵니다.

전용실시권은 특허권자와의 계약으로 합의한 내용, 지역, 기간 안에는 독점적으로 특허를 사용할 수 있는 권리를 주는 것을 말합니다.

통상실시권은 특허권자 아니면 특허권자에게서 전용실시권을 얻은 자와의 계약, 행정 처분 등의 이유로 일정 범위 내에서 특허를 시행할 수 있는 권리를 말합니다.

아직도 어렵지요? 공통점과 차이점으로 분류해 쉽게 설명하겠습니다.

공통점은 두 실시권 모두 특허권 없이 발명을 빌려 쓸 수 있습니다. 차이점은 전용실시권에는 '독점성'과 '배타성'이 있습니다.

즉, 전용실시권자는 발명을 독점적으로 사용할 수 있지만, 통상실시권자는 '독점성'과 '배타성'이 없이 다른 사람들과 같이 동일한 발명을 빌려 사용합니다. 둘의 차이는 독점성과 배타성이 있고 없고의 차이입니다.

통상실시권은 수의계약, 전용실시권은 입찰로

국유특허를 빌려 쓰는 방법은 통상실시를 원칙으로 합니다. 즉, 여러 사람이 함께 사용할 수 있게 합니다. 왜 여럿이 사용하게 할까요? 국가가 개발한 기술을 한 기업이나 사람이 독점권을 주고 쓰게 하는 것은 특혜가 될 수 있고 국가 기술개발의 목적을 상실할 수 있기 때문입니다.

하지만, 기업체들은 전용실시권, 즉 독점사용을 희망합니다. 힘들게 시설비용과 마케팅비용을 투자해서 시장을 넓혔는데 후발 기업이 무혈입성으로 들어오는 것은 사업에 부담이 있기 때문입니다.

먼저 통상실시권을 설명하겠습니다.

대상은 국가공무원의 직무발명에 따른 국가명으로 등록된 특허권, 실용신안권, 디자인권입니다. 특허로 사이트에서 검색하여 신청하고 수의계약에 의한 유상처분을 원칙으로 합니다. 쉽게 풀면 경쟁이나 입찰에 의하지 않고 상대편을 임의로 선택하여 체결하는 계약을 하고 돈을 지급하는 것입니다.

돈을 지급하는 것을 원칙으로 하나 등록 이후 3년 이상 미활용된 국유특허는 3년 동안 무상으로 이용할 수 있습니다. 검색 시에 무상이라는 메뉴를 선택하여 검색할 수 있고 무상이라는 글자로 확인할 수 있습니다.

실시료 산정기준은 다음과 같습니다.

※ 실시료 예정가격 = 총판매 예정 수량 × 제품의 판매단가 × 점유율 × 기본율

- 총판매 예정 수량: 실시기간 중 매 연도별 판매예정 수량을 합계한 것
- 제품의 판매단가: 실시기간 중 매 연도별 공장도 가격
- 점유율: 단위 제품을 생산하는 데 있어 당해 국유특허권이 이용되는 비율
- 기본율: 3%

사용료 지불은 계약 기간 만료 후 지정 기간 이내에 실시실적 증빙서류 사본 등을 첨부한 정산서를 제출하고 정산된 실시료를 지정 기간 내에 내면 됩니다. 계약 기간 동안 미시행되었다면 미시행 사유서만 제출하면 됩니다. 사용한 것만 지불하는 후지불방식입니다. 이것이 최대의 장점입니다.

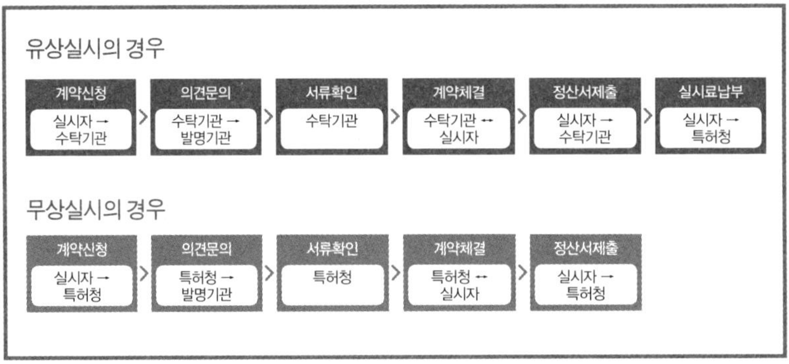

특허로 참조: 국유특허 통상실시절차

신청하는 방법은 단순히 특허로 사이트에 들어가 먼저 '특허로' 사이트에 접속하고 '신청/제출' 메뉴를 선택하고 '국유특허 통상실시권'이란 메뉴를 눌러 사용할 국유특허를 검색합니다. 사용할 특허를 선택하고 신청이라는 메뉴를 클릭하면 친절하게 안내해 줍니다.

두려워하지 마시고 당장 해 보세요. 국가의 산업개발을 장려하여서 잘 모르면 연락하라고 전화번호까지 공개되어 있습니다. 중간에 모르면 전화하세요. 친절하게 가르쳐 주니 두려워하지 말고 도전해 보세요.

다음으로 전용실시권을 설명하겠습니다.

전용실시권은 국가의 특허로 개인에게 '독점성'과 '배타성'을 부여합니다. 따라서, 전용실시권은 앞의 통상실시권에 비해 조건이 까다롭습니다. 국유특허를 전용실시권으로 허용하는 것은 다음의 네 가지 조건 중 하나가 맞아야 합니다.

- 통상실시권을 받으려는 자가 없는 국유특허
- 사업화하여 수익이 발생할 때까지 3년 이상의 후속연구가 필요한 국유특허
- 다른 법령에 따라 허가 또는 시험이 필요하여 사업화에 3년 이상 소요되는 국유특허
- 전용실시권을 설정하는 것이 필요하다고 특허청장이 인정한 경우

검토를 통하여 특허청에서 전용실시로 결정된 국유특허는 입찰이라는 절차로 사용자를 선택합니다. 각 기관 홈페이지(특허청, 한국발명진흥회 등 인터넷 검색창에 '국유특허'로 검색) 및 Onbid라는 전자자산처분관리시스템을 통해 해당 국유특허를 공고합니다.

Onbid를 통한 전자 입찰 후 두 개의 기업을 선정합니다. 입찰에서 두 개의 기업을 선정한다고요? 이상합니다. 국유특허는 사업화를 통해 산업의 경쟁력을 강화하는 것을 목적으로 하고 있습니다. 때문에, 입찰가격보다 사업화를 잘할 수 있는 기업이나 사업체를 선택합니다. 선택된 기업이나 사업체는 최종적으로 계약을 합니다.

계약 시에 최소 실시료를 내는데 이 금액은 입찰할 때의 낙찰금액에 경상 로열티(매출 또는 이익 등에 대하여 일정 비율로 지급하는 기술료로 공장도가를 기준으로 한 매출액의 3%입니다. 여기에 입찰 시의 낙찰금액을 공제합니다)를 더하면 됩니다.

계약에 의한 실시 기간은 원칙적으로 3년입니다. 하지만, 의약 분야의 경우는 1, 2년 안에 사업하기가 어려우므로 최대 5년까지 허용됩니다. 이 계약은 2번까지 연장 가능하며 수의계약으로 진행됩니다.

국유특허를 이전받은 기업에 대해 많은 지원사업이 있습니다. 다양

한 혜택을 이 책에서 전부 설명하기는 어려워 문의하는 방법을 소개하겠습니다.

특허로 사이트에서 국유특허 통상실시권 메뉴로 들어가면 아래쪽에 친절하게 관리업무 담당자 전화번호가 있습니다. 자신이 이전받은 특허가 농업 분야라면 농촌진흥청, 수산 분야라면 국립수산과학원, 산림 분야라면 국립산림과학원으로 문의 전화를 하면 친절하게 알려줍니다.

국유특허는 국가가 가져가서 사업을 하라고 등 떠밀며 주는 아이템입니다. 막연하게 생각하지 말고 당장 검색해서 어떤 종류의 국유특허가 있는지 확인하고 꿈을 형상화하세요. 이불 속에 누워 나의 미래가 불안하다면 하지 말고 일단 일어나 윤 대표처럼 찾아가세요.

그들은 여러분이 찾아오기를 바라고 묻기를 바라고 여러분이 성공하기를 바랍니다. 찾아가고 두드리는 것 그것이 시작입니다.

여러분이 검색한 국유특허 중에 인상 깊은 것을 한번 적어보고 2차, 3차 가공 산업까지 적어보시오.

검색한 국유특허:

2차, 3차 가공방법:

유통은 어떻게 할까?

28

정부지원사업으로 양 날개를 달자

창업이라는 높은 산

아이템도 선정되었고 지식재산을 어떻게 관리해야 하는지, 시장을 어떻게 읽고 나가야 하는지 감이 잡혔지요? 이제 다음 단계인 제품생산과 판매라는 방향으로 나가면 됩니다.

한쪽 발을 들어 힘차게 앞으로 움직이는 데 좀처럼 발이 바닥에서 떨어지지 않습니다. 힘을 줘 보지만 덜덜 떨리기만 할 뿐 다리가 들리지 않습니다.

왜 그럴까요?

첫 번째 원인은 특허와 아이디어를 상품화하는 방법을 모르기 때문입니다. 얼마나 힘들게 달려왔는데, 포기할 수 없습니다. 마음을 다잡고 용기를 내어 관련 업체에 여기저기 전화합니다.

제조 분야면 제조공장 업체를 알아보고 비즈니스 모델이면 소프트웨어 관련 업종 사람들을 찾습니다. 돌아오는 대답은 다른 업체에 전화해 보라는 쌀쌀한 말뿐입니다. 실패를 겪지만, 어떤 곳에 어떻게 접근해야 제품과 시스템을 만들 수 있다는 것을 조금씩 깨닫습니다.

두 번째 원인은 투자금이 없다는 사실입니다. 창업에는 많은 자금이 필요합니다. 하지만, 여력이 없습니다. 모든 것을 걸어야 합니다. 실패하면 길바닥에 나앉을 수도 있습니다.

우리나라는 실패하면 다시 일어나기 힘든 산업 환경을 갖고 있다는 것을 알기에 더욱더 망설여집니다. 부모에게 손을 내밀 수도 없고, 도전하자니 토끼 같은 자식의 얼굴이 눈앞에 선합니다.

두 가지 문제 중 첫 번째 문제는 용기와 시행착오로 어느 정도 넘을 수 있지만, 투자금 부분은 인생 모든 것을 건다는 큰 각오가 필요합니다. 이 두 가지 이유로 아이디어를 특허로 무장했지만, 창업이라는 다음 단계로 이어지지 못하고 주저앉습니다.

혁신국가 이스라엘의 비밀

국제 학업 성취도 평가라는 것이 있습니다. 각 나라의 만 15세 아이들 대상으로 읽기, 수학, 과학 등을 평가합니다. 2015년 PISA 발표에 따르면 이스라엘 아이들의 수학과 과학 성취도는 참가국 72개국 중 40위로 세계 수준에서 학업 성취도가 뒤처지는 편이었습니다.

이렇게 학업 성취도가 낮으니 다른 지표도 낮을 것으로 생각할 수 있는데 반전이 있습니다. 세계경제포럼 통계에 따르면 이스라엘은 인구 대비 가장 많은 스타트업을 보유하고 있습니다. 혁신국가 순위도 3위입니다. 대한민국 국토 면적의 1/5 정도로 작고 인구는 840만 명에 불과한 나라의 수도 텔아비브의 스타트업은 1,400(2018년 기준)개나 됩니다.

이렇게 이스라엘이 스타트업 강국이 될 수 있었던 이유는 무엇일까요?

답은 실업률을 낮추기 위한 '궁여지책'이었다는 것입니다. 이스라엘이 세워지자 세계에 흩어져 있던 많은 이스라엘인이 모여들었습니다. 갑자기 불어난 인구로 사회는 혼란스러워졌고 실업률은 높아졌습니다.

실업률을 낮추기 위해 정부는 무언가 해야 했습니다. 그것이 창업이었습니다. 시몬 페레스(Shimon Peres) 전 이스라엘 대통령은 이스라엘 젊은이들의 창업을 적극적으로 지원했습니다. 적극적인 정부의 지원 정책과 기술 창업보육 사업은 이스라엘을 벤처 국가로 더욱 나아가게 했습니다. 이런 노력이 지금의 이스라엘을 만들었습니다.

창업의 벽, 두 개의 난관을 해결해 주는 정부지원사업

작고, 자원이 없는 조건은 우리나라와 이스라엘이 비슷합니다. 이런 나라들의 공통점은 기술과 혁신만이 세계와의 경쟁에서 살아남을 수 있습니다. 이런 이유로 우리나라도 이스라엘처럼 국가경쟁력을 높이고 고용 창출로 실업률을 낮추기 위해 스타트업에 정부지원사업을 지원하고 있습니다.

정부지원사업은 여러 부처가 벌이고 있지만, 크게 창업진흥원과 중소벤처기업부에서 진행하는 사업으로 나눌 수 있습니다.

창업진흥원은 창업지원금과 교육으로 창업의 지원관점으로, 중소벤처기업부는 R&D, 즉 기술개발 지원관점으로 지원합니다. 우리가 관심 있게 살피고 지원해야 할 것은 창업진흥원의 예비창업패키지와 초기창업패키지, 청년창업사관학교입니다.

이 사업들은 말 그대로 창업 초창기 교육과 멘토링, 시제품 생산까지 도와주어 자리를 잡게 하는 데 있습니다. 더 큰 매력은 출자금으로 5,000만 원에서 1억 원까지 지원해 줍니다.

돈을 준다기에 기분이 좋지만 갚아야 하는 돈이 아닌가 하며 찜찜한 마음이 생깁니다. 정부에서 지원해 준다는 출자금은 과연 무엇일까요? 조금 생소합니다.

다른 뜻도 있지만 중요한 것은 정부가 여러분의 사업을 위해 투자한 것으로 목적에 맞게 사용했다면 돌려받을 생각이 없는 돈이라는 것입니다. 즉, 여러분은 돈을 받지만 갚지 않아도 됩니다. 이것이 가장 큰 매력입니다.

지원사업으로 창업 방법을 가르쳐 주고 투자금까지 주니 창업의 어려움으로 지적한 두 문제 '상품화'와 '투자금 부족'이라는 문제가 동시에 해결됩니다. 의지만 있으면 상품화까지 할 수 있습니다.

정부지원사업의 종류는 어디서 찾아볼 수 있을까?

창업에 관한 지원사업의 내용은 'K-START UP', '기업마당'의 사이트에 있습니다. 연구개발지원은 '정보통신산업진흥원' 사이트에 가면 볼 수 있습니다. 사이트에 접속해서 '지원사업'으로 검색하면 관련 내용을 볼 수 있습니다.

기업마당과 K-START UP 사이트에 들어가면 '창업지원사업 통합공고'를 검색할 수 있습니다. 만일, 연초가 지난 시기라도 내려받아 보기를 추천합니다. 여러 부처의 지원사업을 한눈에 볼 수 있고, 사업내용과 자격조건, 공고 시기 등이 나열되어 있어 지원받고자 하는 사업들을 미리 선택하여 준비할 수 있습니다.

거의 비슷한 패턴으로 지원사업이 이루어지기 때문에 다음 해에 어떻게 준비해야 할지 참고할 수 있습니다. 앞서 국유기업 이야기에서 ㈜수산복해의 윤상태 대표의 말씀처럼 농촌에서 청년들이 창업하면 지원받을 수 있는 사업이 많다는 것도 알 수 있습니다.

실제로 사이트에 들어가 보겠습니다. 포털 사이트에서 'K-START UP'을 검색하고 접속하면 다음의 화면이 나옵니다.

K-START UP 창업지원 포털에서 갈무리

간혹 전체적인 화면이 바뀌는 경우도 있지만 기본 메뉴는 거의 바뀌지 않습니다. 여기서 우리가 중요한 것은 사업공고입니다. [사업공고]를 누르세요.

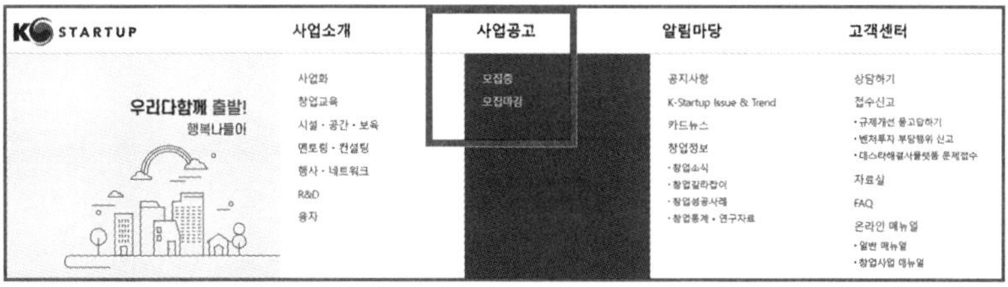

[사업공고]로 포인트를 옮기면 '모집중'과 '모집마감' 하위 메뉴가 나옵니다. 아직 전체적으로 어떤 지원사업이 있는지를 개념이 없습니다. 개념을 잡기 위해서는 과년도 '창업지원사업 통합공고'를 보는 것이 제일 좋습니다. 따라서, 일단 '모집마감'을 선택합니다.

전체적인 사업을 꿰뚫어 볼 수 있게 검색 창에 '창업지원사업 통합공고'를 입력하고 검색적용 버튼을 클릭하면 과년도 창업지원사업 통합공고가 나열됩니다.

여기서 바로 작년도 통합공고를 내려받습니다. 내려받아 처음부터 읽어보면 어떤 종류의 사업들이 있는지 조건은 무엇인지 내가 원하는 지원사업은 어느 때에 공고되는지 감을 잡을 수 있고 계획을 세울 수 있습니다.

입 앞까지 숟가락으로 밥을 떠서 놓아 드렸습니다. 이제 직접 사이트에 들어가 확인해 봐야 합니다.

만일 들어가 보지 않으면 여러분은 스스로 꿈만 꾸는 몽상가라는 것을 선언하고, 돈은 많이 벌고 싶지만 아무것도 하고 싶지 않은 욕심쟁이가 되는 것입니다. 그것도 자기 자신에게 부끄러운 사람이 됩니다.

움직여야 무언가 다른 아이디어가 떠오르고 융합과 창의하고 싶은 욕구가 생깁니다. 움직이고, 직접 써보고, 생각하세요.

움직이지 않는데 어떻게 아이디어가 떠오르나요? 쓰지 않는데 어떻게 하고 싶은 욕구가 샘솟나요?

'창업지원사업 통합공고'를 읽어보고 여기에 하나하나 답을 적어보세요. 글을 쓰는 것이 어떠한 힘이 있는지를 앞서 이야기했습니다. 공간에 하나하나 적다 보면 하고 싶은 욕구가 끓어 오르다 못해 아마 주체도 못 하게 될 것입니다.

내가 지원하고 싶은 지원사업의 명칭을 적어보십시오.

내가 지원하고 싶은 지원사업의 지원은 무엇인지 적어보십시오.

내가 지원하고 싶은 지원사업의 지원 조건은 어떻게 되는지 적어보십시오.

내가 지원하고 싶은 지원사업은 작년에 어느 시기에 공고되었는지 적어보십시오.

예비창업패키지, 초기창업패키지, 청년창업사관학교

'창업지원사업 통합공고'를 보니 여러 지원사업이 표로 친절하게 정리되어 있는 것을 볼 수 있었습니다. 무슨 지원사업들이 있는지 어느 정도 알았지만, 다음에 어떻게 해야 할지 몰라 가슴이 답답합니다. 포기하려는 생각이 스멀스멀 올라옵니다.

그래서, 이런 사람들을 위해 자세히 설명하려 합니다. 따라오기만 하면 됩니다.

처음 정부지원사업을 받는 사람들은 예비창업패키지와 초기창업패키지, 청년창업패키지 이 세 가지에 목적을 두는 것이 좋습니다. 가장 보편적 사업 아이템을 받아 주고 지원내용도 많기 때문입니다. 이 세 가지를 중심으로 지원대상, 지원내용, 지원서류 작성법 등을 설명하겠습니다. 보기 쉽게 표로 정리하겠습니다.

여기서 지원대상을 자세히 봐야 합니다. 예비창업자, 업력 3년 이내 창업기업이라는 제한이 있습니다.

기준이 뭘까요? 사업자 등록을 했느냐 안 했느냐의 차이입니다.

그렇다면 사업자 등록이라는 것은 무엇일까요? 사업자 등록은 이제 사업을 시작했으니 세금을 내겠다고 국가에 신고하는 행위입니다.

사업등록이 되어 있으면 초기창업패키지로 지원하고, 안 했으면 예비창업패키지로 지원합니다.

이 책을 읽는 사람들은 대부분 창업을 생각하는 분들로 사업자 등록이 되어 있지 않을 것입니다. 다행이라고 생각하세요. 사업한다고 무턱

사업명	사업내용	지원내용	지원대상	주관기관
예비창업 패키지	혁신적인 기술을 갖춘 예비창업자에게 사업화 자금과 창업교육 및 멘토링 등을 지원하는 예비창업단계 전용프로그램	① 사업화 자금 ② 창업교육, 멘토링	예비창업자	창업진흥원 (예비창업실)
청년창업 사관학교	유망 창업아이템 및 혁신기술을 보유한 우수 창업자를 발굴하여 창업사업화 등 창업 전 단계를 패키지 방식으로 일괄적으로 지원하여 성공창업기업육성	① One-stop 패키지 지원시스템 운영 (자금, 교육, 코칭, 공간 판로 등 패키지 지원)	만 39세 이하, 창업 3년 이내 기업	중소벤처기업 진흥공단
초기창업 패키지	창업지원역량을 보유한 주관기관을 통해 업력 3년 이내 창업기업에 아이템 사업화를 위한 자금 및 창업기업수요기반의 맞춤형 프로그램을 제공하여 초기창업기업의 성장을 지원	① 사업화 자금 ② 특화프로그램 (아이템 검증, 투자 유치 등)	업력 3년 이내 창업기업	창업진흥원 (초기창업실)

대고 사업자 등록을 내는 것은 나에게 주어진 청약기회를 버리는 것과 같습니다. 사업자 등록 시기도 전략적으로 선택해야 합니다. 하루 차이로 기회가 박탈될 수도 있기 때문입니다.

지원사업 지원 순서를 정리하면 창업 전에는 예비창업패키지를 지원합니다. 선정된 후에 사업자 등록을 하고 초기창업패키지를 연이어 신청합니다. 만일, 만 39세 미만이라 하면 청년창업사관학교로 신청합니다.

이렇게 하면 두 번의 지원기회를 얻습니다. 창업진흥원에서 하는 지원사업과 함께 중소벤처기업부에서 하는 지원사업에도 같이 신청합니다. 더 중요한 것은 예비창업패키지에서 우수한 성적으로 선택된 분들은 초기창업패키지와 청년창업사관학교에서 서류심사를 면제받을 수도 있습니다. 대부분 서류심사에 떨어지는 것을 보면 큰 혜택입니다.

자세히 보신 분은 아마 이런 질문을 할 것입니다. “청년창업사관학교는 지원자격이 3년 이내 창업기업인데 혹시, 예비창업자도 신청이 가능한 것 아닙니까?”하고요. 네. 맞습니다. 저도 궁금해서 담당부서에 전화를 했는데 예비창업자도 지원을 받는다고 합니다.

하지만 청년창업사관학교는 이미 창업된 분들에게 초점이 맞춰져 있기 때문에 창업하신 분들 위주로 선발한다고 합니다. 따라서, 전략은 예비창업이 우선이고 다음이 청년창업사관학교입니다.

창업지원이라는 명칭 때문에 도서실, 학원 등 일반 창업도 지원받을 수 있냐고 묻는 분들도 있습니다. 답을 먼저 공개하면 “안 된다.”입니다. 지원사업은 고용창출의 목적도 있지만 국가경쟁력 향상이라는 목적도 가지고 있습니다. 특허의 등록요건처럼 지금과 다른 진보성을 가지고 있어야 합니다.

만일 영어학원을 개원하고 싶다면 그냥 영어학원을 개업하는 것이 아니라 ‘메타버스를 활용한 실시간 원거리 영어 학습법’ 이렇게 새로운 창의적인 것을 합칩니다. 디지털과 아날로그를 융합해야 합니다.

이런 특성으로 예비창업패키지 심사 때 특허와 실용신안의 보유 여부에 가점을 줍니다. 가점으로 당락이 결정되는 경우가 많으니 특허와 실용신안이 매우 중요합니다.

이 책이 앞서 특허와 실용신안, 지식재산을 먼저 설명한 이유가 이것입니다. 학생은 1년에 1건 무료로 특허 변리를 받을 수 있습니다. 이때, 특허를 하나씩 등록해 놓습니다.

어느 정도 쌓이면 이것으로 정부지원사업을 신청합니다. 이렇게 하면 특허와 실용신안으로 해서 정부지원사업을 받아 사업하기가 쉬워집니다. 비즈니스 모델일 경우에는 더욱더 형상화하기가 쉬워집니다.

'이렇게까지 설명했는데 내가 되겠어.'하고 망설이는 사람들도 있습니다. 물론 응모하는 지원자에 비해 모집인원이 적습니다. 예비창업패키지는 한 번에 1,500명 정도로 보통 전/후반기 두 번을 하고, 청년창업패키지와 초기창업패키지는 1년에 한 번으로 1,000명 정도 뽑습니다.

정확하지는 않지만, 예비창업패키지 경쟁률은 최대 100대 1이라고 합니다. 이렇다고 시도조차 하지 않을 건가요? 움직이지 않고 시도조차 하지 않는다면 아무런 발전이 없습니다.

가점 항목(최대 4점)

세부 가점 항목	점수
1) 신청한 창업아이템과 관련된 특허권 또는 실용신안권 보유자 * 단, 권리권자에 한함, 출원 건은 제외 * 다수의 특허 또는 실용신안권을 보유하고 있더라도 가점은 최대 1점	1점
2) 최근 2년 이내('19~현재) 정부 주최 전국규모 창업경진대회 수상자 * [참고 3] 가점 부여 대상 정부 주최 창업경진대회 목록 참조 * 다수의 수상 경력을 보유하고 있더라도 가점은 최대 1점 * 창업경진대회 주최 부처의 기관장 명의 상장 등 수상 증빙 제출 필요	1점
3) 고용 · 산업 위기지역 거주자(주민등록등본(초본)상 주소지 기준) ① 전북 군산시 ② 울산 동구 ③ 경남 창원시 진해구 ④ 경남 고성군 ⑤ 경남 거제시 ⑥ 경남 통영시 ⑦ 전남 영암군 ⑧ 전남 목포시 ⑨ 전남 해남군	1점
4) 감염병* 예방 · 진단 · 치료 관련 기술로 창업 예정인 자 * '감염병의 예방 및 관리에 관한 법률 제2조'에 정의된 감염병, '코로나바이러스 감염증-19' 기준 * [참고 4] 감염병 예방 · 진단 · 치료 관련 제품 서비스를 과제로 신청한 예비창업자 가점 자격기준 참조	1점

예비창업패키지 사업에서 가점항목(중소벤처기업부 공고 제2021-208호에서 인용). 가점항목을 살펴보면 맨 위에 특허권 또는 실용신안권 보유자로 명시되어 있다. 먼저 특허 관련 지원을 받아 특허권을 확보하고 추후에 지원하는 것도 하나의 방법이다.

필자의 이야기를 해 보겠습니다.

아파트에 거주하는 사람이라면 일반적으로 음식물 쓰레기 수거통에 자기 집 RFID를 찍고 음식물 쓰레기를 버립니다. 이것은 제가 2005년 청주시 '음식물 쓰레기 줄이기 공모전'에 RFID로 음식물 양을 측정하는 방식을 제안하여 청주시장상을 수상받은 작품으로 전국으로 확대 설치한 아이디어입니다. 이때는 단지 생활비를 벌어보겠다고 응모한 것이 수상의 영예까지 얻었습니다.

또한, 아이와 함께 추억을 만들어볼 생각으로 2016년 학생발명 경진대회에 나갔는데 큰 아이가 '안전잠금콘센트'로 대통령상을 받았습니다. 아이와 저는 이렇게까지 큰상을 받게 될 줄은 꿈에도 생각하지 못했었습니다.

글을 평소에 쓰고 싶은데 가르쳐 주는 사람이 없어 혼자 습작하다가 전역 전 2017년에 병역문학상에 '칼과 송곳니'로 응모하여 소설부문에서 입선하였습니다. 이것을 계기로 공무원이 된 후 2021년에 공직문학상에 '비돌이의 꿈'으로 동화부문에 응모했더니 금상(국무총리상)을 수상하였습니다. 그냥 작은 상이라도 타면 좋겠지 했던 것이 덜컥 국무총리상을 받았습니다.

제 자랑을 하려는 것이 아닙니다. 일단 해 보고, 뭐라도 던져야 무언가 되고 얻을 수 있다는 것을 이야기해드리고 싶었기 때문입니다. 안 될 것 같았지만 열심히 해서 도전했더니 더 큰 것이 되어 돌아올 수도 있습니다. 제가 얻은 성과들도 무수히 많이 던진 것 중 하나입니다. 그리고, 시도 자체가 자신을 한 단계 더 도약하게 만듭니다.

출판사에서 글 쓰는 수업을 더 들어야 한다는 이야기도 들었었습니다. 글 쓰는 수업을 누군가에게도 들은 적도 없고 책 쓰는 것에 대해 코칭 받은 적도 없습니다. 오로지 도전이었습니다. 도전으로 지금의 여기까지 왔고, 현재 한 권의 책을 기획출판으로 계약하여 출판을 앞두고 이렇게 또 다른 책을 쓰고 있습니다. 더 좋은 점은 이렇게 여러분의 삶의 변화와 좋은 영향을 주는 책까지 쓰고 있다는 것입니다.

로또를 사야 하느님이 로또에 당첨시켜줍니다. 지원사업 도전은 무료로 로또를 사는 행위입니다. 이런데도 도전하지 않을 겁니까?

예비창업패키지 신청은 PSST를 성실하게 작성하는 것이 우선

이렇게 설명했는데도 가만히 있으면 이상한 사람입니다. 아이디어가 있다면 신청해야 합니다.

예비창업패키지, 초기창업패키지, 청년창업사관학교의 지원 서류 양식과 심사과정은 비슷합니다. 따라서, 가장 많이 지원하는 예비창업패키지 모집공고를 바탕으로 지원서 접수 후 선정평가 추진 일정과 가점 항목, 지원사항, 작성요령 등을 설명하겠습니다.

부록에는 예비창업패키지 일반 · 특화분야 사업계획서를 첨부했습니다. 작성요령을 읽은 후에는 반드시 작성해 보기 바랍니다.

서류접수 방법은 모집공고 설명대로 K-START UP에 접속하여 온라인으로 신청합니다. 서류심사는 모집인원의 두 배수를 뽑습니다. 이후, 발표평가로 절반을 거르고 최종인원을 뽑습니다.

세부 선정평가 과정

① 서류평가		② 발표평가		③ 최종선정
주관기관별 지원규모의 2배수 이상을 발표평가 대상자로 선발	→	5분 발표, 15분 질의응답 (온라인 진행)	→	'발표평가(100점)' 고득점자 순으로 선정

서류접수 후 진행 상황(중소벤처기업부 공고 제2021-208호에서 인용)

발표평가는 5분 동안 발표하고 15분 동안 질문받는 식으로 진행합니다. 발표 양식을 주는 경우도 있지만 그렇지 않을 때도 있습니다.

따라서, 요령은 사업계획서 작성한 후 바로 발표자료까지 만듭니다. 1차 서류평가 결과가 나오고 발표자료를 준비하면 시간이 촉박하여 발표를 준비할 시간이 없습니다. 서류제출 후 바로 준비하면 그만큼 여유도 있고 발표를 준비하는 시간이 많아집니다.

발표 방법은 원래 오프라인으로 하게 되어 있었지만 2022년은 온라인으로 진행하고 있습니다. 이것이 더 장점입니다. 예상 질문들을 만들어 연습한 후 예상 질문에 맞는 답들을 미리 포스트잇에 적어 놓습니다. 질문이 나오면 바로 답을 할 수 있습니다. 준비하는 자만이 승리를 쟁취할 수 있습니다.

평가지표는 표에서처럼 PSST에 따라 평가하고 사업계획서도 PSST를 따라 작성합니다. PSST는 각 평가항목의 약자로 P는 Problem으로 문제인식, S는 Solution으로 해결방안, 또 다른 S는 Scale-up으로 성장전략, T는 Team으로 팀 구성을 말합니다. 합쳐서 PSST라 칭합니다. 이에 따른 각 항목의 실질적인 작성요령은 사업계획서에 첨부되어 있는 것으로 대체하겠습니다. 작성 시 각 항목의 세부항목을 충분히 읽어보면 어

선정평가 평가지표(안)

세부평가	평가내용	배점	최소 득점기준
1. 문제인식 (Problem)	창업아이템의 개발동기	15점	18점
	창업아이템의 목적(필요성)	15점	
2. 해결방안 (Solution)	창업아이템의 사업화 전략	15점	18점
	시장분석 및 경쟁력 확보방안	15점	
3. 성장전략 (Scale-Up)	자금소요 및 조달계획	10점	12점
	시장진입 및 성과창출 전략	10점	
4. 팀 구성 (Team)	대표자 및 팀원의 보유역량	20점	12점

선정평가 평가지표(중소벤처기업부 공고 제2021-208호에서 인용)

떤 점을 강조해야 하는지 알게 됩니다.

이렇게 하면 저만 믿고 따라 오던 분들이 책을 집어 던지면서 저를 미워할 것입니다. 따라서, 하나하나 사업계획서 작성 목차를 보면서 입에 밥을 떠먹여 주듯 작성요령을 알려 드리겠습니다. 순서대로 따라오시면 됩니다.

사업계획서 작성의 전체적인 개념을 알자

사업계획서를 목차별로 부분적으로 작성한다고 하지만 창업자, 창업아이템, 사업화 계획, 팀 구성을 염두에 두고 작성하면 더 높은 효과를 올릴 수 있습니다. 따라서, 전체 개념을 어떻게 가져야 하는지 먼저 설명하겠습니다.

사업계획서 작성 목차

1. 문제인식 (Problem)	**1-1. 창업아이템의 개발 동기** - 창업아이템의 부재로 불편한 점, 국내 · 외 시장(사회 · 경제 · 기술)의 문제점을 혁신적으로 해결하기 위한 방안 등을 기재
	1-2 창업아이템의 목적(필요성) - 창업아이템의 구현하고자 하는 목적, 국내 · 외 시장(사회 · 경제 · 기술)의 문제점을 혁신적으로 해결하기 위한 방안 등을 기재
2. 실현가능성 (Solution)	**2-1. 창업아이템의 개발 · 사업화 전략** - 비즈니스 모델(BM), 제품(서비스) 구현 정도, 제작 소요 기간 및 제작방법(자체, 외주), 추진일정 등을 기재
	2-2. 창업아이템의 시장분석 및 경쟁력 확보방안 - 기능 · 효용 · 성분 · 디자인 · 스타일 등의 측면에서 현재 시장에서의 대체재(경쟁사) 대비 우위요소, 차별화 전략 등을 기재
3. 성장전략 (Scale-Up)	**3-1. 자금소요 및 조달계획** - 자금의 필요성, 금액의 적정성 여부를 판단할 수 있도록 사업비(사업화자금)의 사용계획 등을 기재
	3-2. 시장진입 및 성과창출 전략 - 내수시장: 주 소비자층, 시장진출 전략, 그간 실적 등 - 해외시장: 글로벌 진출 실적, 역량, 수출망 확보계획 등
4. 팀 구성 (Team)	**4-1. 대표자 및 팀원의 보유역량** - 대표자 및 팀원(업무파트너 포함) 보유하고 있는 경험, 기술력, 노하우 등 기재

사업계획서 작성 목차(중소벤처기업부 공고 제2021-208호에서 인용)

첫째, 창업자

심사관들은 지원자의 인격을 보는 것이 아닙니다. 지원자가 사업화를 끝까지 이끌어나갈 의지가 있고 전문성을 가지고 있는가를 판단합니다. 지원자는 이것을 심사관들에게 보여 줘야 합니다. 전문성을 보여 주기 위해서는 관련 특허 보유가 가장 좋지만 없다면 관련 자격증, 우승경력, 프로젝트 수행 경력 등을 보여 주는 것도 좋습니다. 이것을 설명하거나 적어낼 때 그냥 했다고 하는 것보다 어떤 문제를 어떤 식으로 해결했다는 스토리를 담아서 보여 주면 더욱 높은 효과가 있습니다.

둘째, 창업아이템

창업지원을 해 주는 것은 산업의 발전에 목적이 있습니다. 따라서 기술적인 요소가 있어야 합니다. 어떤 문제를 어떤 기술을 적용하여 해결하였다 하는 개선 효과를 보여 주는 것이 효과적입니다. 그리고, 이것이 상업적으로, 즉 돈이 된다는 것을 설명해야 합니다. 설명할 때는 기존의 경쟁 사업과의 데이터를 비교해서 쉽게 볼 수 있게 해야 합니다.

셋째, 사업화 계획

보기에 근사하고 말로만 하는 사업계획이 아닌 실체적인 접근을 한 계획서를 작성해야 합니다. 실행 가능하다는 것을 보여 주는 것이 가장 중요합니다. 서비스와 물건을 어떻게 팔 것이라는 명확한 계획을 보여야 합니다.

넷째, 팀 구성

이 사업을 끝까지 갈 수 있는 역량을 가지고 있느냐로 판단한다고 먼저 설명했습니다. 창업자가 이 역량이 부족하면 팀원으로 보충합니다. 마케팅이 부족하면 마케팅 담당자를, 기계를 다루는 기술이 부족하면 기계 담당자를, 소프트웨어가 부족하면 소프트웨어 프로그래머를 등록합니다. 이렇게 전문성을 보강하여 심사관들에게 사업의 성공 가능성을 보입니다. 즉, 3~4명 정도의 전문가들이 팀원을 구성되는 것이 가장 현명합니다.

마지막으로 주의할 것은 사업계획서 창업아이템 개요 한 장에 사활을 걸어야 합니다. 모든 에너지를 투자하여 신경 써서 작성해야 합니다.

또한, 설명 시 표와 그래프를 활용하여 심사관들이 쉽게 읽게 해야 합니다. 심사관들은 짧은 시간에 많은 서류를 봐야 합니다. 서류를 한 번씩 훑어보기도 어렵습니다. 따라서, 맨 앞장에 최선을 다해 작성해야 하고 글보다는 사진과 그래프, 표로 한 번에 쉽게 이해하도록 해야 합니다.

먼저 봐야 할 것은 부록의 '예비창업패키지 일반 · 특화 분야 사업계획서'입니다. 아니면 K-START UP 사이트에서 과년도 예비창업패키지 사업을 검색하여 사업계획서를 내려받아 출력해도 좋습니다.

맨 앞장에 '일반현황'과 '창업아이템 개요(요약)' 부분입니다. 일반현황은 설명에 맞춰 작성하면 되지만 앞서 이야기했듯이 '창업아이템 개요(요약)' 작성에 최선을 다해야 합니다. 그런데 작성을 먼저 하려면 잘 안 됩니다. 자료가 없기 때문입니다. 따라서, 뒷장의 문제인식, 실현가능성, 성장전략, 팀 구성을 작성하고 이것을 바탕으로 창업아이템 개요에 심혈을 기울여 작성하는 것이 요령입니다.

실질적인 목차별 작성요령

목차 순서대로 설명을 진행하겠습니다.

1. 문제인식(Problem)

1-1 창업아이템의 개발 동기

국내 · 외 시장(사회 · 경제 · 기술)의 문제점을 혁신적으로 해결하기 위한 방안 등을 기재

창업아이템이 없어서 불편한 점이나 국내 · 외 시장의 문제점을 혁신적으로 해결하기 위한 방법을 적습니다. 작성할 때 명심할 요소는 다섯 가지로 설명할 수 있습니다.

첫째, 문제 인식을 서술할 때 사진과 이미지를 활용합니다. 현실과 문제를 적나라하게 보여 주는 사진과 이미지는 상대방에게 더욱 효과적으로 인식하게 합니다. 문제를 풀어나갈 때는 사회적 동기와 경제적 동기 두 목차로 나눠 설명합니다. 즉, '사회적 동기는 무엇무엇이다.', '경제적 동기는 무엇무엇이다.' 하고 설명합니다.

둘째, 문제 인식을 부각할 때 사회, 경제, 문화적 문제를 더 강조합니다. 정부지원사업은 국가주도사업으로 사회적으로 투자할 값어치가 있는 사업을 투자하기 때문입니다. 현재 정부에서 추진하는 그린뉴딜이나 디지털뉴딜, ESG 등으로 연관지어 풀어가면 더욱 좋습니다.

셋째, 자료는 3년 이내의 자료를 사용합니다. 오래된 자료는 자료의 신빙성과 작성자 주장의 힘도 떨어뜨립니다.

넷째, 작성을 다 한 뒤에는 강조할 부분, 심사관이 반드시 봐야 할 부분, 한두 줄 정도만 밑줄과 볼드, 즉 굵은 글자 처리를 합니다. 계속 이야기하지만, 심사관들은 우리 사업계획서를 정독하지 않습니다. 5초만에 눈에 보이도록 해야 합니다.

다섯째, 문제인식 마지막 부분에 어떤 방법으로 어떻게 해결하겠다 하는 것을 종합하여 간단히 보여 줍니다. 네 번째 항과 같은 이야기지만 하고 싶은 이야기를 한두 줄로 마치고 잘 보이도록 해야 합니다.

1-2. 창업아이템의 목적(필요성)

창업아이템의 구현하고자 하는 목적, 국내 · 외 시장(사회 · 경제 ·

기술)의 문제점을 혁신적으로 해결하기 위한 방안 등을 기재

서비스 및 아이템 소개, 사업화 목적, 서비스 주요기능, 기대효과 같은 순서로 소단원으로 나눠 설명하면 설명하기가 쉽습니다. 소단원으로 나눠 설명할 때 첫째, 둘째 식으로 한 줄에서 한 줄 반 정도의 양으로 짧게 설명합니다.

2. 실현가능성(Solution)

2-1 창업아이템의 개발 · 사업화 전략

비즈니스 모델(BM), 제품(서비스) 구현 정도, 제작 소요 기간 및 제작방법(자체, 외주), 추진일정 등을 기재

비즈니스 모델캔버스를 작성해 봤으면 그것에 따라 작성을 합니다. 만약 하지 않았다면 앞으로 가서 비즈니스 모델캔버스를 작성합니다. 이후, 부분별로 맞추어서 순서대로 적습니다. 최대한 한눈에 들어오도록 간략한 차트와 표로 만드는 것이 좋습니다.

2-2 창업아이템의 시장분석 및 경쟁력 확보방안

기능 · 효용 · 성분 · 디자인 · 스타일 등의 측면에서 현재 시장에서의 대체재(경쟁사) 대비 우위요소, 차별화 전략 등을 기재

시장규모, 점유율, 트렌드, 타겟 고객의 성향 등 전반적인 시장분석을 합니다. 여섯 가지로 나눠 설명하겠습니다.

첫째, 경쟁사를 골라 비교하며 설명합니다. 경쟁사는 보통 3개 정도가 좋습니다.

둘째, 비교 설명 시 구체적으로 묘사합니다. 이것은 통계자료를 활용해서 수치화합니다.

통계사이트
- 통계청: https://kostat.go.kr/portal/korea/index.action
- KDI 한국개발연구원: https://www.kdi.re.kr/
- 삼성경제연구소: https://www.seri.org/_index_.html
- LG경제 연구원: http://www.lgbr.co.kr/index.do
- 공공데이터포털: https://www.data.go.kr/

셋째, 경쟁사 비교 시 서비스의 유리한 항목을 중점으로 강조합니다.

넷째, 우리 회사 제품이 돋보이도록 테두리 및 볼드처리를 하여 강조합니다.

다섯째, 경쟁사 로고도 같이 첨부하여 시각적으로 심사관이 바로 인지할 수 있게 합니다.

여섯째, 마지막으로 비교를 종료하면서 우리 회사의 장점을 3가지 정도로 요약하여 마무리합니다.

3. 성장전략(Scale-up)

3-1 자금소요 및 조달계획

자금의 필요성, 금액의 적정성 여부를 판단할 수 있도록 사업비 사용계획 등을 기재, 사업화자금 집행계획(표)에 작성한 예산은 사업아이템에 따른 금액의 적정성 여부에 대한 평가를 통해 감액 조정될 수 있음(평균 51.7백만 원 지원), 사업비 세부 집행기준은 최종 통과자를 대상으로 교육 진행기본적으로 심사관들에게 안정적인 사업이라는 인식을 줘야 합니다. 개발비용, 마케팅비용, 기술개발 내용과 비용 등을 일목 요원하게 표로 보여 줍니다. 또한, 비즈니스 모델캔버스에서 작성한 투자, 클라우딩 펀드, 제휴사 연계 등 자금조달 방법을 보여 줍니다.

3-2. 시장진입 및 성과창출 전략

3-2-1. 내수시장 확보 방안

내수시장을 중심으로 주 소비자층, 주 타겟시장, 진출시기, 시장진출 및 판매전략 등을 구체적으로 기재

3-2-2. 해외시장 진출 방안

해외시장을 중심으로 주 소비자층, 주 타겟시장, 진출시기, 시장진출 및 판매전략 등을 구체적으로 기재

말 그대로 주 소비자층, 주 타겟시장, 진출시기, 시장진출 및 판매전략, 성과 등 자료조사를 합니다. 반복적으로 말하지만 표나 간략한 차트로 표현해야 심사관들이 읽기 쉽고 신뢰가 높아집니다. 해외시장 진출방안이라고 하면 '나는 여기까지 생각 안 해 봤는데.' 하며 깜짝 놀랍니다. 걱정하지 마세요. 심사관들도 기대하지 않습니다. 큰 비중을 두지 않으니 그냥 계획만 적어냅니다.

4. 팀 구성(Team)

4-1. 대표자 및 팀원의 보유역량

창업아이템과 관련하여 대표자가 보유하고 있는 이력, 역량 등을 기재

솔직히 자신의 창업아이템과 관련한 이력, 역량 등을 기재합니다. 앞서 설명했듯이 팀원이 있으면 +1점 가산이 됩니다. 좋은 팀원을 모집하는 것이 중요합니다.

마지막으로 한마디

이렇게 힘들게 적어봤습니다. 하나하나 설명을 하려니 다 설명할 수 없습니다. 모두 설명하면 지겹기만 할 뿐입니다. 하지만 알고 있어야 할 것은 이 책에서 필자가 설명하는 정도가 중요한 포인트라는 것입니다. 아무리 많은 설명을 하고 아무리 좋은 자료를 넣는다고 해도 심사관이 읽어주지 않으면 그만입니다. 작성 시 주의점을 다시 정리합니다.

첫째, 글을 길게 쓰지 마라.

간단명료하게 합니다. 글은 한 줄을 넘지 말고 최대 한 줄 반을 넘지 말아야 합니다.

둘째, 모호한 표현은 쓰지 말고 수치로 증명하라.

'매우', '최고다' 이런 표현보다는 통계에서 찾은 정확한 수치를 보여줍니다. 관련 근거도 빼놓지 마시고요.

셋째, 중요한 포인트는 반드시 강조하라.

첫째, 둘째, 셋째 하며 설명을 했습니다. 나중에 결론을 보지 않으면 그만입니다. 마지막 강조에는 밑줄, 굵은 글씨, 아니면 사각형으로 강조합니다. 읽다가 그냥 결론만 보는 경향도 있습니다.

넷째, 사진과 표로 한눈에 알게 하라.

글보다 더 효과적인 것이 사진과 표입니다. 사진과 표를 잘 활용하면 구구절절 설명하지 않아도 심사관이 이해합니다.

사업계획서를 작성하는 방법은 여러 가지입니다. 이상의 방법대로 자신의 의견을 표현하면 좋은 계획서가 됩니다.

심사관의 당부, 반드시 제목으로 이목을 끌어라

힘들게 사업계획서를 작성했습니다.

아직, 긴장을 풀면 안 됩니다. 마지막으로 작성한 사업계획서를 보며 사업계획서의 맨 앞장을 작성합니다. 맨 처음 말했듯이 이 한 장에 모든 역량을 집결하여 사활을 걸고 작성해야 합니다. 반드시 심사관의 이목을 끌어야 합니다.

그러면 작성요령은 무엇일까요?

제목, 즉 '창업아이템명'입니다. 창업아이템명에 하고 싶은 사업을 한 줄로 알게 만들어야 합니다. 지친 심사관이 한 줄의 제목을 읽고 흥미를 느껴 창업아이템 개요를 읽게 해야 합니다. 어떤 분들은 사업계획서 내용만 알차면 되지 않냐고 하는데, 심사관을 생각하지 않은 착각입니다. 마치 '대기업 면접장에 실력만 있으면 되는 것 아냐?' 하고 운동화에 면 티셔츠를 입고 들어가는 것과 같습니다.

창업아이템명을 어떻게 지으면 될까요?

어떠한 문제점을 어떻게 해결한다는 문제점과 해결방법이 같이 들어가야 합니다. 제1장에서 예로든 김기사 앱, 야놀자, ESS BOARD, 던지는 뗏목을 예로 들겠습니다.

- **김기사 앱:** 스마트폰에서 작동하는 무료 내비게이션 프로그램 서비스
- **야놀자:** 모텔의 공실을 소비자가 쉽게 찾게 하여 모텔의 공실감소와 가격할인을 유도하는 서비스
- **ESS BOARD:** 아이와 어른이 함께 타고 땅을 구르지 않고 탈 수 있는 신개념 보드 제작
- **던지는 뗏목**(Throw Raft)**:** 기존의 수상구조 용품보다 크기가 작아 휴대와 보관이 쉬운 신개념 수상구조 용품

제목을 지으라고 하면 많은 사람이 단답식으로 짓는 경우가 많습니다. 그동안 우리가 배우고 읽었던 책들이 한 문장이기 때문입니다.

"고전평론", "국어", "영어", "안나 카레니나", "테스"

지금은 문장으로 된 제목이 인기를 끌고 독자의 선택을 받습니다.

"아프니까 청춘이다", "칭찬은 고래도 춤추게 한다", "데일 카네기의 인간관계론"

이 책 이름이 단순히 '특허책'이었으면 여러분이 지금 이 부분을 읽고 있을까요? 아마 시선도 던지지도 않았을 겁니다. 무료로 나눠 드리면 라면 받침대로 사용했을 테지요. 심사관들도 여러분과 같은 사람입니다. 이를 명심하시고 창업아이템명에 많은 고민을 해야 합니다.

창업아이템명을 지었으면 나머지 창업아이템 소개, 창업아이템의 차별성을 작성합니다. 한번에 많은 내용을 적는 것이 아니라 미리 작성한 사업계획서에서 중요하고 강조하고 싶은 내용 한두 개만 적습니다.

이미지에는 두 장의 이미지로 내가 하고 싶은 내용을 표현합니다. 직접적인 내용을 품은 이미지여야 합니다. 이때는 퓰리처상을 수상한 작품들을 생각하면 됩니다. 사진 한 장에 많은 내용이 들어 있습니다. 이미지에 내가 하고 싶은 말을 담습니다.

이렇게 하면 대망의 사업계획서 작성이 완료됩니다. 퇴고는 반드시 하고, 틀린 글자가 없나 보고, 보고 또 봅니다. 스티븐 킹의 〈유혹하는 글쓰기〉라는 책에 나오는 내용입니다. 스티븐 킹은 소설을 쓰고 나서는 묵혀 두었다가 퇴고를 하고 아내에게 읽어보게 한 후 문제점을 들었다고 합니다. 여러분도 작성한 사업계획서를 관계없는 사람에게 읽어보게 하고 어떤 느낌이었지 들어보고 수정합니다.

이런 과정이 끝나면 이제 접수만 하면 됩니다.

퍼스트 펭귄의 날개로 대양을 헤엄치고 유니콘의 날개로 하늘을 날자

이렇게 창업의 단계를 거쳐 다음의 영업과 마케팅의 벽을 넘어 사업을 안정시키면 다음의 기회가 옵니다. 바로 신용보증기금의 퍼스트 펭귄과 중소벤처기업부에서 지원하는 아기 유니콘 사업에 지원할 수 있습니다.

퍼스트 펭귄은 창업 후 2년 이내로 창조적 아이디어와 기술력을 보유한 유망창업기업 중 미래 성장성이 기대되는 핵심 창업기업을 발굴·선정하여 최대 30억 원까지 보증을 지원하고 각종 우대도 최고 수준으로 지원하는 제도입니다.

아기 유니콘200 육성사업은 벤처 4대 강국 실현을 위한 케이(K)-유니콘 프로젝트 중 첫 번째 시행되는 사업으로 최종 선정된 기업은 시장개척자금 3억 원 지원과 함께 특별보증, 정책자금, 기술개발(R&D) 신청 시 우대받을 수 있습니다.

하나의 아이디어로 30억 원이라는 투자금을 받을 수 있습니다. 투자금은 공장을 건설하거나 사무실 용도로 빌딩을 구입할 수 있습니다. 0원에서 시작하여 건물주가 됩니다.

기술의 급속한 변화로 산업구조가 바뀌어 형태를 갖고 있는 유형재산보다 지식재산이 더욱 비싼 값을 받고 있습니다. 정부는 이 새로운 시대에 국가경쟁력이 뒤처지지 않게끔 스타트업에 많은 지원을 하고 있습니다. 아이디어를 구체화하고 특허화하여 상업화한 후 정부지원사업을 받아 사업화한다면 여러분도 한류의 한 흐름이 될 것입니다.

정부의 노력에 함께 움직인다면 여러분도 대양을 헤엄치고 하늘을 날 수 있습니다. 지금 당장 부록의 예비창업패키지 사업계획서를 작성하는 것으로 시작하세요. 적어야 꿈이 현실이 됩니다.

에필로그

집필은 힘겨운 과정이었습니다. 글은 엉덩이로 쓴다고 해서 각오하고 임했지만, 생각보다 힘들었습니다. 하지만, 이 글을 읽는 이들에게 미래를 개척할 수 있는 방향을 제시해 준다는 마음으로 한 목차씩 완성해 나갔습니다. 이렇게 쓴 것이 3개월이었습니다. 그리고 좋은 편집장님을 만나 책으로 출간하게 되었습니다.

부디 이 책을 읽은 분들은 주식과 가상자산에만 열광하지 않고 구체적인 실천을 했으면 좋겠습니다.

생각만 하고 행동하지 않으면 얻을 수 있는 것은 없습니다. 움직여야지 얻을 수 있습니다. 노력하더라도 실패라는 고배를 마실 수 있습니다. 하지만, 과정을 돌아보면 나에게 더 크게 나아갈 힘을 줍니다. 지금의 아픔은 작은 성장통일 뿐입니다.

대기업에서 신입을 뽑는데 경력직을 원합니다. 이것은 무엇을 말할까요?

한번 스타트업을 해 본 사람을 원하는 것입니다. 실패해 보지 않으면 얻지 못하는 것들이 있습니다. 그리고 실패를 해 본 사람은 도전을 해 봤다는 증거가 됩니다. 기업들은 이런 도전적인 이들을 원합니다. 청춘은 도전하고 실패해도 아름다운 때입니다. 다시 일어설 수 있게 정부가 도와줍니다.

도전으로 젊은 피가 끓어오르게 해 보세요. 오늘부터 당장입니다.

부록

예비창업패키지 일반·특화 분야 사업계획서 작성 목차

항목	세부항목
□ 일반 현황	- 기본정보: 대표자, 아이템명 등 일반현황 및 제품(서비스) 개요 - 세부정보: 신청분야, 기술분야 신청자 세부정보 기재
□ 창업아이템 개요(요약)	- 창업아이템 소개, 차별성, 개발경과, 국내외 목표시장, 창업아이템 이미지 등을 요약하여 기재

항목	세부항목
1. 문제인식 (Problem)	**1-1. 창업아이템의 개발동기** - 창업아이템의 부재로 불편한 점, 국내·외 시장(사회·경제·기술)의 문제점을 혁신적으로 해결하기 위한 방안 등을 기재
	1-2 창업아이템의 목적(필요성) - 창업아이템의 구현하고자 하는 목적, 국내·외 시장(사회·경제·기술)의 문제점을 혁신적으로 해결하기 위한 방안 등을 기재
2. 실현가능성 (Solution)	**2-1. 창업아이템의 개발·사업화 전략** - 비즈니스 모델(BM), 제품(서비스) 구현 정도, 제작 소요기간 및 제작방법(자체, 외주), 추진일정 등을 기재
	2-2. 창업아이템의 시장분석 및 경쟁력 확보방안 - 기능·효용·성분·디자인·스타일 등의 측면에서 현재 시장에서의 대체재(경쟁사) 대비 우위요소, 차별화 전략 등을 기재
3. 성장전략 (Scale-up)	**3-1. 자금소요 및 조달계획** - 자금의 필요성, 금액의 적정성 여부를 판단할 수 있도록 사업비(사업화자금)의 사용계획 등을 기재
	3-2. 시장진입 및 성과창출 전략 - 내수시장: 주 소비자층, 시장진출 전략, 그간 실적 등 - 해외시장: 글로벌 진출 실적, 역량, 수출망 확보계획 등
4. 팀 구성 (Team)	**4-1. 대표자 및 팀원의 보유역량** - 대표자 및 팀원(업무파트너 포함) 보유하고 있는 경험, 기술력, 노하우 등 기재

예비창업패키지 일반·특화 분야 사업계획서

※ 본문 5페이지 내외(일반현황, 창업아이템 개요 제외)로 작성(증빙서류 등은 제한 없음), '파란색 안내 문구'는 삭제하고 검정색 글씨로 작성하여 제출, 양식의 목차, 표는 변경 또는 삭제 불가 (행추가는 가능, 해당사항이 없는 경우 공란으로 유지)하며, 필요시 사진(이미지) 또는 표 추가 가능

□ 일반현황 (※ 온라인 신청서와 동일하게 작성)

신청 분야(택 1)	□ 일반분야		□ 특화분야(소셜벤처 분야 제외)		
창업아이템명	*신청·접수 마감일에는 문의 및 접속이 원활하지 않을 수 있으므로, **마감일 2~3일 이전에 'K-startup 가입 및 사업신청'을 미리 진행**하는 것을 권장*				
신청자 성명		생년월일	*1900.00.00*	성별	*남 / 여*
직업	*교수 / 연구원 / 일반인 / 대학생...*	사업장 설립 예정지	*OO도 OO시*		

팀 구성 (신청자 제외)				
순번	성명	담당업무	주요경력	비고
1	*OOO*	*마케팅*	*OO대 경영학 전공*	*채용예정('21.8)*
...				

□ 창업아이템 개요(요약)

창업아이템 소개	※ 핵심기능, 소비자층, 사용처 등 주요 내용을 중심으로 간략히 기재	
창업아이템의 차별성	※ 창업아이템의 현재 개발단계를 포함하여 기재 예) 아이디어, 시제품 제작 중, 프로토타입 개발 완료 등	
국내외 목표시장	※ 국내 외 목표시장, 판매 전략 등을 간략히 기재	
이미지	※ 아이템의 특징을 나타낼 수 있는 참고 사진(이미지) 등 삽입	※ 아이템의 특징을 나타낼 수 있는 참고 사진(이미지) 등 삽입
	< 사진(이미지) 등 제목 >	< 사진(이미지) 등 제목 >

1. 문제인식 (Problem)

1-1. 창업아이템의 개발동기

※ 국내·외 시장(사회·경제·기술)의 문제점을 혁신적으로 해결하기 위한 방안 등을 기재

○

-

-

○

-

-

1-2. 창업아이템의 목적(필요성)

※ 창업아이템의 구현하고자 하는 목적, 국내·외 시장(사회·경제·기술)의 문제점을 혁신적으로 해결하기 위한 방안 등을 기재

○

-

-

○

-

-

2. 실현가능성 (Solution)

2-1. 창업아이템의 개발·사업화 전략

※ 비즈니스 모델(BM), 제품(서비스) 구현정도, 제작 소요기간 및 제작방법(자체, 외주), 추진일정 등을 기재

○

-

○

-

< 사업 추진일정 >

추진내용	추진기간	세부내용
제품보완, 신제품 출시	*2021.0.0. ~ 2022.0.0.*	*OO 기능 보완, 신제품 출시*
홈페이지 제작	*2021.0.0. ~ 2022.0.0.*	*홈페이지 제작*
글로벌 진출	*2021.0.0. ~ 2022.0.0.*	*국내 OO업체 계약체결*
투자유치 등	*2022.0.0. ~ 2022.0.0.*	*VC, AC 등*
…		

2-2. 창업아이템의 시장분석 및 경쟁력 확보방안

※ 기능·효용·성분·디자인·스타일 등의 측면에서 현재 시장에서의 대체재(경쟁사) 대비 우위요소, 차별화 전략 등을 기재

○

-

○

-

3. 성장전략 (Scale-up)

3-1. 자금소요 및 조달계획

※ 자금의 필요성, 금액의 적정성 여부를 판단할 수 있도록 사업비 사용계획 등을 기재

※ 사업화자금 집행계획(표)에 작성한 예산은 선정평가 결과 및 창업아이템 개발에 대한 금액의 적정성 여부 검토 등을 통해 차감될 수 있음 (평균 51백만원, 최대 1억원 지원)

※ 사업비 세부 집행기준은 최종통과자를 대상으로 교육 진행

○

-

-

○

-

-

< 사업화자금 집행계획 >

비 목	산출근거	금액(원)
재료비	*• DMD소켓 구입(00개×0000원)*	*3,448,000*
	• 전원IC류 구입(00개×000원)	*7,652,000*
시제품제작비	*• 시금형제작 외주용역(OOO제품 .... 플라스틱금형제작)*	
지급수수료	*• 국내 OOO전시회 참가비(부스임차, 집기류 임차 등 포함*	
...		
...		
...		
...		
합 계		

3-2. 시장진입 및 성과창출 전략

3-2-1. 내수시장 확보 방안

※ 내수시장을 중심으로 주 소비자층, 주 타겟시장, 진출시기, 시장진출 및 판매 전략 등을 구체적으로 기재

○

-

3-2-2. 해외시장 진출 방안

※ 해외시장을 중심으로 주 소비자층, 주 타겟시장, 진출시기, 시장진출 및 판매 전략 등을 구체적으로 기재

○

-

4. 팀 구성 (Team)

4-1. 대표자 및 팀원의 보유역량

○ 대표자 현황 및 역량

※ 창업아이템과 관련하여 대표자가 보유하고 있는 이력, 역량 등을 기재

-

○ 팀원현황 및 역량

※ 사업 추진에 따른 팀원현황 및 역량을 기재

순번	성명	주요 담당업무	경력 및 학력 등	채용시기
1	○○○	S/W 개발	컴퓨터공학 박사	'21.8
2		해외 영업(베트남, 인도)	○○기업 해외영업 경력 8년	
3		R&D	○○연구원 경력 10년	

○ 추가 인력 고용계획

순번	주요 담당업무	요구되는 경력 및 학력 등	채용시기
1	S/W 개발	IT분야 전공 학사 이상	'21.12
2	해외 영업(베트남, 인도네시아)	글로벌 업무를 위해 영어회화가 능통한 자	
3	R&D	기계분야 전공 석사 이상	

○ 업무파트너(협력기업 등) 현황 및 역량

※ 창업아이템 개발에 필요한 협력사의 주요역량 및 협력사항 등을 기재

순번	파트너명	주요역량	주요 협력사항	비고
1	○○전자		테스트 장비 지원	~'21.00
2	...			협력 예정

별 첨 증빙서류 제출목록 안내

※ '기타 참고자료'와 '가점관련 증빙서류'는 신청 시 제출하여야 하며,
'공통서류'와 '창업사실 확인서류'는 서류평가 통과자에 한하여 주관기관 안내에 따라 제출

구 분	목 록	비고
기타 참고자료	본인의 아이템을 설명하기 위해 필요한 그림 또는 문서 등	신청 시 제출
가점관련 증빙서류	• **신청한 창업아이템과 관련된 특허권 및 실용신안권 보유자 (1점)** - 특허등록원부, 실용신안등록원부 * 공고일(2021.3.30) 이후 발급분에 한함	
	• **최근 2년('19~현재) 정부 주최 전국규모 창업경진대회 수상자(1점)** - '2021년 예비창업패키지 일반·특화 분야 예비창업자 모집공고(2021.3.30)' [참고 3] 가점 부여 대상 정부 주최 창업경진대회 목록(15p)에 해당하는 입상실적 증명원 또는 상장 사본	
	• **고용·산업 위기지역 거주자(1점)** - 주민등록등본(초본) * 공고일(2021.3.30) 이후 발급분으로 ① 전북 군산시, ② 울산 동구, ③ 경남 창원시 진해구, ④ 경남 고성군, ⑤ 경남 거제시, ⑥ 경남 통영시, ⑦ 전남 영암군, ⑧ 전남 목포시, ⑨ 전남 해남군 지역 거주자에 한하여 제출 (주민등록(초본)상 주소지 기준) * 주민등록번호 뒷자리 '미포함'으로 발급	
	• **감염병 예방·진단·퇴치 관련 기술로 창업 예정인 자(1점)** - 가점 증빙서류 (4) 양식의 '**감염병 퇴치관련 창업 가점신청서**'를 작성하여 제출	
공통서류	• **대표자 신분증 사본**(주민등록증·운전면허증·여권 중 1개) * 학생증 불가	서류평가 통과 시 제출
창업사실 확인서류	• **창업경험이 없는 자 - 사실증명(사업자등록사실여부)** - 공고일(2021.3.30) 이후 발급서류분에 한함 - 주소지 관할세무서 **민원실에 방문하여**, '사업증명(사업자등록사실여부, **5년 이전증명 포함**)'을 발급 • **창업경험이 있는 자 - 사실증명(총사업자등록내역)** - 공고일(2021.3.30) 이후 발급서류분에 한함 (폐업관련 증빙 요청 예정)	
창업여부 확인서	• **창업여부 확인서(서류평가 통과자 대상으로 양식 제공)** - 사업자 등록이력이 1회 이상 있는 경우, '폐업사업자'와 '창업계획'한 사업자의 한국표준산업분류코드(제10차 분류표 참조) 동일여부를 확인 - 확인 결과 동일할 경우 평가결과에서 '선정대상에서 제외' 처리 (불명확할 경우 주관기관 평가위원회에서 심의)	

* 본 사업계획서 작성 내용과 증빙자료 상의 상이한 부분이 발견되거나 누락 또는 허위 기재 등의 사실이 확인될 경우 선정 취소, 중기부 창업지원사업 참여제한 및 사업화 자금 환수 등의 불이익이 발생할 수 있음

참고문헌

강민석. 특허아이디어 사용설명서. 2015년. 느낌이있는책.

김상준. 누구나 따라 할 수 있는 돈이 되는 발명특허. 2021년. 바이북스.

남호현. 태양아래 모든 것이 특허 대상이다. 2009년. 예가.

문춘호. 특허는 어떻게 돈이 되는가. 2015년. 미래지식.

신무현. 특허로 말하라. 2020년. 이담출판사.

왕연중. 발명특허 이제 생활이다. 2017년. 과학사랑.

윤상원. 실전으로 배우는 발명 · 특허. 2014년. 한빛아카데미.

이동기. 스타트업을 위한 특허비즈니스. 2018년. 라온북.

정경훈. 아이디어맨이여! 강한 특허로 판을 뒤집어라. 2017년. 행복에너지.

정우성 · 윤락근. 특허전쟁. 2011년. 에이콘출판.

최성규. 특허사용설명서. 2017년. 라온북.

허주일. 나는 특허로 평생월급 받는다. 2015년. 부키.

홍정완. 스타트업 특허 멘토링. 2020년. 아이디어클럽.

홍정표. 지식재산 창출, 활용을 위한 발명과 특허. 2018년. 인피니티북스.

황진상. 특판남이 알려주는 돈 되는 특허 A to Z. 2021년. 골든래빗.

참고자료

1장 2절-참고자료

[최영진 기자의 '꿈을 Exit'하다(1) 록앤올] 김기사 엑시트하다, 이코노미스트, 최영진 기자, 2020. 11. 19.

[최영진 기자의 '꿈을 Exit'하다(1) 록앤올] 록앤올 창업하다, 월간중앙, 최영진 기자, 2020. 11. 23.

[최영진 기자의 '꿈을 Exit'하다(1) 록앤올] 이제는 김기사랩, 이코노미스트, 최영진 기자, 2020. 11. 20.

'김기사 신화' 박종환 "판교에 헝그리 정신이 없다", 중앙일보, 박민제 기자, 2019. 4. 1.

'김기사' 어플 개발자 박종환…가난한 부산 소년의 성공신화, 스브스 뉴스, 2015. 7. 14.

국민내비게이션 '김기사'의 세 가지 성공 비결: 소셜, 플랫폼, 빅데이터, beSUCCESS, 안경은 객원기자, 2015. 8. 31.

김기사의 결정적 순간, "국민 내비에서 스타트업 내비로", Venture square, 이혜화 기자, 2019. 5. 13.

김기사컴퍼니 대표, '국민 내비' 매각 뒤 스타트업 후배 양성 도전, 매일경제, 박수호 기자, 2021. 10. 8.

다음카카오, 국민 내비 '김기사' 어플 626억원에 인수…카카오택시에 들어가는구나, 온라인중앙일보, 2015. 5. 19.

인생역전 드라마 쓴 '김기사', 중소기업뉴스, 신기주 글, 2015. 5. 27.

1장 3절-참고자료

[PEOPLE] '모텔 양성화' 프로젝트 돌입하는 이수진 야놀자 사장 | 러브호텔? 색안경을 벗어주세요~, 매일경제, 노승욱 기자, 2015. 5. 26.

[강경주의 IT카페] 모텔은 그에게 최고의 일터였다. '흙수저' 알바생 성공신화, 한국경제, 강경주 기자, 2021. 7. 17.

[성공이야기] '흙수저->CEO' 이수진 야놀자 대표 "숙박인식 바꾸고파", 이데일리, 김유성 기자, 2017. 6. 8.

[성공이야기] 모텔청소하던 청년, 숙박업계 큰손되다, 이데일리, 채상우 기자, 2016. 7. 26.

[슈퍼리치] 이 '모텔직원'은 두 번 파산하고 10년 뒤 모텔로 370억을 벌었다, 헤럴드경제, 김영원 · 윤현종 기자, 2016. 9. 10.
[시그널] 손정의가 2조원 쏜 '야놀자'…돈 쓴 곳 찾아보니, 서울경제, 류석 · 김민석 기자, 2021. 11. 25.
[이슈&인물] '흙수저 신화' 이수진 야놀자 대표, 일요시사, 김태일 기자, 2021. 7. 19.
모텔청소부에서 숙박어플리케이션 1등기업으로, '야놀자' 이수진 대표를 만나다, 숭대시보, 이명규 기자, 2015. 11. 16.
야놀자, 앱 누적 다운로드 1000만 건 돌파, 이투데이, 이지민 기자, 2018. 7. 2.
이수진. 리스타트 '끝까지 포기만 하지 않으면 된다!'. 2015년. 클라우드나인.

1장 4절–참고자료

[위기를 극복한 부자들] 노숙자에서 CEO로 성공한 강신기 대표, 레이디경향, 2009. 7.
노숙 생활서 얻은 아이디어로 '인생역전', 머니위크, 배현정 기자, 2008. 4. 22.
강신기. 지구를 흔든 남자. 2004년. 이가서.

TM

n잡러시대 방구석에서 창업하기

특허 · 지식재산권으로 평생 돈 벌기

초판 1쇄 발행 ¦ 2022년 8월 1일

지은이 ¦ 남궁용훈
기획편집총괄 ¦ 호혜정
편집 ¦ 이지영
기획 ¦ 김민아
표지·본문 디자인 ¦ 김민정
교정·교열 ¦ 호혜정 김강리 진유림
마케팅 ¦ 김경민 최미남

펴낸곳 ¦ 리텍 콘텐츠
출판등록 ¦ 제 2011-000200호
주소 ¦ 서울시 용산구 원효로 162 세원빌딩 606호
전화 ¦ 02-2051-0311 **팩스** ¦ 02-6280-0371
이메일 ¦ ritec1@naver.com
홈페이지 ¦ http://www.ritec.co.kr
페이스북 · 블로그 · 카카오스토리채널 ¦ [책갈피를 꽂다]
ISBN ¦ 979-11-86151-53-2 (03320)